照鉴民国

历史影像背后的历史

杨红林 著

团结出版社
UNITY PRESS

图书在版编目（ＣＩＰ）数据

照鉴民国 / 杨红林著 . 一北京：团结出版社，
2024.7
（历史影像背后的历史）
ISBN 978-7-5234-0572-7

Ⅰ.①照… Ⅱ.①杨… Ⅲ.①中国历史－史料－
1927-1949－图集 Ⅳ.①K260.6-64

中国国家版本馆 CIP 数据核字 (2023) 第 208353 号

出　版：团结出版社
　　　　（北京市东城区东皇城根南街 84 号　邮编：100006）
电　话：（010）65228880 65244790（出版社）
　　　　（010）65238766 85113874 65133603（发行部）
　　　　（010）65133603（邮购）
网　址：http://www.tjpress.com
E-mail: zb65244790@vip.163.com
　　　　tjcbsfxb@163.com（发行部邮购）
经　销：全国新华书店
印　装：天津盛辉印刷有限公司

开　本：170mm×240mm　16 开
印　张：21.75
字　数：378 千字
版　次：2024 年 7 月　第 1 版
印　次：2024 年 7 月　第 1 次印刷

书　号：978-7-5234-0572-7
定　价：68.00 元

序

　　民国二十三年（1934 年）8 月，清华大学教授朱自清（1898—1948）在游览了南京城后写下了那篇著名的散文《南京》。当时在他的眼中，南京城中的名胜古迹、秀丽景色以及作为（当时）首都的蓬勃朝气都是那么可爱，因此他情不自禁地称赞"南京是值得留连的地方"。然而时隔 12 年后，朱自清一定对南京有了另一种看法。此时身在北平的他正沉浸在好友闻一多蒙难的哀痛中，而对南京的国民党政权，他也一改往日的平和，转而愤怒地予以谴责。虽然朱自清最终没有目睹全新中国的诞生，但值得告慰的是，毕竟他有众多的好友和学生看到了这一幕。

　　是啊，一切都来得那么快，仅仅 22 年的时间，中华民国的后半段就经历了如此多的动荡与磨难。放眼中国历史，恐怕再也找不出有哪个时代充满了如此多的戏剧性因素：革命、阵痛、抉择……

　　想当初，为了扫除代表旧势力的北洋军阀政权，孙中山在广州开始了全新的革命。由于共产主义血液的注入，这次革命与孙中山领导的以往任何一次革命都不同。令人欣喜的是，正是由于三民主义与共产主义的结合，这次革命的开头是那么美妙。尽管孙中山壮志未酬在北京病逝，但他的继承者曾经一度将这次革命带入了快车道。然而好景不长，由于政治理念的巨大差异，革命阵营最终出现了"左""右"的分裂。经过血腥的重新洗牌，以蒋介石为代表的政治势力迅速崛起，并最终成功建立起了南京国民政府（1927 年 4 月 18 日—1948 年 5 月 20 日），中华民国由此进入了另一个时代。

遗憾的是，正如坊间所传，南京作为六朝古都，固然龙盘虎踞，但却注定无法给它的主人带来长久的福祉，南京国民政府也是如此。回顾历史，这个政权曾做过现代化努力，也一度出现了颇让国民振奋的新气象，然而狼子野心的日本侵略者打断了这一进程，国民政府被迫迁都至位于大西南的重庆。十四年中，中华民族经历了血与火的洗礼，尽管付出了沉重的代价，但同时也赢得了世界的尊重。但是在历史的关键时刻，这个政权的主导者再度令国民失望了。他们先是在战后"接收"中形象轰然倒塌，继而将民生搞得一塌糊涂，最终在解放战争中一败涂地。试想，在中国历史上，有哪个政权经历过如此令人心跳的政治"过山车"呢？从这个意义上讲，当1949年国民党残余势力黯然神伤地逃往台湾时，着实应该集体反思：究竟是谁抛弃了谁？

　　如此看来，22年很短，22年也很长……

　　时隔多年，当我们结合当时的影像重温这段风云激荡的历史时，相信一定会有特别的感触。由于客观存在的原因，许多影像在岁月的流转中已经变得模糊，不过对于历史的脉络，作为后人的我们却应当始终记忆在心。

　　感谢国家博物馆提供部分历史影像及文物图片，尤其感谢团结出版社的各位，正是在你们的长期支持下，这项近代中国经典影像的系列研究才能最终完成。

杨红林

2021 年春于北京

目录

第一章

南京气象

　　当盘踞在北京的北洋军阀势力苟延残喘时,孙中山依然在南方进行着不懈的革命。最终,北洋军阀退出了历史舞台,南京国民政府开始了它22年的统治。与北洋军阀统治时期相比,南京政权无论是在最初的政治博弈时期还是后来短暂的平静时期,其众多的戏剧性画面同样耐人寻味。

一、向左？向右？

1927 年 4 月 1 日，汪精卫在结束了整整一年的海外游历之后抵达上海，10 天后又由上海奔赴左派革命者的大本营武汉。而他此行的目的，则是引领民众沿着孙中山先生的指引继续向前，将轰轰烈烈的大革命进行到底。当天，武汉各界十余万民众为汪精卫举行了盛大的欢迎仪式。在一片热情洋溢的气氛中，这位叱咤风云多年的"革命者"不禁热血沸腾，他对围聚在身旁的新闻记者发表谈话，表示要为中国革命而共生死存亡，并且在演讲中高呼："革命的向前来，不革命的滚开去！"无独有偶，就在汪精卫归国前两个月，在南昌的一次民众集会上，在革命阵营内与汪精卫并肩而立的蒋介石也曾大声疾呼："我只知道我是革命的，倘使有人要妨碍我的革命，那我就要革他的命！"

1927 年 4 月 1 日，武汉各界欢迎汪精卫

　　20 世纪 20 年代中期那几年，真可称得上是一个革命的年代，一个火红的年代。当北洋军阀的统治已处于风雨飘摇之际，在中国的南方，从广州到长沙，从长沙到武汉，从武汉到南昌，从南昌到南京……几乎所有城市的上空都飘扬着革命的旗帜，几乎每一片土地都回荡着革命的号角。然而有谁能想到，这样一个激情燃烧的岁月很快就终结了。因为就在大革命趋向最高潮时，革命者内部却产生了严重的分歧，怀揣着各自的政治理想，与曾经的同志加兄弟展开了殊死的较量。一时之间，到底是向左？还是向右？成了摆在每一位革命者面前的生死难题。

　　讨论这场生死抉择，还要从孙中山先生的第二次"创业"开始说起。

　　自从民国肇基之后，孙中山先生所领导的革命事业虽然成功了一半，但其结局却大大出乎意料：腐败的清王朝虽被推翻，但代之而起的中华民国却徒有民主共和国的虚名，内部则是军阀割据、政治动荡、民贫国弱，至于曾经的革命党，更早已四分五裂。因此在 1912 年 4 月被迫辞去临时大总统之位后，孙中山几乎就再也没有享受过太平日子。十余年间，他先后与袁世凯、段祺瑞周旋抗争，也与党内革命同志论争过，但由于缺乏一个坚强的领导组织，更没有一支靠得住的革命武装，这些斗争均无一例外地遭到了失败。眼看民国的现实与自己当初的理想越来越远，孙中山曾痛心疾首地感叹："革命主义未行，革命目的未达，仅有民国之名，而无民国之实。"尤其令孙中山失望的是，当他好不容易在广州立足，成立革命政府后，1922 年 6 月，自己所信赖的广东军阀陈炯明却猝然发动叛乱，派兵炮击总统府。在侥幸逃脱后，孙中山又遭到党内同志李石曾、吴稚晖等人的反对。在严酷的事实面前，孙中山终于下定决心二次"创业"，一切从头开始，探索一条全新的革命道路。尽管如此，推翻北洋军阀统治、建立民主政治仍是他矢志不渝的奋斗目标。不过要想做到这一点又谈何容易？首先对革命组织的改造就难以入手。当时，旧的国民党内成员复杂，人心涣散。孙中山也清醒地意识到，大多数人之所以加入国民党，无非是以此为"做官的终南捷径"，而一旦达不到目的，便会反对本党，转而投奔他党。为改变这一局面，他决心对国民党进行整体改造。但是接下来应该如何具体运作呢？这是个问题。正当孙中山苦闷彷徨之际，一股新生的政治力量进入了他的视野，这便是刚刚成立的中国共产党。

　　当时，中国共产党虽然刚刚成立，1921 年 7 月"一大"时全国的党员不过五十余人。但就是这样一个新生的组织，其坚定有力的革命理念却产生了巨大的吸引力，并迅速掀起了中国工人运动的第一次高潮。1922—1923 年，中国共产党

1924 年 1 月，中国国民党"一大"召开时孙中山、李大钊等人步入会场

先后领导发起了近一百八十多次罢工，其中香港海员大罢工和京汉铁路工人大罢工更是进行得轰轰烈烈。不过由于自身实力的局限，虽然香港海员大罢工取得了胜利，但京汉铁路大罢工却遭到了直系军阀吴佩孚的血腥镇压，制造了震惊中外的"二七惨案"。事件平息之后，中国共产党内部也意识到，要想取得革命的胜利，必须寻找一个强有力的同盟。而在当时的中国，显然只有孙中山所领导的国民党可能扮演这个角色。恰在此时，深受俄国革命影响的孙中山也关注到了中国共产党这股新生力量。于是在共产国际的促成下，国共两党历史上的第一次合作开始了。

1922 年，中国共产党向孙中山提出了国共两党建立"民主的联合战线"的建议。1923 年 6 月，中国共产党"三大"会议正式确定了共产党员以个人身份加入国民党，与国民党进行党内合作的策略方针。面对中国共产党的诚意，孙中山终于决心"联共"，同意采取"党内合作"这种特殊形式，接纳共产党员以个人身份加入国民党，以便借助这支朝气蓬勃的新生力量，从内部来对国民党全体进行改造。随后，他在上海召开国民党改进党务会议，指定包括陈独秀在内的九人为《中国国民党章程》起草委员，1923 年 10 月又正式委派廖仲恺、李大钊等五人为国民党改组委委员，负责国民党本部改组事宜。1924 年 1 月 20 日至 1 月 30 日，在孙中山、廖仲恺等国民党人和李大钊、陈独秀等共产党人的共同努力下，在共产国际的帮助下，孙中山在广州主持召开了中国国民党第一次全国代表大会，来自全国各地和海外的165 名代表出席大会，其中有共产党员二十多名，李大钊被指定为大会主席团成员之一。大会经过认真讨论与激烈争论，通过了《中国国民党第一次全国代表大会宣言》等重要议案，确定了"联俄、联共、扶助农工"的三大政策，从而把旧三民主义发展为新三民主义。大会选举产生了中国国民党中央执行委员会，共产党员李大钊、谭平山、毛泽东、林祖涵、瞿秋白等10人当选为国民党中央执行委员或中央候补执行委员，约占委员总数的1/4。中国国民党的"一大"标志着第一次国共合作的正式建立，从而为新的革命高潮的到来奠定了基础。

毫无疑问，如果深挖思想根源，当时中国国民党与中国共产党的政治信仰是大不相同的：前者信仰孙中山的三民主义，而后者则信仰马克思主义。事实上，孙中山曾经研究过马克思主义，但他并不赞成马克思主义。不过孙中山又认为，他的三民主义就是社会主义。正因如此，他赞成国共合作，希望将共产党员引导到他的三民主义旗帜下。当国民党内的右派势力对共产党人进行攻击时，孙中山态度坚决地表示："国民党正在堕落中死亡，因此要救活它就需要新血液。"

国共合作开始后，很快就有了丰硕的成果，其主要体现便是黄埔军校的建立和北伐的顺利开展。

早在1921年12月，当孙中山在桂林会见共产国际代表马林时，后者就向他提出"创办军官学校，建立革命军"的建议。鉴于以往革命实践中缺乏革命军事力量的教训，孙中山也迫切希望建立一支组织严密的革命武装力量，并在1923年

中国国民党"一大"会场内的情形

共产国际代表马林

9月派蒋介石、张太雷、沈定一等人组成"孙逸仙博士考察团"访问苏联，学习建军经验。1924年1月，中国国民党"一大"决定在广州黄埔建立陆军军官学校即黄埔军校。5月，任命蒋介石为校长，廖仲恺为国民党党代表。随后任命李济深、邓演达为教练部正、副主任，王柏龄、叶剑英为教授部正、副主任，戴季陶、周恩来为政治部正、副主任，何应钦为总教官。此外还有熊雄、恽代英、萧楚女、聂荣臻、张秋人等共产党人担任教官及负责各方面工作。1924年5月，从1200名考生中正式录取学生350名，备取120名。5月

黄埔军校开学典礼时，孙中山进行讲话

孙中山与苏联顾问们在一起，黄埔军校正是在后者的帮助下建立起来的

5日开始入学。6月16日，黄埔军校举行开学典礼，孙中山到会场作了热情洋溢的讲话："要从今天起，立一个志愿，一生一世，都不存在升官发财的心理，只知道做救国救民的事业。"黄埔军校除了学生队之外，还组建了两个教导团，这也标志着新式革命军队的诞生。

部分顾问的合影

　　与众不同的是，黄埔军校真正是一所"打出来"的军官学校，是在枪林弹雨中迅速成长起来的。刚成立半年，黄埔军校的师生们便迎来了第一场恶战。自1922年陈炯明在广州发动叛乱后，双方关系一直胶着，陈炯明的势力对广州国民政府一直存在威胁。而在1924年年底，陈炯明宣布自任"救粤军总司令"后，由林虎、洪兆麟任总指挥和副总指挥，叶举任各路总指挥，率七个军十万之众，与1925年1月7日兵分三路向广州进攻。面对陈部的进攻，广州国民政府决定全面出击。那时，由于北洋军阀内部发生了冯玉祥倒戈事件，

广州国民政府成立时的情形

段祺瑞临时掌握北京政权，孙中山应邀北上共商国是，却不料竟在北京一病不起。得到广州方面的消息后，他致电广州各位同志，要求他们全力消灭陈炯明部。1925年1月15日，广州国民政府代理大元帅胡汉民主持发表《东征宣言》，向陈炯明宣战，随即组成东征联军兵分三路发起进攻。在此次战事中，黄埔军校约有三千名师生投入了战斗，以两个教导团为主力，并将在校学习的二期学员和刚入校一个月的三期入伍生一千二百余人编入战斗序列。到3月底，陈炯明部接连溃败，第一次东征以胜利结束。4月，国民党中央执行委员会第73次会议通过建党军案，将黄埔校军改称为党军，蒋介石任党军司令官。6月底，陈炯明部卷土重来。9月28日，刚成立不久的广州国民政府决定再次东征，并任命蒋介石为东征

黄埔军校成立后，学生军便迎来了一系列战斗。图为革命军东征的情形

军总指挥，周恩来任政治部主任，何应钦、李济深、程潜任第一、第二、第三纵队队长，直捣陈炯明的老巢惠州。其中，以黄埔军校教导团为主组成的第一军下辖三个师，第三期学员和刚入伍的第四期入伍生共约三千人也随第一纵队何应钦部参加了这次东征。经过一个月的苦战，第二次东征大获全胜。后来，黄埔军校又先后经历了平定广州商团事变、平定杨刘叛乱及沙基惨案等重大事件。正是在血与火的洗礼中，史无前例的一代革命青年成长起来，并在现代中国的政治图景中扮演了重要的角色。

1925 年 3 月，孙中山在北京病逝。临终前，他口授了"革命尚未成功，同志仍须努力"的遗嘱。按照改组后的国民党原本的计划，在平定广州的局势后，革命政府将全力进行一项决定中国命运的伟大事业——北伐。然而就在北伐尚未进行之前，在革命队伍中就发生了左右两派的第一次分裂。事实上，孙中山在世时，国民党内部在"联俄""容共"等问题上就有不同意见，而孙中山去世后则迅速形成对立的两派，通称为"国民党左派"与"国民党右派"。所谓国民党左派，即主张与共产党合作，打倒军阀列强，争取民族独立，当时主要以廖仲恺、宋庆龄、汪精卫（后背叛）为代表，蒋介石曾经一度也同情左派。而国民党右派，则公开反对孙中山的"三大政策"，并为此先后杀害了大批共产党人和左派领袖。

　　由于对共产党在国民党内的地位上升以及苏联影响力的加强不满，1925年11月16日，国民党中央执行委员林森、邹鲁、戴季陶、谢持等人在北京集会，联名写信给国民党中央及国民党上海执行部，要求"清党"。20日，国民党中央执行委员会急电李大钊、王法勤、于右任等人，指斥林森等人的分裂行为，要求国民党北京执行部切实查明。次日，国民党中央执行委员会再次急电李大钊等人，取消国民政府外交代表团邹鲁的代表职权及名义，并将他交由国民党北京执行部

国民党"西山会议派"开会的情形，1925年11月

担任黄埔军校校长时期的蒋介石

查办。尽管如此，谢持、邹鲁、林森等人仍于 23 日在北京西山碧云寺孙中山的灵前召开所谓的国民党一届四中全会，讨论国民党的去向问题和解决国民党内的共产党问题。当时出席会议的有中央执行委员叶楚伧、居正、沈定一、邵元冲、石瑛、邹鲁、林森、覃振、石青阳，候补中央执行委员茅祖权、傅汝霖，中央监察委员张继、谢持共 13 人。会议宣布取消共产党员的国民党党籍，分别开除共产党人谭平山、李大钊、毛泽东等人的中央执行委员会委员和候补中央执行委员会委员职务，并取消他们的党籍。"西山会议派"甚至发出这样的"警告"：如果不在国民党内采取措施，恐怕"再过一年，青天白日之旗，必化为红色矣"。

　　对于右派的这一非法集会，当时在革命阵营内占据绝对优势的左派与共产党联合予以了驳斥。1926 年 1 月，在中国国民党第二次全国代表大会上，通过了弹劾"西山会议派"的决议案，处分了邹鲁、谢持等人。值得关注的是，在此次会议上选出的中央执监委员中，共产党占 7 人，国民党左派占 15 人。在随后建立的国民党中央秘书处、组织部、宣传部、农民部中，都有共产党员担任领导工作。与此同时，国民革命军中大约已有一千余名共产党员。第一军、第二军、第三军、第四军、第六军的政治部主任都由共产党人担任。而当时的国民政府主席、国民革命军总党代表汪精卫也表现出前所未有的"左"倾。至于掌握军权的黄埔军校校长蒋介石，也暂时站在了左派一边。

　　虽然形势无限美好，但大战在即，革命阵营内却依然出现了微妙的不和谐因素。甚至在最革命、最激进、最精华的黄埔军校学员之间，事实上已经开始了较劲。当时，尽管每天在一起生活、学习和战斗，并且有着共同的奋斗目标，但是由于政治信念的不同，这些热血青年常常因各种矛盾而互相对骂，有时甚至发生群殴事件。例如，在黄埔军校内影响颇大的两个学生组织——"青军会"和"孙文会"之间，就多次上演"全武行"。"青军会"是"中国青年军人联合会"的简称，成立于1925年2月第一期学生即将毕业之际，其主要领导人既有蒋先云、李之龙、陈赓这些公开的共产党员，也有贺衷寒等国民党员。在不到一年的时间里，该组织就发展会员达两万多人。不久，在黄埔军校教育长王柏龄等国民党右派分子的鼓动下，贺衷寒等国民党右派学员另外组建"孙文主义学会"，简称"孙文会"，与"青军会"对立。就这样，原本的同窗与同志，开始因不同的政治理念而互相仇视起来。

　　先是在第一次东征战役取得胜利后，"青军会"在驻地梅县中学广场上举行

黄埔军校学生组织"青军会"成员合影，1925年

了一次军民联欢会。不料一干由贺衷
寒率领的"孙文会"骨干竟将正在台
上演讲的李之龙架走，结果双方成员
大打出手，引发一场群殴。事情传到
校长蒋介石那里，后者当即作出处理：
贺衷寒当众寻衅闹事，破坏国共合作，
予以撤职查办；李之龙聚众斗殴，影
响黄埔声誉，即令写出检查，调回军
校工作。可惜蒋介石的处分并未能消
弭黄埔两派学员间的矛盾，类似的冲
突随后依旧上演。1925 年 10 月第二
次东征战役开始之前，在广州各界讨
伐陈炯明誓师大会上，应邀参加的"青
军会"和"孙文会"成员再度发生激
烈冲突。当着数万群众的面，几百名
热血青年操起桌椅凳子混战起来，以
至于各路媒体一致感慨道："黄埔军不

国民党左派领袖廖仲恺

但能打仗，而且也能打架。"幸运的是，在当时统一战线还比较牢固的大背景下，
黄埔青年们的"主义之争"只是局部不和谐因素，并没有从根本上影响随后北伐
的顺利进行。恰恰相反，虽然大家在政治理念上有着巨大差异，好在打架并未影
响到打仗。一旦回到战场上，面对共同的敌人，黄埔人便立即成为亲密的战友，
齐心协力对付军阀和列强。相比之下，已在政治旋涡中摸爬滚打了多年的顽固右
派分子们可不会这么小儿科，他们所采取的手段要更激烈、更致命。1925 年 8 月
20 日，广州发生了震惊一时的廖仲恺遇刺案。而廖仲恺案的发生，便是国民党内
部左右两派激烈较量的结果。

　　廖仲恺（1877—1925），原名恩煦，字仲恺，广东惠州人，出生于美国旧金
山华侨家庭。作为老资格的民主革命家，他一向被视为国民党左派的主要领袖。
廖仲恺早年就参加革命，1905 年加入同盟会，并成为孙中山的得力助手。辛亥革
命后，他又跟随孙中山继续进行革命，先后任中华革命党财政部副部长、中华民
国护法军政府代理财政总长、广东革命政府财政部次长。他积极支持孙中山的北

伐计划，全力辅佐后者改组国民党，并极力促成第一次国共合作，是"联俄、联共、扶助农工"三大政策的忠实执行者和捍卫者。曾任海陆军大元帅大本营秘书长、国民党"一大"中央执行委员、中央常委、工人部部长，并积极筹备建立黄埔军校，任党代表，兼任中央农民部部长。1925年7月广州国民政府成立后，任财政部部长、军事委员会常务委员、广东省政府财政厅厅长。然而，由于廖仲恺同中共合作密切，又大力支持工农革命运动，遂成为国民党右派势力所打击的"重点人物"。

当时，国民党右派首领邹鲁、孙科、伍朝枢等人纷纷攻击廖仲恺，指责他同共产党关系密切，一部分人甚至开始阴谋采用暗杀手段除掉他。面对来自各方面的暗杀传言，廖仲恺毫不畏惧。当亲友劝告他多加防范时，这位左派领袖当即表示："为党为国而牺牲，是革命家的夙愿，何事顾忌！"1925年8月20日早晨，廖仲恺携夫人何香凝乘车前往设于惠州会馆的国民党中央党部（今广州市越秀南路89号）开会，半路上遇见陈秋霖，随即同车前往。到达党部大楼后，廖仲恺和陈秋霖走在前面，不料突然从党部楼下骑墙边冲出四个人，他们连开数枪，廖仲恺和陈秋霖随即倒在血泊中。何香凝赶紧跑过去将全身是血的丈夫抱在怀里，身中

廖仲恺遇刺身亡后，广州民众为其出殡时的情形

四枪的廖仲恺未来得及送到医院就已身亡。自从民国初年宋教仁遇刺身亡后，廖仲恺案无疑是国民党历史上发生的最重大的政治暗杀事件了。一时之间，广州城内人心惶惶，人们不禁为国民党的命运担忧起来。

事件发生后，广州国民政府立即成立"廖案检查委员会"，严令追查暗杀的幕后策划者和凶手。事发时，廖仲恺的卫士曾带伤开枪打倒了其中两名凶手。经过对受伤刺客的审讯得知，右派集团的成员邹鲁、胡毅生、林直勉、朱卓文、许崇智等人均有重大嫌疑，而出面收买凶手的便是胡汉民的堂弟胡毅生及其死党朱卓文、梁鸿楷等人。随后，国民政府派军队搜查了胡汉民兄弟的住宅，逮捕了胡汉民的哥哥胡清瑞和林直勉，撤掉了梁鸿楷第一军军长的职务。由于胡毅生、朱卓文事先潜逃，胡汉民也因涉嫌离开广州，国民党右派势力因此遭到沉重打击。不过由于胡毅生等人的出逃，廖仲恺案的许多关键线索中断，时至今日其内幕仍是历史之谜。9月1日廖仲恺出殡时，包括黄埔军校师生、工人、农民以及市民群众在内的广州各界人士二十多万人参加，由此可见左派革命者的威望和影响力。

一波未平，一波又起。到1926年春，原本属于左派盟友的蒋介石又导演了轰动一时的"中山舰事件"，将革命统一战线推到了危险的边缘。3月18日，时任黄埔军校校长的蒋介石指使亲信到海军局，以军校驻省办事处的名义，向中山舰舰长、代理海军局局长李之龙传达命令，声称奉校长命令，要海军局速派得力兵舰两艘开赴黄埔。李之龙是中共党员，曾任共产国际顾问鲍罗廷的政治秘书，后考入黄埔军校，与蒋先云并为黄埔左派学生领袖。中山舰事件前，他的军衔是中将，甚至与校长蒋介石平级。李之龙接令后，随即命令"中山""宝璧"两舰于3月19日晨开往黄埔，向军校教育长邓演达请示任务。邓却回答说"不知道有什么任务"。因此，中山舰等当天下午返回广州。这时，蒋介石和属于右派的孙文主义学会分子开始放出谣言，称"共产党要暴动""李之龙要造反"和"共产派谋倒蒋、倒国民政府，建立工农政府"等。3月19日深夜，蒋介石密令逮捕李之龙，解除中山舰武装，并派兵包围省港罢工委员会以及苏联顾问和共产党人的住宅以及全市共产党机关，还扣押了军内国民党左派党代表和政治工作人员四十多人，严密监视邓演达。当广州市内一切布置妥当后，蒋介石电令驻扎潮汕的第一军，将全军党代表撤销并驱逐，以周恩来为代表的全体共产党员退出该军。通过这一事件，蒋介石完全"清除"了国民党第一军内的共产党员，完全掌握了第一军的军权，使其成为自己的嫡系部队。

中山舰

　　值得注意的是，近年来，随着有关文献档案的披露，经过各界学者研究，发现其实"中山舰事件"背后还有一些鲜为人知的细节。例如著名民国史专家杨天石就发现，"中山舰事件"并非由蒋介石一手策划，它的发生有其偶然性的一面。原来在当时，敏感而多疑的蒋介石误信伍朝枢、欧阳格等人的谣言，以为汪精卫和苏联顾问季山嘉试图把他劫持到中山舰上送往苏联，所以才采取了镇压措施。不过仅仅十几个小时之后，即事件发生的当天下午，当蒋意识到这完全是自己的主观猜忌后，他就取消了戒严，下令交还收缴的武器，并放回被软禁的党代表，重新恢复常态。但这一事件涉及国共及苏联的关系，性质是严重的，因此蒋思想压力极大。据说事件发生的当天下午，何香凝径直去见蒋介石，质问他派军队到处戒严，究竟想干什么？斥责他是不是发了疯，想投降帝国主义？蒋"竟像小孩子般伏在写字台上哭了"。或许是为了挽回此次事件的负面影响，蒋介石当时曾多次表明自己的态度。例如在 1926 年 6 月 28 日，他就在《黄埔军校总理纪念周训词》中重申："我可以明白（地讲），三月二十日的事件，完全与共产党团体是没有关系的。……我们中国国民党同中国共产党，确定是要合作到底的。"

　　如果我们细细考察蒋介石早年的心路历程，就会发现，这位后来彻头彻尾的国民党右派其实一度颇"左"，与共产党的合作也还算融洽。特别是通过研究他的日记，后人能发现许多有趣的现象。在 20 世纪 20 年代初期，青年蒋介石曾自觉地、有计划地阅读《新青年》等刊物和社会主义、马克思主义等方面的书籍，俨然是个思想开通、追求进步的新派人物，甚至曾看过《共产党宣言》。不仅如此，他还怀有强烈的民族主义情绪，对帝国主义的种种罪恶行径深恶痛绝。例如在香港大罢工期间，当港英当局于 1926 年 3 月主动向广州国民政府提供 1000 万元借款，企图以此为饵诱使国民党人结束罢工时，蒋介石不顾伍朝枢、孙科等人的反对，坚决抵制。日记还表明，虽然蒋介石认为中国缺乏实行共产主义的条件，但对共产主义并不反感，甚至曾在 1925 年 12 月的《陆军军官学校第三期同学录序》中写道："吾为三民主义而死，亦即为共产主义而死。"实事求是地讲，国共合作开始后，蒋介石最初是站在左派方面的。1925 年 11 月"西山会议派"阴谋活动时，广东右派组织孙文主义学会的王柏龄等人准备示威响应。28 日晚，蒋介石从汪精卫处得到有关消息，当天他在日记中写道："王柏龄糊涂至此，可恶殊甚，严电阻止，不知有效否？"而对于黄埔军校中左右两派的争斗，他也曾极力反对，对"青军会"与"孙文会"两个组织之间的矛盾也极力消弭。"中山舰事件"发生后，右派纷纷做蒋介石的工作，企图争取他站到自己一边。4月3日，刘峙、古应芬、伍朝枢三人陆续对蒋进行游说，但后者却在日记说："右派徒思利用机会，联结帝国主义以陷党国，甚可叹也。"同月5日，宋子文向蒋介石反映，广州右派拟召开市党部大会举行示威，蒋介石立即致函广州公安局局长吴铁城加以制止。次日，蒋介石通电反对"西山会议派"在上海召开的国民党第二次全国代表大会，表示"誓为总理之信徒，不偏不倚，唯革命是从。凡与帝国主义有关系之败类，有破坏本党与政府之行动，或障碍我革命之进行，必视其力之所及扫除而廓清之"。所有这一切都表明，在相当长的一段时期内，蒋介石都站在反对右派的立场上，这种情形一直持续到了1926年北伐开始后。或许正因如此，直到1927年2月，他还公开在南昌演讲称："我只知道我是革命的，倘使有人要妨碍我的革命，那我就要革他的命！"不过，由于在"联俄""容共"等问题上与右派存在相通之处，因此一旦内外环境发生变化，蒋介石会与左派及共产党决裂，这恐怕也是历史的必然。

就这样，虽然已经出现了各种纷扰，但革命统一战线并未遭到破坏，而国民政府既定的北伐大计也得以顺利进行，一场具有历史深远意义的大革命就此拉开了序幕。

1926年7月9日，军民十万人聚集在广州东校场举行北伐誓师大会。当天，蒋介石就职国民革命军总司令并誓师北伐。随着蒋介石一声令下，全体官兵齐声高呼"打倒列强，除军阀"的口号，随后慷慨激昂地奔赴战场，北伐战争就此开始了。要知道，中国虽然已有数千年的统一版图的历史，但以往基本都是由北方民族一路南下完成征服，而唯一的例外便是14世纪中期由朱元璋建立的明朝。当时，这位农民出身的起义领袖率军一路北上攻灭了元朝。如今五百多年过去了，以广州为大本营的国民革命军力图再度上演传奇，率领南方的革命势力推翻北洋军阀的统治。在许多人看来，广州国民政府的北伐无异于一场赌博。因为与北洋集团相比，他们的力量实在是太单薄了。参加北伐战争的国民革命军共八个军，约10万人，而他们所要对付的却包括三股庞大的势力：直系吴佩孚，占据湖南、湖北、河南三省和河北的一部分，约有兵力20万；由直系分化出来自成一派的孙传芳，割据着江苏、浙江、安徽、江西、福建五省，有兵力20万左右；奉系张作霖，控制东北三省、热河、察哈尔、京津地区和山东，约有兵力30万。尽管如此，以国共合作统一战线为政治基础的国民革命军却充满斗志和自信。这支军队中有

一大批共产党员担任各级党代表或政治
处处长，或者担任基层指挥员、战斗员。
一些著名的共产党人，如周恩来担任第
一军副党代表，李富春担任第二军副党
代表，朱克靖担任第三军党代表，罗汉
担任第四军党代表，林伯渠担任第六军
副党代表，萧劲光担任第二军第六师党
代表等。同时中共各级组织还组织和武
装了大批农民自卫军、工人纠察队，用
以策应和支援北伐军的行动。

　　出人意料的是，虽然南北双方表面
上实力相差悬殊，但战局的发展却呈"一
边倒"的形势。别看面对的盘踞两湖的
老牌军阀吴佩孚号称"孚威将军"，但
在北伐正式开始后，国民革命军却连克
长沙、平江、岳阳等地，8月底又在关键
的汀泗桥、贺胜桥战役中大获全胜。10月，
北伐军全歼吴佩孚部主力，顺利占领具
有重要战略地位的武汉。几乎就在同时，
原在绥远的冯玉祥也在五原誓师，宣布
全军加入国民党，并率部进军陕西、河南，
有力地配合了北伐军攻击河南。之后，
北伐军趁势进军江西，消灭孙传芳部主
力，占领南昌、九江，随后又攻占福建、
浙江。1926年底，国民政府由广州迁至
武汉，中央党部则进驻南昌。到1927年
3月，北伐军又先后攻占安庆、南京和上
海，其间还收回了汉口、九江的英租界。
在短短不到十个月的时间里，原本不被
外界看好的国民革命军竟以摧枯拉朽之

担任黄埔军校政治部主任时的周恩来

叶挺，北伐名将

北伐军进军
途中

北伐军进攻武昌的情形，1926 年

北伐初期，曾为左派领袖的
汪精卫受到民众热烈欢迎

势击败了貌似强大的北洋各路军阀，控制了大半个中国。平心而论，这一可喜局面的出现，离不开国共两党的团结合作和广大将士的奋勇作战。

　　北洋军阀的统治已岌岌可危，北伐统一大业指日可待，在这关键时刻，革命阵营内的左右分裂再度显现出来，而且这次双方的矛盾更加激化了。

　　原来随着北伐的顺利进行，由国民党左派与共产党推动的工农运动也在如火如荼地发展，而由于政治理念的冲突，使得以蒋介石为首的中间势力日益倒向右派，于是双方的矛盾日益加深。而在此时，对中国革命影响力巨大的共产国际代表鲍罗廷等则把赌注押在汪精卫身上。的确，自从孙中山逝世以后，汪精卫在国民党内就成为众望所归的左派领袖，就连掌握兵权的蒋介石也一度表示全力拥护其领导。1927 年 3 月 21 日，上海工人发动第三次武装起义成功之后，情形发生了微妙的变化。此时，国民党右派以及开始"向右转"的蒋介石都认为，共产党人在国民党内部势力日益膨胀，如不早日铲除将后患无穷，于是他们便联合起来开始策划"清党"。只不过，对于这些将革命带向"右"的行为，汪精卫可不答应。

　　作为革命阵营内的"老资格"，汪精卫（1883—1944）一直以来就深受孙中山的信任。而当 1925 年 2 月孙中山在北京病危时，正是汪精卫受命记录了孙中山的遗嘱。孙中山逝世后，由于他积极拥护"三大政策"而被视为"左派"领袖，并且深得苏联顾问的青睐和支持。北伐开始以后，汪精卫一度赴法国考察政治。

直到 1927 年 4 月 1 日，在国内左右两派的一致期盼中，汪精卫乘船回到上海，此时这座城市已被国民革命军攻占。为了获得他的支持，蒋介石在第一时间派他的私人代表吴稚晖前往码头迎接汪精卫。令汪精卫满意的是，为了表示对他的欢迎，蒋介石曾公开宣称："自今以后，所有党政、民政、财政、外交等等，均须在汪主席领导之下，完全统一于中央。中正统率全军而服从之。"然而接下来令汪精卫不满的是，当随后他与蒋介石以及在沪的国民党高级军政干部会谈时，蒋介石居然提出两项要求：一是赶走苏联顾问鲍罗廷；二是"分共"。虽然同样是国民党的领导人，但此时的汪精卫在政治理念上却正处于最"左"的时候。他自命是孙中山"三大政策"的坚定执行者，因此一直遵守"联俄""容共"的既定方针。所以对于蒋介石等人的要求，他毫不妥协地表示，任何涉及国共关系的重大决策都要通过开中央全会来形成决议，并且坚持要在武汉开会。正所谓话不投机半句多，既然如此，汪、蒋只好不欢而散。令蒋介石不爽的是，汪精卫还与陈独秀交往甚密。4 月 5 日，二人发表了《国共两党领袖汪兆铭、陈独秀联合宣言》，其中说："中国共产党坚决承认，中国国民党及国民党的三民主义，在中国革命中毫无疑义的重要。只有不愿意中国革命向前进展的人，才想打倒国民党，才想打倒三民主义。"同时号召国共两党"立即抛弃相互间的怀疑"，"如同兄弟般密切"，绝不受人离间。

几天后，汪精卫离开上海，于 4 月 10 日抵达革命左派的大本营武汉。在山呼海啸般的欢迎声中，他慷慨激昂地表示要与共产党一起为中国革命而共生死存亡，并喊出了那句经典的口号："革命的向前来，不革命的滚开去！"而与此同时，已经完全"右转"的蒋介石正在上海策划对共产党及左派的血腥镇压。4 月 12 日，在蒋介石的指使下，上海滩的帮会头目黄金荣、张啸林、杜月笙等组织的右派团体"中华共进会"和"上海工界联合会"向上海总工会纠察队的驻地闸北、南市、浦东、吴淞等处发起攻击。紧接着，蒋介石下令淞沪戒严司令部所属国民革命军第二十六军借口"工人内讧"对工人纠察队强行缴械，杀伤三百多人，随即下令解散上海特别市临时政府、上海总工会和一切共产党组织，搜捕共产党员及支持者，逮捕千余人，并将首要分子枪决。短短三天内，国民党右派便杀死三百多人，抓捕五百多人，致使五千多人失踪。这就是中国近代史上著名的"四一二反革命政变"。受蒋介石在上海成功的影响，其他地区的国民党右派势力也开始采取"清共"行动，无论是广州还是厦门、福州、宁波、南京、杭州、长沙，一大批共产党员惨遭杀害，原本火热的革命城市顿时陷入"白色恐怖"。

蒋介石在上海发动"四一二
反革命政变"时，血腥屠杀
共产党人，彻底转入了右派
阵营

　　"四一二反革命政变"发生后，武汉的国民党左派一片震惊。中国共产党和国民党左派随之联合发动了讨蒋运动，中共中央发表宣言称"蒋介石业已变为国民革命公开的敌人"，号召人民群众为"推翻新军阀""打倒军事专政"而奋斗，而汪精卫也通电痛斥蒋介石破坏"三大政策"，发表讲话痛斥"其反革命之行动，丧心病狂之至，自绝于党，自绝于民众，纪律俱在，难逃大戮"，决意对蒋介石毫不示弱。4月18日，蒋介石在右派的支持下在南京成立了南京国民政府，与汪精卫领导的武汉国民政府对立，从而导致了"宁汉分裂"局面的出现。听到这一消息后，武汉方面当即下令开除蒋介石的党籍并予以通缉，甚至准备出兵攻打南京。好在通过李宗仁及朱培德等元老的居中斡旋，双方才避免开战，并决定暂时分头继续北伐。却不料到6月1日，共产国际代表团团长、印度人罗易竟将苏联给中国共产党的一份指示文件——"五月指示"交给汪精卫。这份文件按理说是非常机密的，其内容则是要求中国共产党改变以往的听命于国民党左派的策略，发动工农革命。如果真要执行此项政策，则意味着对国民党左派领导地位的严重威胁。所以当汪精卫看到这份文件后，不禁大吃一惊，其后果自然可想而知。7月，陷入恐慌的汪精卫集团同样开始"清共"，发动了"七一五反革命政变"，鲍罗廷等一干苏联顾问也遭到驱逐。

北伐期间，鉴于工农运动的急剧发展，原本以左派自居的汪精卫最终也转向了

黄埔一期学员当年学习、军训的情形（一）。遗憾的是，由于政治理念的分歧，这批青年精英最终发生了分化，直至成为战场上的生死对手

　　既然有了共同的敌人，自然就有了盟友的重新组合。8月19日，武汉政府宣布迁都往南京。9月初，汪精卫亲抵南京，这便是"宁汉合流"，也标志着革命阵营内左右两派力量的再度分化。9月16日，国民党中央特别委员会在南京发表了《中国国民党特别委员会宣言》，宣告国民党"统一"完成。9月20日，新产生的国民政府委员会委员和军事委员会委员在南京举行就职典礼，南京国民政府正式成立。自从汪精卫也"右"转后，国民党内的左派就只剩下宋庆龄、邓演达等为数不多的几位代表了。8月，宋庆龄在上海《申报》公开发表《赴莫斯科前的声明》：

黄埔一期学员当年学习、军训的情形（二）。遗憾的是，由于政治理念的分歧，这批青年精英最终发生了分化，直至成为战场上的生死对手

"由于'三大政策'使各种力量相互结合，国民党才能结束十年来广东的混乱局面，创建了并供应了革命军队，大举北伐，……虽然有些人已经投靠了反动势力与反革命，但是，还有许多人将继续忠于孙中山为指导与推进革命工作所制定的'三大政策'。"随后她乘坐苏联货船离开上海前往欧洲。至于曾担任国民党中央政

"黄埔三杰"之一的蒋先云

"黄埔三杰"之一的陈赓

治委员会委员、国民革命军总政治部主任
等多项重要职务的邓演达，在留下一份《告
别中国国民党的同志们》的书面声明后化
装成检查电线的铁路工人秘密离开。

　　1928 年 2 月，在蒋介石的主持下，
国民党二届四中全会在南京召开。会议一
方面在形式上实现了党内各派暂时的妥协
和统一，同时明文取消了孙中山在"一大"
时制定的"联俄、联共、扶助农工"三大
政策。4 月，国民革命军重新开始北伐，
6 月 8 日攻占北京。7 月 6 日，蒋介石偕
同李宗仁、冯玉祥、阎锡山等人前往北京
西山碧云寺拜祭孙中山的灵位，以此宣告
"统一中国"的实现。

　　然而可曾有人料到，革命阵营的这
次"左右分裂"，使多少原来的战友与同

"黄埔三杰"之一的贺衷寒

窗反目成仇！这种历史的悲剧，最集中地体现无疑就是黄埔军校了。自从国共合作破裂后，曾经是一校同学的两军将领，为了不同的信仰，竟不得不在战场上为了各自的政党和主义对峙甚至厮杀。以大名鼎鼎的"黄埔三杰"为例，作为黄埔军校一期学员中最为突出的三个人物：蒋先云、陈赓和贺衷寒，当时军校中流传着一句话"蒋先云的笔，贺衷寒的嘴，不及陈赓的腿"，其中蒋、陈二人都是坚定的共产党员，而贺衷寒则先是国民党员，后转入国民党右派。蒋先云（1902—1927），湖南新田人，中国共产党早期的优秀党员、学生运动杰出领袖、"黄埔三杰"之首。1921年10月加入中国共产党，1924年入黄埔军校第一期学习，入学考试与毕业考试均名列第一，毕业时又是第一名，校长蒋介石"爱之如手足"，党代表廖仲恺赞其为"军校中最可造就的人才"，政治部主任周恩来称其为"军校中的高材生"。据说在国共合作破裂时，爱才心切的蒋介石曾许诺，只要蒋先云过来就能当师长，而当时黄埔学生中能当上团长的都是凤毛麟角。但是政治信念坚定的蒋先云丝毫不为所动，在1927年5月北伐的一次战役中壮烈牺牲。陈赓（1903—1961），1922年加入中国共产党，1924年5月考入黄埔军校第一期。毕业后留校任副队长、连长，参加了平定商团和讨伐陈炯明的东征等战斗。1925年10月，在第二次东征期间的一次战斗中，遭遇失利的蒋介石曾欲拔枪自杀，幸亏陈赓不顾个人安危，连背带拖将其救了出来。1933年3月陈赓被捕时，正在南昌指挥对中央苏区的第四次"围剿"的蒋介石亲自用高官厚禄进行劝降，但却遭到后者的严词拒绝。至于贺衷寒(1899—1972)，原本也是左派青年军官，在"右"转后备受蒋介石的青睐，后成为国民党军队政训系统的主要负责人。

我们更不应忘记，像李之龙、卢德铭、萧楚女、恽代英、瞿秋白等在内的出身黄埔的优秀共产党员，最终都牺牲了，而他们的对手正是昔日同窗或战友。当然，在之后长达二十几年的殊死搏斗中，也有一大批出身黄埔的国民党人成为昔日同窗的手下败将。这里面的历史机缘，又有几个人能真正参透呢？

二、从皇姑屯到南京

　　1928 年 12 月 29 日，眼看马上就要过新年了，奉天省政府礼堂外围却戒备森严，几乎每个路口都有全副武装的东北军士兵把守。很多老百姓可能并不知道，当天在礼堂内正进行着一场极为重要的典礼。随着主持人一声令下，在阵阵军乐声中，只见身着深黄色中山服的东北军"少帅"张学良率领着一干文武官员走向礼堂的中央，他们先对国民党党旗和中华民国国旗以及孙中山先生的遗像行三鞠躬礼，随即依次从南京国民政府特派代表方本仁手中接过大印，然后由张学良带头依次举右手恭诵誓词，宣誓效忠党国。与此同时，东北各地已撤下原北京政府的红黄蓝白黑五色旗，改为悬挂南京国民政府的青天白日旗。至此，震惊中外的"东北易帜"典礼宣告完成，从而也标志着中华民国形式上的完全统一。典礼结束后，心情激动的张学良又发表了即席演讲，其中一段话令在场的所有与会者都感到动容："我们为什么易帜？实则是效法某先进国（指日本）的做法。某国起初也是军阀操权，妨碍中央统治，国家因此积弱。其后军阀觉悟，奉还大政于中央，立致富强。我们今天也就是不想分中央的权力，举政权还给中央，以谋求中国的真正统一。"会后，这位掌管着东北军政大权的"少帅"向全国发布易帜通电，宣称："自应仰承先大元帅遗志，力谋统一，贯彻和平，已于即日起宣布，遵守三民主义，服从国民政府，改易旗帜。"回顾半年来所度过的日日夜夜，他不禁感慨万千。此时，他的思绪不禁回到 6 月 4 日那个噩梦般的凌晨。

　　那是在 1928 年 6 月 4 日凌晨 5 点 30 分，当一列火车风驰电掣般驶经京奉、南满铁路交叉处的三洞桥时，突然传来一声巨响。在巨大的火光中，只见那列火车被炸得面目全非。而不久之后，人们便得知，这既不是信号灯错误导致的火车追尾事故，也不是泥石流引发的路基坍塌，而是有人阴谋策划的暗杀事件。由于事发路段地处皇姑屯火车站以东，因此历史上又称此为"皇姑屯事件"。更让人震惊的是，在这起事件中，曾经威风八面的东北霸主、奉系军阀首领张作霖竟死于非命。那么这一幕究竟是如何发生的呢？事情还得从南京国民政府的北伐说起。

　　自从 1926 年 7 月正式开始北伐后，南方的国民政府仅用了大半年的时间，便相继打败了盘踞在两湖及江浙的吴佩孚、孙传芳两大军阀，到 1927 年 4 月时已基

奉系军阀张作霖

本占领了长江流域以南的全部地区。而此时，原本属于北洋军阀系统的冯玉祥也宣布与国民革命军合作，很快便使得陕西、河南等省份脱离北京政府的控制。如此一来，刚刚入主北京不久的奉系军阀首领张作霖在"中华民国陆海军大元帅"的位子上顿时如坐针毡。尽管北京政府当时然得到了列强的承认，但实际上已是风雨飘摇、四面楚歌了。不过在 1927 年 4 月之后，国民革命军原本顺风顺水的北伐却突然停顿下来，因为在革命阵营内部发生了左右两派之间你死我活的纷争。经过将近一年的较量，最终"宁汉合流"，共同对共产党进行了血腥镇压，而蒋介石则成为最大的胜利者。1928 年 4 月，大局初定的南京国民政府方才再度"革命"。4 月 5 日，蒋介石在徐州誓师，对以张作霖为首的唯一的军阀势力发起"第二次北伐"。4 月底，奉系军阀在北方最重要的屏障——济南失守，祸害山东多年的张宗昌率残部弃城北逃。到 5 月下旬，国民革命军已逼近京津地区。

眼看国民革命军势不可当，权衡再三，张作霖不得不开始做撤回东北老家的打算，毕竟那里是自己经营多年的地盘，有朝一日东山再起也未尝不可。不料就当他正为此事绞尽脑汁之际，日本人又在不断给他添堵。

多年以来，一直对中国事务格外"关心"的日本就不断干涉北洋军阀的内政外交。从袁世凯到段祺瑞，再到张作霖，无论是谁在北京充当北洋军阀的首领，似乎都不曾摆脱日本人的纠缠。至于从东北起家的张作霖，更是与日本人之间存在特殊的关系。众所周知，张作霖早年开始闯江湖时就曾在日俄战争中为日军效劳，而他之所以能够一步步成为奉系军阀首领、将东北地区牢牢控制在手中，也是与日本人的暗中支持分不开的。不过话又说回来，张作霖虽然是胡子出身，文化程度也不高，但却有着朴素的民族主义情绪。通过多年与日本人打交道，他太了解对方狼子野心的本来面目了。因此他一方面利用日本人扩充自己的势力，另一方面也时刻保持着警惕，并暗地里支持英美等国势力进入东北，试图以此来牵制日本人，从而达到摆脱日本人控制的目的。

对于张作霖的"小九九"，日本人也是心知肚明，因此对他日益不满。眼看国民革命军迫近京津，张作霖的溃败也是板上钉钉，日本为了保证自己的利益，转而跳到前台，开始公然干涉中国内政。在山东，试图阻止北伐军前进的日本人不但制造了骇人听闻的"济南惨案"，而且增兵青岛进行威慑。1928 年 5 月 18 日，日本对交战双方发出警告，声称："动乱行将波及京、津地方，而满洲地方亦有蒙其影响之虞。夫满蒙之治安维持，为帝国之所最重视，苟有紊乱该地之治安，……帝国政府为维持满洲治安计，不得不取适宜且有效之措置。"至于对张作霖，他们也不再温情脉脉，而是不断向其施加压力，逼其早日离开北京，乖乖地回到东北充当傀儡。因为一旦张作霖退回东北，日本人就可以轻松对其加以控制了。果然，有恃无恐的日本人竟然在此时向张作霖提出了有关满蒙问题的苛刻条款，日本驻华公使芳泽更是频频施加压力。为了早日逼迫张作霖退回东北，芳泽甚至在大元帅府纠缠至深夜。交谈中，因为言语不合，被惹恼了的张作霖不禁勃然大怒，他猛地从座位

奉系军队在北京活动的情形

上站起来，把手里的翡翠嘴旱烟袋使劲向地下一摔，搕成两段，同时声色俱厉地冲着芳泽骂道："他妈拉巴子，岂有此理！"随后便怒气冲冲地离开了客厅。如此看来，张作霖此人虽然并无多少光彩的事迹，但在某些时刻还是颇有民族气节的。鉴于张作霖的不合作态度，恼羞成怒的日本人竟恶狠狠地发出警告：张作霖如果不听劝告，如果失败后想回东北，日本军队将解除其武装。生气归生气，凭自己的实力而论，张作霖无论如何也干不过日本人。更何况，自己的大多数手下也开始人心浮动，在私底下与蒋介石方面交往甚密。既然大势已去，张作霖终于下定决心撤出北京退回东北老家了。

5月30日，张作霖召集张作相、孙传芳、杨宇霆、张学良举行会议，决定下总退却令。为了给国际社会一个交代，张大帅还在6月1日下午专门在怀仁堂召见外交团，与他们依依惜别。次日，他向全国发表"出关通电"。张作霖不会想到，本来他就已经够"背"的了，但日本人却还要致其于死地。

一旦决定彻底抛弃张作霖这个难以驯服的合作伙伴，日本人便密谋在其回东北的路上除掉他。经过一番精心安排，以日本关东军高级参谋河本大佐为首的行动小组，在距沈阳一公里半的皇姑屯火车站附近的桥洞下放置了三十袋炸药并安排了一队冲锋队。世上没有不透风的墙，对于日本人的阴谋，闯荡江湖多年的张作霖也有所耳闻。事实上，早在十多年前，日本人就曾因类似的原因对他实施过暗杀，只不过没有成功。据说当时为了防止意外，张作霖曾三次变更起程时间，只可惜这样的举动虽然迷惑了外界许多人，但最终却没有使他躲过杀身之祸。

6月3日晚6时，张作霖一行乘着夜色悄然离开北京大元帅府。为防止有人暗杀，在前往北京火车站的路上，他乘坐的是英国制造的大型钢板防弹汽车。令张作霖欣慰的是，其间一路顺利，没有出现任何意外。随后，他带领着心腹大员靳云鹏、

虽然是一名草莽武夫，但张作霖在关键时刻却不甘受日本人的摆布。图为张作霖会见日本财阀大仓喜八郎时合影

张作霖与日本人在一起

潘馥、何丰林、刘哲、莫德惠、于国翰、阎泽溥等以及六姨太太和三儿子张学曾，另外日籍顾问町野和仪我等人也一同出发。当天晚上，张大帅乘坐的是前清慈禧太后曾经用过的豪华专列，多达 22 节，他本人的 80 号包车在中间，包车车厢后是餐车，前边是两节蓝钢车，里面分别坐着潘馥、刘哲、莫德惠、于国翰等人。晚 8 时，专车从北京车站缓缓驶出，一会儿便风驰电掣地消失在茫茫夜色中。4 日凌晨 5 时 30 分许，当专车驶经京奉铁路和南满铁路交叉处的三洞桥时，早已埋伏在那里的日本关东军大尉东宫铁男按下电钮，随着一声巨响，三洞桥中间一座花岗岩的桥墩被炸开，桥上的钢轨、桥梁被炸得弯弯曲曲，抛上天空。由于日本人设计精确，张作霖的专用车厢居然被炸得只剩一个底盘，他本人则飞出三丈多远，咽喉破裂。爆炸中，随行的吴俊升当即死亡；莫德惠、六姨太太和日籍顾问仪我等人都不同程度受伤。由于事发地皇姑屯离沈阳（时名奉天）并没多远，因此奉天省长刘尚清很快就闻讯赶到现场组织救护。可惜的是，由于伤势过重，当张作霖被送到沈阳"大帅府"时已奄奄一息，经全力抢救仍不治身亡，于上午 9 时 30 分左右死去。临死前，他对守候在身边的卢夫人说："告诉小六子（张学良的乳名），

1928年6月，张作霖率部撤离北京

北京正阳门火车站

以国家为重，好好地干吧！我这个臭皮囊不算什么。叫小六子快回……"说完就断气了，时年54岁。

　　皇姑屯事件发生后，日本人当时并不了解具体的情形，对于张作霖的生死不甚明了。毕竟做贼心虚的他们为了转移视线，又在第一时间制造了奉军军车脱轨事件和沈阳炸弹案，企图引起混乱。好在奉系内部虽然一时群龙无首，但一干跟随张作霖征战多年的手下也没有自乱阵脚。在紧急商议后，他们一面秘密通知张学良赶紧回来主持大局，一面联合上演了戏剧性的一幕。奉天当局对张作霖的死秘不发丧，并对外界发表通电称大帅只是"身受微伤，精神尚好"。当日本特务前去侦察时，果然看到的是大帅府邸依然灯火辉煌，医生也每日按时到府上班，填写病案，厨房每日三餐仍按时送饭进去。张家上下通通情绪平静，毫无悲痛之状。当日本人的"慰问"代表前去张府探视时，均被以"大帅不便见人"为由婉言谢绝，不过接待他们的五夫人却是浓妆艳抹。就这样，由于不了解虚实，日本人始终不敢轻举妄动。直到被众人寄予厚望的张学良秘密潜回，奉天当局才于21日正式对外公布了张作霖的死讯，此时距皇姑屯事件已半个月有余了。而接下来，日本人将要对付的张学良又是怎样一个角色呢？

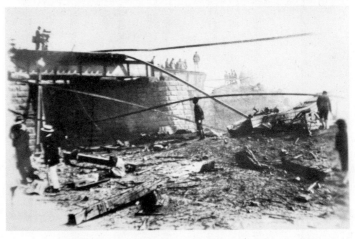

1928 年 6 月 4 日，震惊中外的皇姑屯事件发生，"东北王"张作霖被日本关东军阴谋炸死，图为皇姑屯事件现场的情形

在中国近现代史上，张学良（1901—2001）无疑是一个极具传奇色彩的人物。在正史中，他是曾经的东北军"少帅"，九一八事变时被指为"历史罪人"，后又因发动西安事变而功垂史册。在民间，他则因"民国四公子""民国四大美男子"等头衔以及无数风流佳话而屡屡成为街谈巷议的焦点。

虽然其父张作霖一向被视为大老粗军阀，但作为"官二代"的张学良却自幼接受过系统的高等教育。他字汉卿，号毅庵，乳名小六子，是张作霖的长子。早年就读于东三省陆军讲武堂，毕业后便在父亲手下任职，并迅速得到提升。在多年的军旅生涯中，作为"少壮派"的张学良一方面对父亲忠心耿耿，为此甚至不惜与好友郭松龄决裂；另一方面他拥有更开阔的视野，更新的头脑，在不断的历练后已成为张作霖足以托付的继承人。1928年四五月间，由于清醒地意识到国民革命军势不可当，为了东北的前途着想，张学良积极劝说父亲撤回东北。皇姑屯事件发生后，他化装成伙夫随大部队秘密潜回。到家后，面对父亲身亡的事实，张学良表现出了超出其年龄的老到与沉着。他先是强忍悲痛，模仿父亲的笔迹签发命令，等到把一切相关事宜都安排好后才对外宣布父亲的死讯。紧接着，在日本人的眼皮子底下，张学良宣布继任东北保安军总司令。

张作霖死后发表的情形

对于当时年方 27 岁的张学良，日本人根本不放在眼里。他们一厢情愿地认为，这个少不更事的"官二代"哪里会有什么主张，一切都会受他们的摆布，不过他们很快就明白"虎父无犬子"这句中国谚语的内涵了。当时被安排出任张学良军事顾问的日本特务头子土肥原贤二起草了一份计划，想让张学良在东北"称帝"，充当日本人统治东北的傀儡。然而出乎土肥原意料的是，当他把这份精心策划的文件送到张学良面前时，后者竟当面质问他："你让我当什么'满洲皇帝'，你这是什么意思！"碰了一鼻子灰的土肥原说不出一句话，只好夹起皮包悻悻而去。随后，张学良要求日军参谋本部将土肥原调走，得到的回答却是："这个顾问是日本政府派来的，我们没权调动。"但张学良斩钉截铁地对日本人说："好，你们没权，我没法子。那么我有这个权吧——我不见土肥原！我不跟他谈话！以后土肥原顾问来，我任何时候都不见！"他是这么说的，也是这么做的。果然当土肥原求见张学良时，均无一例外地遭拒，最终彻底成为尴尬的看客。张学良出人意料的表现令日本人不禁大吃一惊：这个"花花公子"可真不简单！

令日本人更吃惊的事情还在后边呢。当获悉南京政府希望和平解决东北事务的诚意后，张学良决定顺应历史潮流，尽早实现"南北统一"，使青天白日旗飘扬在东北的土地上。无论是从国仇还是家恨考虑，都必须对日本人说"不"了。在张学良的说服和坚持下，奉系大多数军政要人最终赞同东北实行易帜。7月1日，张学良发表通电，表示绝不妨碍"南北统一"。随后，东北

风流倜傥的"少帅"张学良

与南京双方代表在北平（国民政府于 1928 年 6 月 28 日更名）的六国饭店进行了商谈。面对南京方面希望东北早日易帜的催促，张学良道出了自己对日本人公然干涉及内部局势未稳的担心，最终他答应力争在年底实现易帜。

事实上，张学良的担心不是没有道理的。当风闻他决定易帜的消息后，大吃一惊的日本人为了挽回局势，不断对其施加压力。日本总领事林久治郎奉首相田中义一之命，多次与张学良会见，警告他不要与南方国民政府合作，并且赤裸裸地提出：南京国民政府含有共产色彩，且地位尚未稳定，东北目前犯不着与南京方面发生联系；如果国民政府以武力进攻东北，日本愿意出兵相助；如果东北财政发生困难，日本正金银行愿予以充分接济。面对日本人如此的"热心肠"，张学良冷静地质问林久治郎："我可不可以把日本不愿中国统一的意见，或东北不能易帜是由于日本的干涉这项事实报告给国民政府？"后者当即哑口无言。日本人一看软的不行便又来硬的，在林久治郎的劝阻失败后，日本关东军司令冈村中将又会晤张学良，他声色俱厉地"正告"张学良不要易帜，否则关东军将会有所行动。然而此时张学良心意已决，日本人的任何威逼利诱都无法阻止他了。8 月 5日，在一次日本人举行的宴会上，他公开向对方宣布："对于日本方面的劝告，我固然十分尊重，但决不能因此而违背东三省人民的民意。统一与否，是中国内部的事情，正如我们不关心你们帝国内部的事一样，想必日本友邦对我们国家内部的事不会太感兴趣吧！"经过反复较量，到 11 月，日本政府不得不公开表示：东北易帜纯属中国内政。

12 月 14 日，东北保安军司令部召开会议，决定于 1929 年 1 月 1 日元旦实行易帜。就在这次会议上，当有人对易帜问题再次提出不同意见时，张学良表示此事绝无更改，他鼓励手下说："完成统一事大，外人威胁事小。我引国府及国民党势力下之舆论相助，外人其奈我何？"不久，蒋介石从南京发来电报称易帜"不必等到元旦，应提前三天"。24 日，张学良密电奉天省省长翟文选等人："兹经决定，于本月 29 日改悬青天白日旗，东三省同

张作霖死后，张学良就任东北保安军总司令

时举行。……唯事前仍应持秘密，勿稍露泄，以免惹起他方注意为要"，电文还说明了旗式的尺寸。26 日，奉天省省长致电省城各机关以及各道尹、各县知事，通知 29 日易帜一事，强调要绝对保密。

1928 年 12 月 29 日，张学良通电全国，称自己"力谋统一，贯彻和平，已于即日起宣布遵守三民主义，服从国民政府，改易旗帜"。奉天省公署及机关、学校、商店均悬挂青天白日旗，吉林、黑龙江、热河同时易帜。蒋介石特致电张学良，对易帜通电表示无任佩慰，"此后修内对外，建设万端，匡济艰难，纳民轨物，愿与诸兄共策之"，国民政府也致电张学良对其易帜通电表示嘉慰，并谓："完成统一，捍卫边疆，并力一心，相与致中国于独立自由平等之盛，有厚望焉。"当天，各方代表在奉天省政府大礼堂里举行了东北易帜典礼，国民政府代表方本仁监誓，欧美各国领事应邀出席，唯日本领事未到。

当天，张学良下令事先秘密制就的几万面青天白日旗在奉天城内迎风飘扬，红黄蓝白黑五色旗则被降下，各机关、学校、商店、住宅都悬挂了青天白日旗，另外有以一百人为一队的若干士兵队，每人手执一面旗在城内巡弋。30 日，南京国民政府正式批准任命张学良为东北边防军司令长官，张作相、万福麟为副司令；任命翟文选等十一人为奉天省政府委员，翟文选为主席；任命张作相等十一人为吉林省政府委员，张作相为主席；任命常荫槐等十一人为黑龙江省政府委员，常荫槐为主席；任命汤玉麟、金鼎臣等六人为热河省政府委员，汤玉麟为主席。至此，东三省各地改旗易帜工作基本结束，国民政府获得了形式上的统一。

历史有时总是那么地耐人寻味。张作霖当年从东北发迹，不断扩充势力，进而在北洋政府行将崩溃之际进入北京，成为中华民国名义上的首脑，而短短一年内，他却拱手将北京送给南方政府，随后又在退回东北的途中命丧皇姑屯，继而张学良依然顺应历史潮流，与日本人从容周旋，最终宣布易帜，使中华民国在形式上得以统一。对于所发生的这一切，假如张作霖地下有知，是否也会感慨万千？而张学良本人，是否会预料到自己数年后将被推向历史的风口浪尖？

就在宣布易帜服从南京政府的统一领导之后不久，风头正盛的张学良却由于政治上的不成熟，接连在一系列外交事务中遭遇挫折。

先是在 1929 年 7 月，由于对苏俄长期控制中东铁路的局面深感不满，在民族主义情感的驱使下，年轻气盛的张学良决心动用武力收回对该铁路的控制权。为此，他不顾国际惯例，违反此前两国政府的有关协议，强行占领中东铁路电报电话局并将苏方管理人员遣送回国，结果爆发了较大规模的武装冲突。

　　遗憾的是，此时还不到 30 岁的张学良尽管满腔热情，但在顾维钧看来显然太缺乏政治经验，完全没有其父帅的老练和狡猾。当双方的冲突尚未正式爆发前，顾维钧正在国外旅行，不过对于张学良的一举一动他都时刻关注。他不无忧虑地认为："张学良无疑是个爱国者，对日、俄两国的政策都特别怀疑。根据报纸上的报道和从我个人所收到的书信来看，张少帅关于苏俄对他在满洲的积极政策可能作出的反应的估计是相当不现实的。我觉得少帅正

东北易帜前，张学良与奉系将领杨宇霆在一起

张学良在南京，1930 年

在迫使苏俄做战争尝试，这种尝试不是故意的而是为了准备对付敌对行动的爆发。因为我担心任何这种可能发生的事件的后果，便给以前的同事罗文干博士发了一封电报，请他转告少帅千万小心。不久，我离开法国去加拿大避暑。抵加后不到三天，罗博士就给我一封信，说少帅邀请我立刻回到沈阳会商，并且要我迅速答复。我不愿意去满洲，因为我感到需要再休息一些时间。我写信给罗博士和少帅，说明我不能立刻回国的理由。在这封信没有到达之前，我又收到一封电报，说少帅非常急于和我见面。鉴于这封电报，我才离开加拿大去沈阳。"经过张学良的一再催促，顾维钧如期到达沈阳。在当天晚上的会谈中，尽管他结合各种情报极力劝阻张学良不要轻举妄动，但后者显然并不当回事。

中原大战后，张学良成为蒋介石身边的"头号红人"，双方关系一度极其密切

　　随着局势的迅速恶化，最令顾维钧担心的事终于发生了："一天，在打进几个洞之后，少帅请我们到他那所平房里小憩。我们四人围着一张摆着果汁饮料的木桌坐下，谈话由我开始。我说在打球时我看到几辆满载军队的火车，一辆接着一辆向北方开去。我问道：'那些军队开到哪里去？'他说：'去哈尔滨。'我说：'去干什么？'他说：'啊，这次我要吓唬一下苏俄。'他表示曾经得到报告，苏俄向满洲边境和满洲里派遣军队。我说：'我看见军队时就猜到了。我对你的虚张声势觉得好玩，因为你是打扑克牌的能手，虚张声势是玩牌的一种方法。但是，假如你发现你的对手手里真正有好牌时，你怎么办呢？'他转过身去用手撑着头，显然是认真思考了一会儿，然后扭过头对我说：'我自有对策。'很明显，他只想到了一个结局，就是在武装冲突中彻底获胜，而没有想到可能出现相反的结果。因此，他不能回答我的问题，只给了我一个实际不是答复的答复。"

　　尽管当时苏联在远东的兵力有限，而张学良又自恃得到了南京方面的强力支持，但他显然过于乐观了。武装冲突爆发后，双方的战斗主要在满洲里和扎赉诺尔地区展开。从1929年7月末开始直到11月，东北军与苏军之间的大小战斗进行了数十次。真是不打不知道，一打吓一跳。战前意气风发的张学良做梦也没有想到，尽管他自认为当时东北军无论从兵力还是装备上都算是响当当的，但真与苏军硬碰硬干起来竟是那样地不堪一击。11月，苏军先后攻占扎赉诺尔、满洲里、海拉尔。东北军死伤及被俘人员九千余名，而苏军仅伤亡八百余名。眼看败局已定，心高气傲的张学良不得不主动求和。12月底，双方签订《伯力会议协定书》，中方被迫接受苏方提出的恢复中东铁路中苏共管的原状、双方释放被俘人员等条件。令人吃惊的是，多年以后，顾维钧才在自己的回忆录中透露了一个惊人的秘密——他认为此次中东铁路事件其实是南京政府的一桩外交阴谋，其目的则是便于控制张学良！他分析说："南京在沈阳的对俄政策上是

九一八事变后，张学良与顾维钧合影

否起过作用是个疑问。我在沈阳时，吴铁城先生和张群将军作为蒋委员长派往满洲的两个代表在那里待了相当长一段时间。很可能张之所以卷入对俄问题乃是南京对付不听号令的所谓四大集团军的不同战略的一部分。第一种方法据说是用财政手段对付冯玉祥的第二集团军，因为冯有财政困难。第二种方法是用政治手段对付阎锡山的第三集团军。第三种方法是用军事手段对付李宗仁的第四集团军，就是以武力摧毁它。但是对付少帅则用外交手段。中央政府打算把少帅诱入圈套，因为少帅妄自尊大又无充分外交经验。吴铁城、张群可能设法使他陷于对俄的困境，使之必须依赖南京，这样中央政府就能控制他了。"

无论顾维钧对中东铁路事件的这种分析有无道理，有一个事实却是毋庸置疑的：作为多年的好友，顾维钧目睹了张学良巨大的心理落差，由事件发生之初的热情高涨和乐观自信一下子跌落进沮丧的沼泽。更悲哀的是，经过此次打击，哪怕张学良从本质上讲仍算是一名爱国主义者，但从此却再也不敢贸然与实力远远超过自己的日本或苏联对抗了，这便为不久后九一八事变中离奇的一幕埋下了伏笔。

三、民国十八年的一场葬礼

东北易帜后，南京国民政府总算完成了形式上的统一。革故鼎新之际，新政府自然要有一系列大动作，一扫昔日北洋时代暮气沉沉的景象。如果要评选民国十八年（1929 年）最吸引眼球的大事，那毫无疑问是孙中山的奉安大典。虽然表面上看这是一场葬礼，理应带有悲哀的色彩，但实际上对于南京国民政府及蒋介石而言，这场葬礼却是一个新时代诞生的宣言。

世所公认，孙中山是中国近代民主主义革命的先行者，中华民国和中国国民党的主要缔造者，其倡导的三民主义更对近代中国产生了巨大影响。概其一生，可谓革命的一生、坎坷的一生、奋斗的一生。遥想当年，孙中山领导的革命党一举推翻了清王朝的统治，从而结束了中国长达两千多年的封建专制，可谓功不可没。辛亥革命成功后，孙中山因其巨大的威望被一致推举为中华民国临时大总统，并于 1912 年 1 月 1 日在南京宣誓就职。遗憾的是，由于当时国内外各种复杂的原因，

1929 年 6 月 1 日，孙中山奉安大典

前清实力派人物袁世凯成为革命的最大受益者。4月1日，孙中山辞去临时大总统之职。在孙、袁短暂的"政治蜜月"期间，孙中山曾一度出任全国铁路督办之职，力图实现实业救国的宏愿。然而不久后便因轰动一时的"宋教仁案"与袁世凯决裂，从此走上了不断革命的道路。"二次革命"讨袁失败后，他流亡日本并创建中华革命党。袁世凯称帝失败覆亡后，孙中山重回国内，很快又因段祺瑞拒绝恢复"临时约法"而展开"护法运动"，随后便带领一部分国会议员南下广州，召开国会非常会议，组织"护法政府"并就职"大元帅"。但是由于他所掌握的政治资源有限，广州护法政府逐渐由桂滇系军人控制，他最终还是被迫去职。1919年10月，改中华革命党为"中国国民党"。次年在广东军阀陈炯明的支持下重回广州，出任"非常大总统"。但不久又因为政治主张与陈炯明产生激烈冲突，在遭到对方的攻击后被迫于1922年6月退居上海。

面对一次又一次的失败，痛定思痛的孙中山开始重新反思自己的革命路线。特别是在陈炯明叛变后，他开始意识到，如果没有一个团结有力的组织和一支靠得住的武装，革命将无法获得胜利。正是在这种情形下，他开始将目光转向苏俄、转向新登上政治舞台的中国共产党。1923年1月，孙中山与苏联政府全权代表越飞在上海会面，正式讨论与共产党合作，会面后二人发表了著名的《孙文越飞联合宣言》。没多久，陈炯明部被逐出广州，孙中山重回广州设立大元帅府。随后在共产国际代表鲍罗廷等人的帮助下对中国国民党进行重组。1924年1月，在中国国民党第一次全国代表大会上，孙中山宣布实行"联俄、联共、扶助农工"三大政策，接受中国共产党和苏俄的帮助，改组国民党，并于3月组建黄埔军校。第一次国共合作的正式形成，也标志着孙中山晚年在革命路线上的成功转型。遗憾的是，他却没有机会目睹这场全新革命的发展了。

原来在1924年10月，控制着北洋政府的直系军阀内部发生了剧变，冯玉祥突然在北京发动政变，囚禁了"贿选总统"曹锟，一方面请曾经的北洋军阀首脑段祺瑞再度出山，同时邀孙中山北上共襄国是。此时，孙中山的健康状况已急转直下，但为了国家的前途，他毅然选择北上，希望借此机会实现自己"召开国民会议"和"废除不平等条约"的两大愿望。不料想，这一去，他就再也没有回来。

1924年11月，孙中山在宋庆龄的陪同下离开广州，绕道日本开始北上之行。不想在途中却传来北京政局发生突变的消息，段祺瑞联手奉系军阀张作霖成立"中华民国临时执政府"，由段祺瑞担任"总执政"，而当初发动政变的冯玉祥却被排挤到了张家口。12月4日，孙中山抵达天津，随即便与张作霖会谈了一个下午。由于旅途劳累，晚间他突发高烧，肝痛剧烈，颓然病倒。在天津期间，他一面接受治疗，一面关注北京的局势。当听闻段祺瑞政府的外交立场后，原本满怀希望的他病情进一步加剧。12月31日，先生抱病抵京。次年1月，经德国医生主持会诊，被确诊为肝癌，26日在协和医院接受手术，可惜为时已晚。1925年3月12日9时30分，这位奋斗了一生的革命家病逝于北京，享年59岁。弥留之际，先生曾在两份遗嘱上签字，其一为《国事遗嘱》，其二为《家事遗嘱》。政治遗书的内容为："余致力国民革命，凡四十年，其目的在求中国之自由平等。积四十年之经验，深知欲达到此目的，必须唤起民众，及联合世界上以平等待我之民族，共同奋斗。现在革命尚未成功。凡我同志，务须依照余所著《建国方略》《建国大纲》《三民主义》及《第一次全国代表大会宣言》，继续努力，以求贯彻。最近主张召开国民会议及废除不平等条约，尤须于最短期间，促其实现。是所至嘱！"家事遗书内容为："余因尽瘁国事，不治家产。其所遗之书籍、衣物、住宅等，一切均付吾妻宋庆龄，以为纪念。余之儿女，已长成，能自立、望各自爱，以继余志。此嘱！"

当孙中山病逝的消息传来后，广东各界顿时陷入一片悲哀。当天，广州革命政府代理大元帅胡汉民饬令各大小机关由12日起下半旗七天，并令公安局分饬市内酒楼即日起停止宴会，市民停止七天，在职人员则停止一个月，各机关用蓝印一月，兵士及各机关职员缠黑纱一月。而在先生的病逝地北京，不管人们的政见如何，纷纷进行了各种形式的悼念活动。据当时的估计，在北京中央公园（今中山公园）社稷坛举行公祭时，签名吊唁者竟有七十四万多人，参加送殡者三十余万人。其中，身为治丧处成员的李大钊敬献的挽联格外显眼："广东是现代思潮汇注之区，自明季迄于今兹、汉种子遗、外邦通市乃

1925年年初，病中的孙中山在北京留影

至太平崛起，类皆孕育萌兴于斯乡，先生挺生其间，砥柱于革命中流，启后承先、涤新淘旧，扬民族大义，决将再造乾坤，四十余年，殚心瘁力，誓以唤起自由独立之精神，要为人间留正气；中华为世界列强竞争所在，由泰西以至日本，政治掠取、经济侵凌、甚至共管阴谋，争思奴隶牛马尔家国，吾党适丁此会，丧失我建国山斗，云凄海咽、地暗天愁，问继起何人，毅然重整旗鼓，亿兆有众，唯工与农，须本三民五权、群策群力，遵依牺牲奋斗诸遗训，成厥大业慰英灵。"另外，豫军总司令樊钟秀特致送巨型素花横额，当中大书"国父"二字，他的唁电挽幛均称孙中山为"国父"，这也是孙中山在公开场合被尊称为"国父"之始。

值得一提的是，对于孙中山在北京的隆重葬礼，当时的社会各界都给予了高度关注。上海王开照相馆的老板王炽开，一方面出于对孙中山的敬仰，另一方面也敏锐地意识到这是一次机遇，便通过各种关系派出摄影师前往北京，再跟随为中山陵选址的人员到达南京，然后再回上海，全程拍摄了各界民众为一代伟人送行的历史性场面。之后王炽开便将这些珍贵照片加上"王开摄影"的落款，洗印

孙中山逝世后，其亲属在北京守灵，1925 年 3 月

多份分送各地知名人士与中高层军政人员，从而使王开照相馆的影响迅速扩大，成为上海滩最知名的照相馆之一。

作为一代伟人，孙中山的身后之事也格外与众不同。因为他生前曾表示希望自己逝世后能像苏联领袖列宁那样，保留遗体供民众瞻仰，所以在1925年3月12日逝世当天，其遗体便被送往协和医院进行病理解剖并予以防腐处理。手术于3月15日完毕，上午10时举行"小殓"，按照民国礼制，身着大礼服、头戴礼帽、足穿皮靴，然后移入棺内。而在他病故的第二天，国民党方面便与苏联政府联系，定制安葬列宁时使用的那种"水晶棺"。由于"水晶棺"的制作运输都需要一个过程，所以只好暂时使用协和医院旧存的一具美式棺木。这具棺木用美国上等沉香木制作，上面有玻璃隔层，可以瞻仰孙中山遗容。3月下旬，苏联政府用火车将"水晶棺"运来中国，但最终却由于各种原因而未能使用。4月2日，先生的灵柩按原定时间移往碧云寺，放入金刚宝座塔的石龛内。4月5日清明节，人们又打开美式沉香木棺，将先生的遗体重新装殓入由协和医院制作的中式新棺。这具棺椁为楠木材质，内壁用耐腐蚀的铝材制作，棺内满盛福尔马林药水，浸没遗体，以达到防腐的目的。棺椁上部装有玻璃盖罩，以便观察内部情况，其上再覆盖楠木棺盖。装殓完毕后，重新放回石龛内。最具有传奇色彩的是，在北伐期间，控制着北京的奉系军阀张作霖、张宗昌认为孙中山停柩的地方风水好，以致北伐军所向披靡，因此只有"焚尸"方能破解。尽管当时这也只是一种传言，但却给负责守灵的人员造成了巨大压力。为防万一，他们将曾经使用过的那具沉香木美式棺运回西山，又从德国药行购买了防腐药水，然后于1927年11月25日深夜秘密地将先生的遗体从楠木棺移入美式棺，再用棉花药水包裹防腐藏到碧云寺内东侧水泉院的山洞内。直到1928年6月7日，此时张作霖已撤出北京并在皇姑屯被日本人炸死，守灵人员才将孙中山遗体重新移回楠木棺。

6月8日，国民革命军进入北京，南京国民政府的第二次北伐宣告胜利。7月6日，蒋介石偕李宗仁、冯玉祥、阎锡山等人前往北京西山碧云寺拜祭孙中山的灵位。当天，蒋介石亲自担任主祭人，向孙中山宣告北伐成功。祭文声称："中正昔待总理，亲承担命之殷切，所以期望于中正者，原在造成革命之武力，铲除革命之障碍，以早脱人民于水火。"在宣告祭文后，打开棺盖，瞻仰孙中山遗容时，蒋介石不禁扶棺痛哭，泪流满面。随后，国民党正式决定将孙中山的灵柩迁葬到南京紫金山。

孙中山逝世后，先葬于北京西山碧云寺

实际上，将自己安葬在南京紫金山正是孙中山本人生前的愿望。据说在 1912 年 4 月 1 日，刚刚辞去临时大总统之职的孙中山与胡汉民等人骑马去紫金山打猎，在攀登到山的中部南坡时，他向远处眺望，顿觉心旷神怡，于是看中了这块风水宝地，高兴地对同行人说："候他日逝世，当向国民乞求一块土，以安置躯壳耳！"先生病逝后，根据他生前的愿望，当时的北洋军阀政府下令于南京紫金山南麓"举行国葬"。1925 年 4 月 4 日，在北京的国民党中央执行委员推举张静江、汪精卫、林森、戴季陶等 12 人组成孙中山葬事筹备委员会。4 月 18 日，在上海成立负责具体工作的葬事筹备处。随后宋庆龄与孙科在筹备委员陪同下对紫金山多次进行实地踏勘，最终选定中茅山南坡作为墓址。5 月 13 日，葬事筹备委员会通过《征求陵墓图案条例》，决定向海内外悬奖征求陵墓设计图案，并采用密封卷方式评选，并于 5 月 15 日在《申报》登载启事。条例明确提出，陵墓的建筑应遵循简朴、庄严、坚固的基本原则，避免奢侈华贵，整体建筑预算费用以 30 万元为限。

消息一经传出，海内外各界人士纷纷踊跃参与。短短三个月间，葬事筹备委员会就一共收到四十多份应征图案，从 9 月 22 日至 26 日，所有应征图案均在大洲公司三楼公开展览。9 月 27 日，葬事筹备委员会再次召开联席会议，最终认为头奖吕彦直的设计"简朴典雅，且完全根据中国古代建筑精神"，从而一致决定采用他的方案，并聘请其为建筑师，主持计划建设详图及监工事务。

吕彦直（1894—1929），字仲宜，安徽滁州人，中国近代杰出的建筑师。他出身于官宦之家，早年曾随其姐在巴黎居住数年，后回国入清华学堂留美预备部，1913 年由北洋政府派赴美国康奈尔大学攻读建筑工程，1918 年毕业后曾担任美国建筑师墨菲的助手。1921 年回，后独立创办彦记建筑事务所。1925 年 5 月，当获悉孙中山葬事筹备委员会向社会征集方案的消息后，原本名气不大的他在与众多的国内外知名建筑师的竞争中一举夺魁，荣获首奖。吕彦直设计的陵墓建筑图案，融汇中国古代建筑与西方建筑的精神，庄严简朴、别创新格。其全部平面图呈警钟形，寓含孙中山先生"唤起民众"之意，因而受到评选者的一致推崇。从 1925 年 9 月至 1929 年 3 月，他接受孙中山葬事筹备委员会的聘请，任陵墓建筑师，并接受南京国民政府聘请，任总理陵园计划专门委员。吕彦直受聘后，即赴南京实地考察，赶绘全部工程详图。当年 12 月，上海姚新记营造厂中标，陵墓建筑工程遂即开始动工。在南京中山陵墓的建筑工程进入高潮之际，吕彦直又承担了广州越秀山中山纪念堂和中山纪念碑的建筑设计工作。由于长期南北奔波，

1926年3月12日，中山陵奠基仪式

中山纪念堂举行奠基仪式期间，吕彦直终于病魔缠身。就在中山纪念堂工程临近尾声时，这位才华横溢的青年建筑师竟因病于1929年3月18日在上海逝世。鉴于他对建造孙中山陵墓的杰出贡献，在他逝世后，南京国民政府曾明令全国予以褒奖，并在中山陵祭堂的西南角为其立一纪念碑。

1926年3月12日，中山陵正式奠基动工。按照最初的设想，工程本应在一年内完工，于1927年3月12日孙中山逝世两周年之际安葬遗体。但是由于工程的艰难程度远远超出当初所料，再加上受战乱影响，致使进展缓慢，直到1929年春天才大致完成。

建成后的中山陵主要建筑包括牌坊、甬道、陵门、碑亭、平台及祭堂和墓室等。总占地面积约8万平方米，北高南低，坐北向南，陵园总体边界呈自由钟式。墓室海拔158米，高出陵前广场73米，整个建筑群布局严整、气势恢宏。

从广场进入陵区，入口处有澳门产花岗石制牌坊一座，四楹三间，高12米，宽17.38米，上镌孙中山手迹"博爱"两字，故称"博爱坊"。坊北至陵门之间，墓道全长442米，宽39.6米，分辟三道，中路宽12米，两侧对称种植雪松四行，桧柏八列；左右两路各宽四米六，路侧植有红枫银杏。陵门平面长方形，面阔24米，进深9米，高16.5米，采用传统木质结构形式，但全部由福建花岗石建成。斗拱、梁、枋等处雕刻有精致图饰。陵门分一大二小三个拱门，中央正门上方镶嵌的门额上刻有孙中山手书"天下为公"四个镏金大字，端庄朴实，雄迈俊逸。陵门后第二层平台上有花岗石重檐歇山顶碑亭一座,亭方形,高 17 米,宽 12 米,四面开拱门,亭中竖有高 8 米、宽 3 米、厚 0.7 米之石碑一块,上书"中国国民党葬总理孙先生于此 中华民国十八年六月一日",是谭延闿手笔。从碑亭向上,地势渐陡,经过八段共 290 级石阶,才能进入祭堂(如果从博爱坊开始算起,则有平台 10 段,台阶 392 级)。由于计算巧妙,登临过程中,从下向上看去一望到顶,只见石阶,不见平台,由上向下俯视时,却又只见平台不见石阶。在漫长的墓道尽头,伫立着中山陵的主体建筑——祭堂。祭堂所在平台东西长 137.25 米,南北宽 30.5 米,上置铜鼎、华表各一对,拥壁一面。祭堂位于平台正中,长 27.5 米,宽 22.5 米,顶高 26 米,四角安置堡垒式的石墙墩(内为耳室,作收藏纪念品与供谒陵人员休息用),夹出带披檐的三开间门廊,并辟拱门三座,各安有镂花空格紫铜门,门楣自东至西分别刻有"民族""民生""民权"字样。中门上方有竖额一块,为孙中山手书"天地正气"四字。整个建筑用香港花岗石贴面,顶盖蓝色琉璃瓦,类似重檐歇山顶而又不尽然。祭堂正中供奉有高 4.6 米的孙中山先生白石坐像一座,由波兰雕塑家保罗·兰窦斯基刻成。坐像基座上还镌刻了六幅浮雕:正面是"如抱赤子",东面两幅为"出国宣传""商讨革命",西面两幅为"振聋发聩""讨袁护国",背面为"国会授印",这些浮雕反映了孙中山革命生涯各个时期的主要事迹。祭堂内部以黑白色调为主,都是传统的孝色,12 根直径近一米的青岛黑石柱,四隐八显承托着祭堂的屋顶,屋顶做成斗式藻井,镶嵌有彩色马赛克拼成的革命党党徽。祭堂地面满铺云南产白色大理石,四壁下部则为意大利黑色大理石,其中东西两壁刻有其手书的《建国大纲》,至今保存完好;后壁原刻有蒋介石、胡汉民所书《总理校训》《总理遗嘱》和谭延闿手书《总理告诫党员演说词》,"文革"中被磨去。祭堂之后辟有小门,经甬道可通往墓室。甬道设内外两门,外门上额镌刻孙中山为黄花岗七十二烈士墓题写的"浩气常存"四字,内门上额则刻有张静江所书"孙中山先生之墓"七个篆字。入内即是墓室,顶如覆釜,直径 16.5 米,高 10 米。墓室圆形,外以香港花岗石贴面,中部为钢筋混凝土浇筑,室内白色大理石铺地,米色人造大理石贴墙面,顶作穹隆形,以彩色马赛克拼成国民党党徽。墓室正中为一大理石圆塘,直径 4 米,深 1.6 米,中央安放着孙中山的汉白玉卧像一座,由捷克斯洛伐克著名雕塑家高琪创作,圹下五米为密封安葬孙中山遗体之处。

1929 年 1 月,专门负责孙中山遗体安葬的"奉安委员会"正式成立,由蒋介

中山陵竣工时的情形，1929年春

石任主席委员，孔祥熙为办公室总干事，下设总务、财务等各组。此时，中山陵的建设已经接近收尾，又特地在南京为奉安大典修筑了一条"迎榇大道"，自长江南岸的下关码头直达中山陵，全长15公里。由于受天气原因的影响，中山陵的建筑以及相关工程至5月才相继竣工，最终"奉安委员会"将"奉安"的时间定为1929年6月1日。

　　5月，南京国民政府正式拉开奉安大典的帷幕。20日下午2时，孙科与协和医院的史蒂芬医生来到北平西山碧云寺，在守灵人员协助下，将中式楠木棺内的防腐液放净，史蒂芬将遗体揩净后用白色绷带包裹周身，然后移入美式沉香木棺，暂时重新放回石龛之内。22 日晨 7 时，迎柩专员指挥守灵卫士将灵柩移到金刚宝座塔前下方的普明妙觉殿。8 时许，宋庆龄等人赶到，由史蒂芬医生及助手、护士将遗体以白绸裹缚，并为孙中山理发、更衣。更衣完毕后，在宋庆龄等家属的守视下，由孙科等人将遗体移入另一具新棺——特制的美式铜棺。这具棺椁是 1925 年决定将孙中山土葬之后，治丧处特地向美国定购的，早在 1925 年 8 月便已运抵上海，存放在香山路孙中山故居内，1927 年 5 月转运至南京，1928 年 12 月运抵北平。

由于北平距南京路途遥远，为安全稳妥地运送孙中山的灵柩，"奉安委员会"特地根据不同路段的具体情况安排了不同的运输方式和相应的运输工具。在从北平西山碧云寺至前门火车站这第一路段，完全采用人力，承担此项重任的则是西长安街日升杠房，雇用的杠夫分为三班，每班除 64 名杠夫外，还有拨旗夫、拉幌夫以及负责遗像亭的夫役等，总人数为 283 名，一律身着蓝白两色的统一服装。从北平前门火车站至长江北岸浦口之间的运输则采用火车。当时共安排了九组专

身着蓝白两色统一服装的杠夫

从西山碧云寺至前门
火车站的路上，北平市
民为孙中山先生送殡

奉安大典前北京
移灵的情形

列，其中第六列为灵柩专用的"灵车列车"，共挂15节车厢。5月26日，迎灵专列起程南下，至5月28日上午10时抵达浦口。在由浦口横渡长江时，承担灵柩运输任务的是海军"威胜"号军舰，当时参加仪式的中国海军"通济""楚有""豫章"等舰艇均在江面列队拱卫，包括参列的日、英、法等外国舰船，一律降半旗致哀，并鸣放礼炮。5月28日12时10分，"威胜"号抵达下关中山码头。灵柩上岸后，由北京杠夫抬入灵车，在场的国民党中央委员以及孙中山家属，均亲手扶棺奉移。下午3时15分抵达中央党部，仍由北京杠夫将灵柩移入祭堂。接下来是为期三天的公祭日。从5月28日起，由国民党中央委员、各特任官轮流在中央党部守灵，3人为一班，每班4小时。第一班由蒋介石、谭延闿、胡汉民守灵，共22班，直至6月1日奉安日为止。三天公祭结束后，5月31日下午6时举行封棺典礼，由蒋介石主持，席楚霖任宣赞。参加封棺典礼的有宋庆龄、孙科、陈淑英、孙治平、孙治强、孙穗英、孙穗华、孙婉、戴恩赛、孙满、孙乾、陈少白、林焕廷、何香凝、宋霭龄、宋美龄、宋子良、郑洪年、胡汉民、谭延闿等人。众人鞠躬默哀后，由蒋介石率领依次至灵前瞻仰孙中山遗容，然后封棺。蒋介石、孙科、孔祥熙率领孙中山生前卫士黄惠龙、马湘、陈兴汉、刘钺、肖芹将铜棺安盖。蒋介石、孙科、孔祥熙亲自涂殡。7时，奏哀乐，行三鞠躬礼，然后依次退出，封棺典礼结束。

6月1日，举世瞩目的奉安大典正式开始了。当天凌晨2时起，沿中山路两旁已挤满送殡的群众。3时20分，宋庆龄、孙科夫妇及子女、蒋介石夫妇、宋子文夫妇、宋霭龄、朱执信夫人杨道仪、唐绍仪、陈少白、张继、叶恭绰、头山满、犬养毅、梅屋庄吉、宫崎龙介以及国民党全体中央委员、国府委员、葬礼筹备委员、迎柩专员、各国专使代表等陆续到达中央党部。早晨4时起灵，孙中山家属亲故、国民党中央委员、国府委员、各特任官、葬礼筹备委员、迎柩专员等都进入灵堂，依次排列，各国专使则退至前院，肃立恭候移灵。典礼由胡汉民主祭，然后由孙中山家属、亲故及国民党中央委员、国府委员、奉安委员、迎柩专员、葬礼筹备委员等恭候灵柩，总干事孔祥熙执旗前导。4时15分，狮子山炮台开始鸣礼炮101响，灵柩移出大门，由杠夫抬上汽车。汽车的四周遍扎白彩球，上覆党旗、国旗。灵柩扶上汽车后，孙中山家属、亲故及各委员、各国专使等即加入第七行列，宋庆龄、陈淑英、孙婉、何香凝、宋美龄、宋霭龄等女眷在特制黑色布幔内步行出中央党部，分乘马车随灵护送，其余男宾则分左右两列分别执绋步送。4时25分，号兵吹起启行号，灵车启动。两百余名军校学生任护灵团，全副武装，分列两侧，

6月1日，北平社稷坛降半旗默哀

随行护卫。铁甲车及骑兵连在前面开道，由一名骑兵长官骑黑马，手执开道旗。送殡各机关团体共分十行列，在事先指定的地点依次加入，队伍长达五六里，朱培德任总指挥，姚琮、谷正伦、张治中分任各有关行列指挥。

　　据记载，当天迎柩大道沿途搭起松柏牌楼、青白布牌楼及救护棚等51座，沿途瞻仰送殡的群众达50万人，航空署并派飞机5架回翔空中致敬。上午8时，各行列先后到达紫金山山麓，由纠察员引导至指定地点肃立恭候。奉安筹备人员也将灵舆安置于石级前广场上守候。灵舆为亭子式，用蓝绸裹扎，四周悬白绸彩球。杠夫108人分别肃立在灵舆两侧等候。9时零5分，遗像亭到达广场，亭前有"肃立""致敬"旗两面，全体参加人员即脱帽肃立致敬。不久各国专使、外宾也列队到达，登上第一层石级平台恭候。9时20分，灵车缓缓开到广场，停在灵舆前。家属下车，进黑色布幔中肃立于灵柩之侧。国民党中央委员、国府委员等送柩人员由总指挥朱培德、总干事孔祥熙指挥，各按规定地点肃立。9时30分，由孔祥熙、

奉安大典沿途的情形（一）

奉安大典沿途的情形（二）

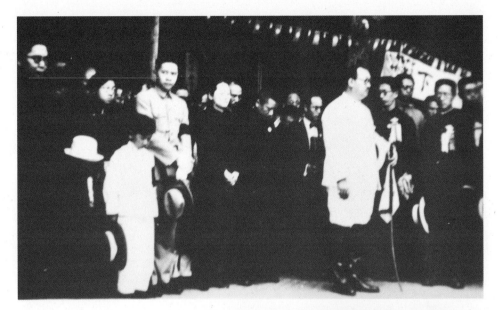

孙中山亲属在奉安大典上

吴铁城、郑洪年等率领杠夫 10 人将灵柩从灵车上降下，移上弸舆。9 时 45 分起杠，步石级而上。国民政府乐队 40 名乐师奏哀乐前导，宋庆龄率领众女眷在布幔内步行送殡，执绋人员在两侧恭扶前进。10 时零 8 分，灵舆抵达放有祭鼎的平台前，杠夫换用小杠，宣赞员宣赞，执绋人员恭扶灵柩入灵堂，停于中央，肃静片刻后，由宣赞员宣赞，举行奉安典礼。奏哀乐后，全体行三鞠躬礼，然后献花圈，读诔文，蒋介石主祭，谭延闿、胡汉民、王宠惠、戴季陶、蔡元培陪祭。典礼完毕后，孔祥熙率领杠夫将灵柩移入墓室，孙中山亲属、中央代表蒋介石、故旧代表犬养毅、各国专使代表欧登科随同进入墓室，率领杠夫将孙中山灵柩奉安于圹内。这时，狮子山炮台响起 101 响礼炮，全国民众停止工作，默哀 3 分钟，12 时，奉安完毕。在祭堂内参加大典的人员依次进墓门瞻仰，然后回到祭堂，全体集合，再行鞠躬礼，奏哀乐。最后由夫人宋庆龄率领孙科夫妇、戴恩赛夫妇等将墓门关闭，倍极隆重的奉安大典至此宣告完成。

在奉安大典期间还发生了一件插曲，很值得后人关注。原来自从 1927 年 7 月"宁汉合流"之后，宋庆龄便与反共的蒋介石、汪精卫决裂，并向新闻界公开宣布："在国民党现行政策不改变之前，余决不参与任何活动；于革命事业不纳于中山主义轨道内时，余决不担任任何党务。"当移居德国柏林的她接到关于参加"奉安大典"的邀请时，为打消蒋介石借此机会捞取政治资本的意图，便在动身回国之前发表了《关于不参加国民党任何工作的声明》，宣称："为了避免任何可能产生的误解，我不得不声明，我坚持 1927 年 7 月 14 日在汉口发表的声明……我参加葬礼绝不是，也绝不能被解释为缓和或改变我的决定，在国民政策完全符合已故孙逸仙博士的基本原则之前，我不能直接或间接地参与该党的任何工作。"1929 年 5 月 18 日，宋庆龄乘火车抵达北平。下车后，她不接见任何外人，仅由孙科夫人陈淑英陪同直接乘汽车至西山碧云寺。5 月 26 日，宋庆龄随灵车南下。抵达南京后，尽管蒋介石已经为她安排了舒适的住处，妹妹宋美龄也竭力挽留，但在奉安大典结束后的当晚，宋庆龄就乘车离开南京前往上海。

而对于蒋介石来说，这场奉安大典却与自己的政治生涯密切联系在一起，而他也很好地"利用"了这场葬礼。

早在 1927 年 3 月北伐军攻占南京后不久，蒋介石就多次拜谒正在修建中的中山陵。1928 年 6 月北伐军攻占北京后，蒋介石到北京去先行祭奠孙中山。不到一个月，蒋介石就先后四次前往碧云寺拜谒孙中山。7 月 5 日，蒋介石还亲自开棺验

灵柩抵达中山陵的情形

看先生遗体。其本人在日记中记录："十二时半到总理灵前启柩，省事遗容，安眠如常，而颜色苍黄，见之悲酸。不见总理已将四年，而今唯见其遗体，更令门人悲不自胜。"回到南京后，蒋介石继续关注中山陵的后续修筑事宜，为迎接先生遗体南迁做准备，甚至亲临现场指挥。1929年5月28日，孙中山的灵车到达蚌埠时，蒋介石亲自到车站迎接。5月29日至6月1日，他连续四天来到中山陵为孙中山送葬、拜祭。

奉安大典之后的二十余年间，蒋介石常常带领部下前往集体参拜，或在中山陵前给部队训话。从此，国民党将孙中山奉为"国父"，制定各种纪念活动，包括"总理纪念周""总理广州蒙难纪念日""总理伦敦蒙难纪念日""总理诞辰""总理忌日"等，国民政府的许多政治教育经常安排在这里，而中山陵也就此成为蒋介石心目中"太庙式"的角色，成为南京国民党政权的"政治圣地"。

中山陵建成后，很快成为南京国民党政权的"政治圣地"

四、蒋委员长的崛起

　　1927 年 12 月 1 日，地处上海戈登路（今南京西路江宁路）的"大华饭店"门口车水马龙，各界社会名流上千人纷纷闪亮登场，饭店内则早已被装饰得豪华而喜庆。难得的是，英法租界当局也特意抽派警卫加强防护。原来在这天下午 4 时，不久前宣布下野的国民革命军总司令蒋介石与宋美龄（1897—2003）的"世纪婚礼"将在这里举行。与一般上流社会的婚礼不同的是，在结婚当天，蒋介石似乎并未忘记自己"革命家"的身份和抱负，居然在各主流媒体上刊登了专文《我们的今日》作为结婚宣言。他以这种特殊的方式向全体国民宣告："余平时研究人生哲学及社会问题，深信人生无美满之婚姻，则做人一切皆无意义。余今日得与余最敬爱之宋美龄女士结婚，实为余有生以来最光荣之一日，自亦为余有生以来最愉快之一日。余确信余自今日与宋女士结婚以后，余之革命工作必有进步，余能安心尽革命之责任，即今日始也。余二人此次结婚，倘能于旧社会有若何之影响、新社会有若何之贡献，实所大愿。余二人今日，不仅自庆个人婚姻之美满，且愿促进中国社会之改造。余必本此志愿，务完成中国之革命而后已。故余二人今日之结婚，实为建筑余二人革命事业之基础。"对于一般人而言，将原本属于私事的婚礼张扬到如此地步，并硬使其与政治挂上钩，蒋介石这位当时的"政坛明星"是不是太过于高调了？不过要是了解到蒋介石当年的崛起之路，相信许多人都会明白这桩婚姻对于他的意义了。

　　毫无疑问，在 20 世纪二三十年代，中国政坛上崛起速度最快的人物当属蒋介石了。从孙中山时代的黄埔军校校长，到北伐时期的国民革命军总司令，再到南京政府的实权者，仅用了不到十年的时间，他就达到了个人政治生涯的最高点。是机遇？巧合？权术？实力？真可谓一言难尽。鲜为人知的是，虽然后来成为政治风云中的最后胜利者，但早年的蒋介石却堪称十足的职业军人，并且似乎对权术这玩意儿极为鄙视。虽然早年在日本留学时就曾吐露过诸如"腾腾杀气满全球，力不如人肯且休！光我神州完我责，东来志岂在封侯！"的壮志，但他也曾在日记中写道："政治使人过狗一般的生活……道德何在，友谊何在？"而在当年国民党内的历次路线斗争中，如果不是拥有非凡的政治手段，他也不会被一些人称为"中国的拿破仑"。至于几乎同他斗了一辈子的李宗仁，更是一语道破天机："蒋介石统兵、治政的本领均极低能，但使用权谋、运用诈术则天下第一。"

对于蒋介石早年如何留学日本，如何跟随陈其美、孙中山投身革命，其中的细节我们姑且不必去关注。实际上，他在政治上的崛起应该以孙中山逝世为起点。1925 年孙中山逝世后，刚刚完成改造的国民党内部立刻出现了巨大的权力真空。推举谁为继任者？这是个问题。而在此时，蒋介石还属于"靠边站"的角色。虽然他也算是重要人物，但完全处于权力核心圈子之外。因为那时在广大国民党党员的心目中，能够有资格角逐继任者的只有汪精卫、胡汉民和廖仲恺三人。三人都是孙中山的广东同乡，都是他坚定的支持者。特别是长期作为孙中山左右手的汪精卫与胡汉民，二人合称革命队伍中的"双璧"，时人甚至有"胡、汪无先生不醒，先生无胡、汪不盛"的说法。虽然在后来因投靠日本沦为头号汉奸，但早年的汪精卫却堪称成色十足的革命家。要知道，仅凭"1910 年谋刺清摄政王被捕"一事便足以为他捞到雄厚的政治资本。1924 年年底孙中山北上时，又是汪精卫全程陪同，并在孙中山弥留之际负责起草了政治遗嘱。可以说，在三人中，他是文才、

蒋介石与宋美龄结婚照，1927 年

口才和组织能力最突出的。唯一不利的是，作为三人中最年轻的一位，汪精卫似乎显得有些过于血气方刚，他在公共场合总是强烈支持与俄国人进行合作，因此在国民党中被许多人视为"极左派"。不过要说到左派领袖，廖仲恺同样当仁不让。作为黄埔军校的政治委员，他热心于同俄国人和中国共产党人进行全面的合作。在国共统一战线结成后，三人中只有胡汉民是保守派。不过由于他多年来一直对孙中山忠心耿耿，因此在后者北上时被任命为代理大元帅。

1924 年，孙中山签署命令，任命蒋介石为黄埔军校校长

广州革命政府时期的左派领袖廖仲恺，孙中山的亲密战友

曾任广州革命政府主席的胡汉民

那时年轻但却威望极高的政治领袖汪精卫　　当初还属于权力核心之外角色的蒋介石

　　1925 年 7 月 1 日广州国民政府成立时，汪精卫当选为国民政府委员会和军事委员会的"双料主席"，似乎被推上了孙中山继承人的位置。一个多月后，广州发生了令人震惊的廖仲恺遇刺案。由于其堂弟胡毅生是暗杀的策划者之一，因此胡汉民被迫离开权力核心。虽然右派因此遭受沉重打击，但是这一事件的最大受益者却是蒋介石。不久，军事部部长许崇智同样受到"廖案"的牵连，也被迫离开广州。这样一来，掌握了军权的蒋介石便以"黑马"的姿态一跃成为与汪精卫并立的国民党领袖了。紧接着，通过 1926 年的"中山舰事件"和"党务整理案"，蒋介石一方面排斥了国民党内的共产党力量，同时顺利地担任了军事委员会主席、国民党中央组织部部长、军事部部长、国民革命军总司令以及国民党中央常务委员会主席等要职，并在这种极为有利的形势下开始了北伐。

　　1927 年年初，北伐已取得决定性胜利，但国民党内部却日益分化为武汉和南京两大派别，汪精卫和蒋介石的拥护者一度展开了激烈的较量，最终"宁汉合流"，汪精卫宣布"清共"后抵达南京，国民党内部的纷争暂告结束，而蒋介石则以退为进，主动宣布于 8 月下野。不过从事后看来，蒋介石的这次"下野"貌似政治上的失意，其实却大有收获，那就是与宋美龄的联姻。

蒋介石与汪精卫等人合影

　　说起蒋介石此人，年轻时可谓十足的风流，当年也算是"花边新闻不断，革命爱情两不误"。早在 1901 年，时年 14 岁的蒋介石就由父母做主，与大自己 5 岁的毛福梅结婚，并生育一子蒋经国。毛氏是一位标准的农村妇女，没有文化，当蒋介石外出闯荡时，她一直留在奉化溪口老家掌理家务。后来，蒋介石在上海滩纳姚冶诚为侧室，后者无所出，后收养蒋纬国为子。1922 年，蒋介石又娶二夫人陈洁如。不过没多久，他就遇到了自己一生的"真爱"——宋美龄女士。宋美龄出身著名的宋氏家族，其大姐宋霭龄嫁给了大财阀孔祥熙，二姐则是孙中山夫人宋庆龄，哥哥宋子文既是革命阵营内的财政家又是外交家。与其众位兄妹一样，宋美龄也在美国接受过良好教育，无论是家庭背景、言谈举止还是社交能力，都是蒋介石梦寐以求的。那是在 1922 年 12 月初的一天，蒋介石在孙中山上海莫里哀路的住处结识了宋美龄，当即为之倾倒。不到一个月，他就央请孙中山做媒，表示了要娶宋美龄为妻的诚意。当然，如果事情成功，那他与孙先生就是连襟了。不过令蒋介石失望的是，宋家老太太、孙夫人宋庆龄以及宋子文似乎对他并不感兴趣，坚决反对这桩婚事。于是蒋介石不得不开始了长达 5 年的等待，在与宋美龄的鸿雁传书中接受宋家的考验。

　　直到 1927 年 3 月，蒋介石以"北伐军总司令"的身份抵达上海，顿时被国民视为"革命英雄"。南京国民政府成立后，有心撮合这桩婚姻的大姐宋霭龄曾

北伐初期的蒋介石

国民革命军北伐时，总司令蒋介石讲话，1926 年

亲自送宋美龄去与蒋介石会面。8月，
蒋介石宣布下野后回到溪口老家，这次
休假也使他有充足的时间展开对宋美龄
的追求。在当时的一封情书中他写道：
"余今无意政治活动，唯念生平倾慕之
人，厥唯女士。前在粤时，曾使人向令
兄娣处示意，均未得要领，当时或因政
治关系，顾余今退而为山野之人矣，举
世所弃，万念灰绝，曩日之百对战疆，
叱咤自喜，迄今思之，所谓功业宛如幻
梦。独对女士才华荣德，恋恋终不能忘，
但不知此举世所弃之下野武人，女士视
之，谓如何耳？"受此打动，宋美龄终
于做出与蒋介石结婚的决定。9月16日，
宋霭龄在家中召开记者招待会，她将蒋
介石和宋美龄介绍给记者们，宣布"蒋
总司令即将与我的三妹结婚"。接着，
蒋介石又办理了与毛福梅的离婚手续，
并将姚冶诚、陈洁如等人一一安排妥当，
然后便东渡日本，终于获得宋老太太的
认可。

　　回到上海后，春风得意的蒋介石便
在12月1日高调举办了与宋美龄的"世
纪婚礼"。按照宋家老太太的要求，婚
礼先按基督教方式在宋宅进行，证婚人
是中华基督青年全国协会总干事余日
章，随后才在上海大华饭店举行传统婚
礼，证婚人则是国民政府大学院院长蔡
元培。当天，上海各路媒体详细描述了
宋美龄的打扮："新娘穿一件漂亮的银

留美时期的宋美龄

抗战期间的宋美龄

宋氏三姐妹：（左起）宋庆龄、宋霭龄、宋美龄

与宋美龄的联姻使蒋介石在政治上获益匪浅，图为抗战期间他与宋氏三姐妹在一起

色旗袍，白色的乔其纱用一小朵橙色的花别着，轻轻地斜披在身上，看上去非常迷人。她那美丽的挑花透孔面纱上，还戴着一个由橙黄色花蕾编成的小花冠。饰以银线的白色软缎拖裙从她的肩上垂下来，再配上那件长而飘垂的轻纱。她穿着银白色的鞋和长袜，捧着一束用白色和银色缎带系着的淡红色麝香石竹花和棕榈叶子。"既然是"世纪婚礼"，排场自然不会小。据当时的报道，大华饭店堪称当时上海最豪华的西式大饭店，一份牛排就要价 4 元（当时一石大米才 3 元），而整场婚礼费耗资达 30 万元。对于这对政治前途无量的新婚夫妇，来宾们当然也毫不吝啬，所赠的贺礼远超过婚礼费用。不过蒋宋二人并不借此来"吸金"，而是宣布将当日婚礼所收礼钱用来做慈善事业，建立荣军院照顾在北伐中受伤的军人。对于蒋介石而言，虽然当时他表面上正处于政治上的低谷，但所有的不如意似乎都完全被这桩婚姻的幸福掩盖了。直到蜜月结束，他才踌躇满志地东山再起，于 1928 年 1 月 4 日到南京复总司令职，开始筹划第二次北伐事宜。

尽管蒋介石到处公开宣扬他与宋美龄之间的"真爱"，但其实在当时，社会上就有一些声音批评蒋、宋二人是一场政治婚姻，是权势与财力的结合。因为明眼人一看就知道，通过这桩婚姻，蒋介石真是受益匪浅。正如当时美国《时代》周刊所评论的，通过这桩婚姻，仅仅一个家族的触须就分别伸向了中华民国的主要缔造者（孙中山）、今世的"征服者"（蒋介石）、位高权重的财政部部长（宋子文）以及中国先哲的第 75 代孙（孔祥熙）。众所周知，宋氏家族在当时的中国拥有相当大的影响力。宋美龄的父亲宋耀如是上海滩著名的实业家，并且慷慨地支持过孙中山的革命事业。宋美龄的长兄宋子文是金融界和外交界的名流，是国民政府的财政部部长；大姐宋霭龄嫁给了巨商孔祥熙；二姐宋庆龄则是孙中山的夫人。所以通过这桩婚姻，蒋介石不但进一步提高了自己的社会地位和声望，而且因为宋子文的关系加强了与上海工商业界的关系。当然在这之前，以宁波籍买办虞洽卿为代表的上海财团就已经对蒋介石伸出了橄榄枝。早在 1927 年初蒋介石进驻江西九江时，虞洽卿作为上海财团的代表就利用昔日的老交情拜见了这位同乡。会面后，双方很快在"清共"及对外政策等"一揽子"问题上达成了共识。随后上海财团便一直慷慨地向蒋介石提供财政支持，而后者则以血腥的手段镇压了工人运动。

正是由于自视为孙中山的忠实信徒，加上与宋美龄婚姻的关系，蒋介石为确立在南京民国政府中的"绝对地位"，还大打亲情牌，一心想把自己包装成"孙

在江浙财阀及上海黑帮的支持下，蒋介石顺利实行了"清共"，图为上海青帮头子杜月笙（左一）与人合影

总理钦定的接班人"。例如为了使公众意识到自己是孙中山很早就最依赖的人，他极力夸大自己在孙中山蒙难期间的作用。他宣称，当年孙中山遭到叛将陈炯明的攻击时，正是他在危难之际冒险登上永丰舰，陪伴孙中山渡过难关。更绝的是，他还通过神化孙中山来美化自己，这一招数尤其在重新安葬孙中山的过程中发挥得淋漓尽致。1928 年 6 月 8 日，国民革命军占领北京后，蒋介石所做的第一件事便是率领冯玉祥、阎锡山、李宗仁等一干党内巨头前往西山碧云寺，在孙中山灵柩前举行祭奠典礼。在祭文中他这样说："中正昔待总理，亲承担命之殷切，所以期望于中正者，原在造成革命之武力，铲除革命之障碍，以早脱人民于水火。"其潜台词就是极力表明自己"合法继承人"的特殊身份。而在随后进行的奉安大

蒋介石与冯玉祥
（左一）、阎锡
山（右一）合影，
1928 年

1928 年 7 月 6 日，蒋介石与冯玉祥、
阎锡山、李宗仁等人一起前往西山碧
云寺祭奠孙中山

冯玉祥

阎锡山

典中，蒋介石更是全国动员，将此次典礼办得极尽隆重，通过这种特殊的造势将自己"合法继承人"的身份再次稳固。

可以说，在经历了1927年年末短暂的下野后，"爱情事业双丰收"的蒋介石反而进一步增强了在国民党内的实力。1928年1月，在党内外各界"民意"的支持下，他春风得意地回到南京重新出任国民革命军总司令；2月，他又主持召开国民党二届四中全会，全面改变了孙中山的革命政策，并被推举为中央政治委员会主席和军事委员会主席；4月，蒋介石与冯玉祥、阎锡山、李宗仁组成四个集团军合力北进，开始了第二次北伐，最终顺利战胜奉系军阀张作霖，结束了北洋军阀的统治；10月，出任国民政府主席兼陆海空军总司令的蒋介石改组国民政府，宣布进入实行"以党治国"的训政时期。此后，他又用了一年多的时间，通过中原大战先后战胜了冯玉祥、阎锡山、李宗仁的军队，同时在党内击败了汪精卫、胡汉民、孙科等派系的挑战，最终成功建立起独裁统治。从此，中华民国进入了"蒋家王朝"时代。

值得一提的是，在蒋介石崛起的过程中，他所采用的手段可谓"黑白通吃"，既有激烈的党内夺权斗争，又有不按常规出牌的江湖手段。或许正是由于缺乏正统教育的束缚，他才能击败一个又一个竞争对手，迅速走向权力之巅。

例如在北伐军进入上海后，面对当时

通过一系列手段，蒋介石最终击败了一系列地方实力派军阀，又在党内击败了汪精卫，成
为国民党内的头号人物

成功掌握了军队的蒋介石

戴季陶，蒋介石早年的把兄弟之一

中国共产党领导的强大工人武装，加上武汉国民政府左派实力占优势，羽翼未丰的蒋介石为巩固自己的统治地位，竟使出了绝大多数革命家都想不到的"绝招儿"。或许是受15年前大哥陈其美在辛亥革命时期在上海获得成功的启发，蒋介石利用早年与帮会的渊源关系，开始将目光转向利用上海帮会，希望昔日的各位"大哥"能出手相助。果然在1927年"四一二"反革命政变中，正是上海帮会充当了蒋介石的"急先锋"，帮助其顺利实现了"清党""反共"的目的。为了答谢各位"龙头老大"，南京国民政府成立后，蒋介石对帮会头目"论功行赏"，黄金荣、杜月笙、张啸林分别被任命为"总司令部"顾问、"军委会"少将参议和"行政院"参议等职衔。也正是由于得到了蒋介石的扶植、纵容与利用，上海帮会在南京国民政府统治期间得到了空前的发展。它已不再是民间下层社会的秘密结社，而是依附于国民党政权的一支具有政治性的、取得合法地位的黑社会势力。

值得一提的，身上江湖气十足的蒋介石本人也充分利用众多拜把兄弟的帮助，一步步达到自己的目的。据粗略统计，蒋介石一生先后结交了几十个把兄弟，很多都是近现代中国历史上的重要人物，如许崇智、李宗仁、张学良、冯玉祥等人。虽然其中大多数都是政治上的"盟兄弟"，但蒋介石早年未发迹时所结交的把兄弟如陈其美、黄郛、张静江、戴季陶、张群等人，却对他事业的成功有着不可忽略的影响。其中，陈其美算是蒋介石最尊敬的大哥和革命引路人，两人早年一起出生入死，互相关照。1913年，当陈其美与光复会领袖陶成章产生矛盾时，正是蒋介石挺身而出刺杀了陶成章，随后还被迫一度流亡海外。后来当陈其美也遭到暗杀后，蒋介石可谓悲痛欲绝。出于这份情义，后来他对陈其美的侄子陈立夫、陈果夫极力提携并重用，以至于时人有"蒋家天下陈家党"之说。至于蒋介石较早结拜的黄郛、张静江、许崇智、戴季陶和张群诸人，无论其才干如何，几乎都对蒋忠心耿耿，并能在关键时刻顶上去，从而合力成就了蒋介石的事业。

通过各种手段，蒋介石终于迅速崛起成为国民党的统领者

五、"黄金十年"一场梦

从 1927 年到 1949 年，南京国民政府共存在了 22 年。严格说起来，这无疑是充满了曲折与磨难的 22 年。因为自从蒋介石登上权力巅峰的那一刻起，他的政府就不断面临挑战与冲击。无论是内部的"新军阀"、狼子野心的日本人及更多复杂的势力，都耗费了这个政权巨大的精力。其直接后果就是，呈现在后人眼前的这 22 年似乎只有一个主题词：乱。唯一值得一提的是，在 1927—1937 年间，尽管存在来自各方面的挑战，但南京国民政府基本上还能谋求社会发展。而利用这一难得的时机，南京国民政府在政治、经济、军事、外交、文教等领域都取得了一定的成就。甚至有那么一段时期，还给人一种可喜的发展势头。正因如此，后世许多人往往将这一时期称为南京国民政府的"黄金十年"。随后，由于 1937 年日本发动了全面侵华战争而导致这些成果均化为乌有，但我们也不应彻底遗忘这段特殊的历史。虽然这个"黄金十年"的成色可能很不足，不过其背后却凝结

南京国民政府行政院，20 世纪 30 年代初

了无数人的心血，为了使中国走向辉煌，他们的奋斗理应得到后人的尊重。

　　毫无疑问，在成立初期，南京国民政府所遇到的困难是非常大的。首先在财政上，由于金融货币混乱不堪，税收系统几乎陷入瘫痪，为了维持政权的运转，南京政府曾一度对上海工商界进行了粗暴搜刮。在大局初定之后，南京国民政府便采取了一系列重大财政举措，包括关税自主、裁撤厘金、发行公债、改组银行、币制改革等，均获得了相当成效。1928 年 7 月，完成第二次北伐后，南京国民政府便派宋子文到北平与各国协商关税问题。经过多番周折，列强先后与中国缔结了关税条约，承认中国关税自主。而实现关税自主后，国民政府终于有了较为稳定且数量可观的财源。1929 年，政府又开始裁撤厘金，从而使国内市场的大环境大为改观，促进了商品经济的发展。通过发行公债及改组银行等手段，以中央银行、中国银行、交通银行、中国农民银行"四大行"为代表的国家金融系统支配了当时整个中国的财政金融。1933 年 6 月，南京国民政府在上海首先试行"废两改元"，4 月起在全国推行，统一了货币，实行银本位制。从 1935 年 11 月起，币制改革方案正式实施。按改革方案的规定，中央银行、中国银行、交通银行三行发行的

南京国民政府时期，推进北平市政建设的有关负责人合影

1927 年，国民党政权定都南京

纸币为法币（后增加中国农民银行），所有完粮纳税、公私款项、商业贸易，一律使用法币，不得再用现银和银圆。这次币制改革可以说是南京国民政府在经济领域一度较为成功的措施。

　　取得金融工商领域改革的成功后，南京国民政府在基础建设、国防建设及文化教育等方面也有较大的动作。由于得到大量的外国贷款，1936 年年底，国民政府制订国防交通建设计划，使交通建设得到了高速的发展。在"黄金十年"期间，共修铁路 3793 公里，具有战略意义的平汉、粤汉、浙赣等铁路都是在这一时期完成的。与此同时，从长远考虑，南京国民政府开始建设战略大后方，着力发展以四川为中心的西南四省，在这里建成了初具规模的工业体系，这为后来持久抗战奠定了一定基础。1931 年九一八事变爆发后，为了国防战略需要，南京国民政府还加快西北地区社会经济的发展，尝试改变西北地区极其落后的面貌。

　　城市建设作为一项重要的社会发展指标，也得到了南京国民政府的高度重视。在此期间，南京方面掀起了一场旨在推动城市现代化的"市政改革"运动。1928 年 7 月，南京国民政府公布《特别市组织法》和《市组织法》，正式将"城市"纳入国家行政序列，奠定了近代中国城市建制，并先后出台了"首都计划"和"大上海计划"。

　　1912 年 1 月 1 日，随着孙中山在南京就任中华民国临时大总统，中华民国临

国民政府建都南京后，开始了建设高潮

民国时期的南京，新街口

时政府也以南京为首都成立。后来孙中山辞去临时大总统职务，让位于袁世凯的时候，条件就是要让袁世凯离开北京"老巢"，在南京上任并把南京作为首都，以起到牵制袁世凯势力的作用，而最终袁世凯却在北京就任了大总统，北京此后也成为北洋政府的首都。1927年4月，北伐的国民革命军攻占南京，经过短暂的"宁汉分裂"后，蒋介石在南京另组政府。1928年1月，南京国民政府成立首都建设委员会，下设"国都设计技术专员办事处"，蒋介石亲自任该委员会主席，孙科为常务委员，包括胡汉民、戴季陶、宋子文、孔祥熙、阎锡山等政要均为该会委员。本着"用材于外"的原则，聘请美国建筑师亨利·墨菲和工程师古力治"使主其事"，聘请吕彦直等国内专家相助，加紧建设南京，以巩固南京作为首都的地位，制订了著名的"首都计划"。1929年颁布的《中华民国训政时期约法》规定"中华民国国都定于南京"，同年12月南京国民政府正式公布"首都计划"。

　　"首都计划"可谓民国时期编制的最完整的一部城市规划。在"首都计划"中明确地提出以"本诸欧美科学之原则""吾国美术之优点"作为规划的指导方针，城市空间布局以"同心圆式四面平均开展，渐成圆形之势"，并提出避免使城市发展呈"狭长之形"，避免"一部过于繁荣，一部过于零乱"的不均衡发展。

道路系统引进了林荫大道、环城大道、环形放射道路等新的规划概念与内容，以美国矩形路网为道路规划的理想模式。城市建筑形象方面，提倡"以采用中国固有之形式为最宜"，中央政治区、市行政区及新街口、秦淮河地区都充分体现了上述规划的思想与观念。"首都计划"还在规划方法、城市设计法案、规划管理等诸多方面批判地借鉴了欧美模式，在规划理论及方法上开中国现代城市规划实践之先河。经过近十年的建设，南京城市建设得以迅速发展，虽然因随后的战乱以及各种负面因素的制约，使得"首都计划"并没有全部完成，但正如一些学者所评价的："南京是中国第一个按照国际标准、采用综合分区规划的城市……如果南京今天可以称作'中国最漂亮、整洁而且精心规划的城市之一'的话，这得部分归功于国民政府工程师和公用事业官员的不懈努力。"

上海作为民国时期最重要的经济中心，到20世纪20年代已经是远东第一大城市和世界第三大城市了。不过在当时，上海所谓的繁华主要体现在西方人盘踞的租界地区，而"华界"地区则相对落后得多。1926年，丁文江痛心地写道："从租界走到华界，就好像过了一条阴阳河。租界是阳界，华界是阴界。华界的马路、建筑、卫生，没有哪一样能与租界相比。这是我们国民最大的耻辱，比丧失国权，还要可耻得多。"

南京国民政府成立后，高度重视上海的城市发展，并成立了上海特别市。在上海特别市成立仪式上，蒋介石表示："上海之进步退步，关系全国盛衰，本党成败，不能不切望全体同志联合起来，协助建设。"1929年8月，上海特别市成立了上海市政建设设计委员会，由工务局局长沈怡担任主席。9月，在当时上海市市长张群的催促下，委员会初步拟订了《市中心区域计划草图》规划，这个规划又经过上海政府聘请了美国的市政专家们来进行评估，历经几番修改后，1934年，建设计划委员会制订《市中心区域计划》，就是后来俗称的"大上海计划"。只可惜由于局势的影响，无论是南京还是上海，在市政建设方面尽管取得了一些成就，但所谓的计划终究只能停留在图纸上。

南京国民政府对教育事业的支持力度也很大。例如1927年公布的《大学教员资格条例》就规定大学教员的月薪，教授为400—600元，副教授为260—400元，讲师为160—260元，助教为100—160元。令人深思的是，当时教授中的最高月薪600元与国民政府各部部长基本持平；即使小学教师的平均月薪也达30元，而同期上海一般工人的月薪仅为15元。正是有如此优厚的待遇，才能在那样一个时

民国时的上海

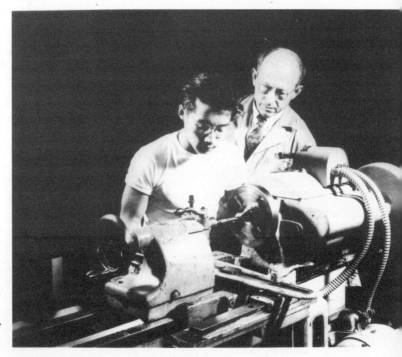

民国时在西方留学深造的中
国学生

期培养出了一大批享誉海内外的知识人才。

在军队现代化方面，南京国民政府也进展顺利。1935年，为了准备对日作战，国民党对自己的军队进行了整编。到全面抗战爆发前，完成整编五十多个师。每个整编师的人员和装备为：官兵10923人，步枪3800支，轻重机枪328挺，各式大炮和迫击炮46门，掷弹筒243具，并根据现代军队作战的需要设立工兵、炮兵、辎重、通讯营。

另外在外交方面，南京国民政府也取得了一系列重大突破。从1928年6月起，政府开始与各国重订新约。通过另订新约，中国取得了关税自主权，并基本解除了各国的领事裁判权。

著名学者丁文江，南京国民政府时期曾受到政府的重用

"黄金十年"期间，南京国民政府所取得的最大成就集中体现在国防工业的发展上，而这一成就主要是在资源委员会的领导下取得的。值得关注的是，虽然南京国民政府建立在国民党独裁的基础上，但这一时期却执行了"专家治国"的路线，从而使得"黄金十年"充满浓重的书生色彩。在蒋介石的支持下，当时政府起用了一批非国民党的技术专家进入外交、经济、教育等领域。1935年12月，南京国民政府对行政院进行改组，结果下属的9个部竟有3个由王世杰、张嘉璈和吴鼎昌等专家主持，另外还有一批专家教授担任了国民政府的立法委员。不过相比之下，专家发挥作用最显著的地方当属1932年11月成立的国防设计委员会，该委员会的主持者为钱昌照、翁文灏，成员则有胡适、丁文江、杨振声、张其昀、吴鼎昌、张嘉璈、陶孟和、范锐、吴蕴初、刘鸿生、万国鼎、沈宗瀚、王世杰、周览、徐淑希等一大批学者。1935年4月，国防设计委员会改称为"资源委员会"，隶属于军事委员会，其主要任务是执掌资源的调查研究和资源的动员开发，后来逐渐发展成为重工业的主管部门。1935年年初起，资源委员会负责统制全国钨、锑等战略矿产品的出口运销事宜；在湖南、江西等地筹建中央钢铁厂、中央机器制造厂、中央电工器材厂、湘潭煤矿、龙溪河水电厂等二十余家重工业厂矿；抗战爆发后又负责主持上海等地工矿企业的内

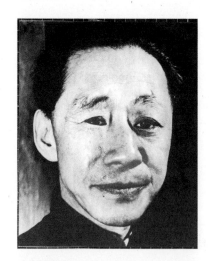

翁文灏

钱昌照

迁，并购储大量汽油等战略物资。抗战期间，该委员会在四川、甘肃、云南等地创办电厂、煤矿、油矿和机械、化工、冶炼等厂矿共119个，大量生产后方急需的汽油、电力、机器、煤炭等产品，缓解了后方物资紧缺的危机，同时向美、苏等国输出价值数千万美元的钨、锑、锡等矿产品，以换回大量军火和重要物资，为抗战作出了极大贡献。

翁文灏（1889—1971），字咏霓，浙江鄞县人（算是蒋介石的宁波同乡），民国时期著名学者，是中国最早的著名地质学家。早在1912年博士毕业回国后，翁文灏就与丁文江等人一同创办了北洋政府地质调查所，后曾任北京大学地质学教授、清华大学代理校长等职。1932年，翁文灏先生为国民政府所延揽，担任国防设计委员会秘书长，后又历任国民政府行政院秘书长、行政院副院长、院长等职，作为一名地质学家先后掌管全国经济、全国政务达十年之久，堪称南京国民政府时期书生出仕第一人。而他之所以改变初衷，毅然挺身而出进入国民政府工作，则有着非常传奇的故事。

作为一名传统的知识分子，翁文灏本人其实对从政并不热心，而是专心致力于地质学的研究，与丁文江、李四光并称中国地质学的"三大权威"。直到1932年8月，他还曾在《独立评论》上公开表白："我原是一个毫无大志的小百姓，家里省吃俭用，只想在自己范围内尽一些力，做一些于自己兴趣相合于社会无害的小工作便算了……"不过另一方面，民族危机的进一步加剧也在动摇着翁文灏的原则。

由于九一八事变的爆发，南京国民政府开始意识到，与日本之间的战争不可避免。鉴于当时双方实力的差距，中国必须提早在军事与经济上同时做好准备。

于是在钱昌照等学者的建议下，蒋介石准备成立国防设计委员会，钱当时还郑重推荐翁文灏负责主持该机构。1932 年，蒋介石再三邀请翁文灏前往。经过商谈，翁文灏勉强同意担任秘书长，但又表示他本人要留在北平继续搞地质调查，因此在南京主持实际工作的是副秘书长钱昌照。然而不久后一场突如其来的车祸，却使翁文灏从此义无反顾地站到了蒋介石身边。那时在 1934 年 2 月 16 日，翁文灏乘车经过京杭国道武康桥时，由于司机酒后驾驶而发生了严重的车祸。当时他头盖骨都碎裂了，差点断送性命。危难之际，蒋介石下令组织全国最好的医生进行救治，最终翁文灏竟奇迹般恢复了健康。此后，对蒋介石充满感恩之情的他慨然出任行政院秘书长，正式"弃学从政"。1935 年 4 月，国防设计委员会更名为"资源委员会"，直接隶属国民政府军事委员会，而作为负责人的翁文灏还被授予了中将军衔。1937 年 12 月 31 日，国民政府召开最高国防会议常委会，行政院改组，以完成战时体制。决议准许蒋介石辞去行政院院长兼职，孔祥熙出任行政院院长兼财政部部长。实业部改为经济部，翁文灏任部长。同时，改组国防设计委员会为"资源委员会"，隶属经济部，成为公开机构，翁兼任主任委员，钱昌照为副主任委员。至此，这位昔日的地质学家一跃成为国民政府战时经济的最高负责人。显然，"书生治国"自然有其鲜明的特色。与国民党中许多大员不同，学者出身的翁文灏可谓勤政廉洁。他怀着报国之情，凡事亲力亲为，以至于被下属称为"总经理兼会计主任、营业主任兼跑街、记账员"。在经济部部长任内，他将全部的精力都投入如何解决建设后方工业基地和后方燃料短缺问题，以及开发西南、西北地区各种经济建设等方面。

与翁文灏的情况类似，资源委员会的另一名重要负责人钱昌照也对战时经济的发展作出了重大贡献。钱昌照（1899—1988），字乙藜，江苏张家港人。20 世纪 30 年代初，正是在他的首先倡导下政府才发起成立了"资源委员会"。他早年留学英国，先后就读于伦敦政治经济学院和牛津大学，深受西方"工业救国"的理论和实践的影响。1924 年学成回国后，他先后与张作霖、张宗昌、冯玉祥、阎锡山、吴佩孚、孙传芳等军阀有过交往，也因此对国内政局倍感失望。南京国民政府成立后，由于其连襟黄郛（蒋介石的把兄弟）的关系，钱昌照先后出任外交部机要秘书和蒋介石的秘书，不久升任教育部常务次长。九一八事变后，他敏锐地意识到，政府必须集中国内人力、物力和财力，团结各方面的精英人士，加强国防建设，以应付将来的中日战争。1932 年 11 月 1 日，国防设计委员会正式成立，钱昌照为副秘书长。在他的实际主持下，委员会的各项工作开展得有条不紊而卓有成效。1935 年 4 月，国防设计委员会正式改名为"资源委员会"，钱昌照仍任副秘书长。随后在他的主持下，资源委员会开始以加强重工业建设为主，将精力用于兴办工矿企业。抗战期间，他又克服重重困难，在大后方艰难发展重工业，不仅为抗日战争提供了有力的物质援助，而且大大改变了原先不合理的工业布局，为中国的近代化进程积累了宝贵的财富。

事实证明，正是由于资源委员会麾下众多专家的努力，抗战前后的国民政府才能够在夹缝中求得生存，为日后的持久抗战积蓄力量。抗日战争期间，财力匮乏的国民政府为抵抗侵略，曾极力向苏、美、英等同盟国寻求外援。在这一过程中，中国所特有的矿产发挥了重要作用。鉴于国民政府糟糕的财政状况，各同盟国在向中国提供借款时，不约而同地将目光投向了钨、锑、锡、汞、铋、钼等中国特有的矿产。

众所周知，中国是一个钨、锑、锡等特种矿产品蕴藏量十分丰富的国家，特别是钨和锑。1913—1937 年，中国的钨产量占世界总产量的 37%，居世界第一。1908—1938 年，中国的锑产量占世界总产量的 61.73%，也占世界首位。但中国自身的工业非常落后，军工生产能力十分有限，对特种矿产品的需求很少。因此，当时的特种矿产品主要用于出口。在全面抗战爆发之前，为了解决财政危机，国民政府就开始用钨、锑、锡、汞等矿产来换取抗战急需的武器装备。与此同时，当寻求国际社会的经济援助时，这些特种矿产又成为德、美等国公认的担保品。在此情形下，"资源委员会"的任务之一就是对特种矿产进行管理。早在 20 世纪 30 年代，急需大量战略物资的纳粹德国就积极与中国开展了所谓的"钨砂外交"。据统计，1935—1938 年，中国用特种矿产换来了大量的德制武器装备，国民政府还以特矿产品为抵押得到了德国的贷款。1937 年七七事变后，日本强烈要求德国停止对华进行军事援助。然而即便如此，中德仍曾于 1938 年达成一项协定，德国愿提供 2000 万马克的货品给中国，换取中国每月 800 万法币的原料，其中矿产至少占一半，即钨砂 500 吨、锡 50 吨、锑 300 吨，一年总值 7000 万马克。第二次世界大战全面爆发后，随着中德关系的疏远，国民政府又将目光转向苏、美、英等同盟国，希望用手中宝贵的特种矿产换取外汇或抵付巨额的对外借款。

1938 年，当德国基本停止对华援助后，苏联成为向中国提供援助的主要国家。为取得苏联的军事援助，国民政府军事委员会参谋长杨杰在 1937 年年底赴

当年正是在资源委员会的主持
下，一系列工业项目才在大后
方建立起来，从而为后来持久
抗战提供了一定基础

苏，最终与苏方达成协定，苏联向中国提供除步枪之外二十个师的武器装备，以及六十五架双翼驱逐机并附武器弹药，条件则是中国以锡、铅、钨、锑、铜、镍等金属原料偿付这些军火的费用，不足之数则用茶、生丝、棉花、羊毛、牛羊皮作为补充。1938年和1939年，国民政府又专门派孙科为特使，三次到苏联商洽军事援助借款，贷款总金额为2.5亿美元，贷款年息为三厘，中国用这笔贷款向苏联购买工业用品及设备，并在十年内每年以价值1000万美元的商品和原料偿还贷款和利息。从1938年6月开始到1940年9月，中国用苏联的贷款向苏联购买了七批"特种财产"，包括飞机885架、大炮940门、机关枪8300挺以及无线电设备、载重和轻便汽车、救护卫生车，总价值1.225亿美元。

后来的事实证明，苏联对华贷款具有非常大的意义。在太平洋战争爆发前，中国共获得国外贷款5亿美元，其中苏联对华贷款就占了一半。苏联对华贷款不但利息较低，而且由于只需以农矿产品偿还，因此对中国极为有利。更重要的是，苏联给予中国的全部是军火贷款，中国则利用这些贷款购置大量苏联军火进行抗战。至于这些苏制武器，更在战场上显示出了良好的性能。相比之下，西方国家的17笔对华贷款全部是非军事性的。

在太平洋战争之前，受孤立主义政策的影响，美国一直拒绝对中国进行大规模援助。直到1938年，在有关人士的努力下，美国政府才以民间方式向中国提供了一笔所谓的"桐油借款"。面对越来越严峻的国际形势，美国也开始全力发展军事工业，因而对一些特种矿产品的需求量非常大。1939年6月，美国国会通过了《储备重要军需品原料法案》，决定拨款购储17种重要军需品原料，其中从中国进口的钨就占到61%。"二战"爆发后，由于美、英等国的争相购买，结果导致这些特矿产品的价格暴涨。

1940年4月，中美双方正式签订《中美华锡借款合约》，合约规定中方在7年内向美国运售头等华锡4万吨，美国进出口银行对中方贷款2000万美元，用以将美国农工产品运销中国。同年10月，中美签订《钨砂借款合约》，规定美国进出口银行借给中方2500万美元贷款，用以在美国订购货品，中方则在5年之内供给美国钨砂总值3000万美元来分期偿还。次年2月，中美又签订了范围更广的《金属借款合约》，合同规定美国进出口银行一次或分批向中国贷款5000万美元，中方应向美方交售中国钨砂、中国纯锑及中国锡，约价值美元6000万，以抵还美国贷款本息。此外，国民政府还以特种矿产品为抵押，谋求取得英国的贷款援助。

1939 年 8 月，中国获得了第一笔 300 万英镑的中英借款，并以出售农矿产品所得价款拨存伦敦中国银行以专款储存备付。1941 年 6 月，中国又获得了 500 万英镑的英国借款，仍由中国运至英国的农矿产品作价偿付。

据统计，抗战期间，有近 1.2 亿美元的特种矿产品被用来偿付国民政府的外债。而在 1936—1941 年，仅钨、锑、锡三种特种矿产品的贸易即获盈利 19910 万元。这些资金在一定程度上增强了国民政府的军事和经济实力，为国民政府坚持抗战起到了积极作用。正因如此，抗战初期就有国人称特种矿产品为"我英勇战士转战千里，杀敌致果的国宝"。

除了在国防重工业领域取得了显著成就外，南京国民政府还曾在农业领域进行过中外瞩目的努力。这些努力包括对省以下行政规划进行调整、土地清查和整顿、减租等，最令人感兴趣的是"复兴农村"的整体努力。为了改变农村贫穷落后的面貌，当时的国民政府曾成立"农村复兴委员会"，专门倡导"乡村建设运动"。"乡村建设运动"的发起者是著名学者梁漱溟。从 1931 年开始，在韩复榘的支持下，梁漱溟在山东邹平县开展了"乡村建设"的实验，试图找出一条"政教富卫"合一的新型农村模式。另外，晏阳初在定县举办的平民教育实验也产生了巨大影响。从 20 世纪 20 年代末开始，晏阳初就以河北定县为试点，开展文艺、生计、卫生、公民四大教育，力图解决百姓的"愚、穷、弱、私"四大病根，增进其知识力、生产力、强健力和团结力。可惜由于抗日战争全面爆发，这些努力均被迫中止。

第二章

敌乎？友乎？

　　谁是我们的朋友，谁是我们的敌人？这原本是革命的首要问题，但在南京国民政府时期却成为外交战线的首要问题。环顾国际形势，似乎一切都变得不可预知。虽然我们的敌人可以确定，但朋友的界限同样变得模糊起来。

一、摇摆不定的伙伴

　　1927 年 4 月下旬的一天，刚刚发动了"四一二"反革命政变以残酷"清党"的蒋介石突然变得情绪低落。原来从苏联传来的情报显示，一位化名叫尼古拉的中国年轻人在苏联著名的《消息报》上发表了一封公开信，信中说："今天，我要重复你曾经在信里告诉我的话，谨记住'革命是我所知道的唯一要务，我愿意为革命赴汤蹈火……'。现在我要说，革命是我所知道的唯一要务，今后我不再认你为父！"实际上，这位"尼古拉同志"并非别人，正是他的亲生儿子蒋经国。后者于 1925 年 11 月远赴苏联深造，而当时正值国民党与苏联的"蜜月期"。1927 年 4 月，在政治立场上急遽右转的蒋介石宣布与共产党决裂，并制造了血腥的"四一二"反革命政变。令蒋介石痛苦的是，自己的亲生儿子蒋经国，此时正

1937 年 4 月，蒋经国离开苏联时与中国驻苏大使馆人员合影

以"尼古拉"的身份在孙逸仙大学学习。得知国内的消息后，他立即满腔怒火地公开在讲台上谴责蒋介石是"叛徒""杀人凶手"，并且发表了一篇措辞激烈的声明："蒋介石是我的父亲和革命友人，现在却是我的敌人！几天前，他已经不再是革命党，成了反革命分子，他对革命说尽好话，时机一到却背叛了革命，……打倒蒋介石！打倒叛贼！"了解到这一幕后，蒋介石不禁回想起四年前他访问苏联时的情景。

前已述及，在国共第一次合作掀起大革命高潮之际，作为国民党军事领导人的蒋介石一度表现得非常"革命"，属于左派支持者。实际上种种资料表明，他早年对苏联是非常向往的。早在 1919 年时，同情俄国革命的他就曾在日记中吐露了希望有机会赴俄考察的愿望："近年拟学习俄语，预备赴俄考察一番，将来做些事业。"1921 年 5 月，孙中山在广州就任"非常大总统"，准备北伐。同年年底，孙中山在同共产国际代表马林会晤时，表示"愿派一个最能干的人作为使者去莫斯科"，考察苏俄的政治、党务和军事，学习俄军经验，组建自己的军队。1923年 6 月国共合作开始后，蒋介石便主动向孙中山请缨："为今之计，舍允我赴欧外，则弟以为无一事是我中正所能办者……如不允我赴俄，则弟只有消极独善，以求自全。"经过考虑，孙中山派出了蒋介石、王登云、沈定一和共产党人张太雷等人组成"孙逸仙代表团"赴苏考察，而蒋介石则如愿成为全权代表。8 月 16 日，蒋介石率代表团乘日本轮船"神田丸"出发，19 日到大连换乘火车，25 日至满洲里边界，换车后进入苏联境内，于 1923 年 9 月 2 日抵达莫斯科。

在苏联期间，蒋介石进行了长达 3 个月的考察访问，他不但深入机关、工厂、军队、学校，还先后与军事人民委员托洛茨基、外交人民委员齐采林、苏维埃主席团主席加里宁等领导人举行了会谈，并参加了全苏苏维埃代表大会以及共产国际的会议，见到了革命家季诺维也夫和曾到中国帮助筹建共产党的维经斯基。此次访问，蒋介石对苏联的印象有很满意的地方，例如他称加里宁"非常慈祥，像一个中国的老农"。非要说令他颇为不满的是，由于列宁当时有病而未能接见代表团，使他感到受了冷落。另一方面，蒋介石对苏联的政治制度十分反感。他考察后认为："苏联的政治制度，乃是专制和恐怖的组织。"特别是由于苏联拒绝了他在库伦（现乌兰巴托）建立国民党军事基地的请求后，他在回国后不久便开始严厉指责苏联。更令蒋介石郁闷的是，当他在访苏后向孙中山进言不同意"联俄"政策时，却遭到了后者的批评。抛开这些不快不提，访问苏联无形间使得蒋介石

北伐初期，蒋介石与苏联军事顾问在一起

在回国后身价倍增。因为在随后国共合作的"蜜月期"，他不但动辄以曾身为孙中山全权代表的资格炫耀，更重要的是当上了黄埔军校的校长，从而为他日后培植自己的军事势力奠定了坚实的基础。

回想起来，无论是对苏联、共产党还是国民党而言，1927年之前的那四年都是美好的。自从1923年开始与苏联合作以后，在孙中山先生"联俄、联共、扶助农工"三大政策的指引下，轰轰烈烈的大革命开始了，中国出现了新气象，而苏联也尝到了甜头。一直以来，为了在中国寻找可靠的合作伙伴，结束在国际上处处孤立的被动局面，苏联政府可谓煞费苦心。从段祺瑞到吴佩孚，从张作霖到冯玉祥，最终都没能成为"忠实的朋友"。只有南方的孙中山阵营，很早就对俄国革命表示了同情。终于在1923年，莫斯科与广州之间开始密切来往起来。同年1月26日，《孙文越飞宣言》在上海发表。3月8日，莫斯科正式决定同意帮助还未组建自己军队的孙中山，在中国西北部建立一支武装力量，同时向孙提供约两百万金卢布的财政援助，并同意为孙中山派遣军政人员充当顾问。正是在此种背景下，蒋介石率领的代表团抵达了苏联。虽然蒋介石最终没有达到预期的目的，并给苏联留下了不好的评价："彼之所谓国际主义与世界革命者，皆不外恺撒之帝国主义，不过改易名称，使人迷惑于其间而已。"但随后双方的合作仍如火如荼地展开了。

在鲍罗廷等政治顾问及其部分军事顾问的帮助下，国民党不但完成了全面改组，还创办了黄埔军官学校。而在随后的北伐过程中，苏联顾问的影响更是随处可见。1924年，由巴甫洛夫率领的由五十多人组成的第二批军事顾问来到广州。在巴甫洛夫不久溺水身亡后，著名的加伦（即布柳赫尔）将军继任军事总顾问。在苏联军事顾问的指导下，黄埔军校及其随后组成的国民革命军都仿照苏联红军设立了党代表和政治部。而正是在苏联顾问的帮助和指挥下，以黄埔学校学生军为主力的东征作战接连取得成功。1925年广州国民政府成立，雄心勃勃的北伐计划就是由加伦将军建议和主持制订的。北伐期间，大批苏联顾问和专家随军服务，有的甚至直接参加作战。例如在围攻武昌的战斗中，由空军首席顾问谢尔盖耶夫亲率的飞行队，负责侦察敌情，炸毁敌军无线电台，散发《劝告敌军投降》等传单，轮番轰炸和俯冲扫射敌军司令部、炮兵及阵地。到1926年7月，苏联向国民革命军提供的步枪就有55857支，各种炮60门，机枪230挺，迫击炮18门，还有各种子弹炮弹数千万发。北伐战争开始后，苏联在10月间还向国民革命军提供

1924年，孙中山宴请苏联友人

苏联顾问鲍罗廷在广州，1925年

1924 年，孙中山与鲍罗廷一起检阅军队

北伐初期，鲍罗廷与廖仲恺夫人何香凝等人合影

北伐期间，加伦将军与邓演达在前线合影，
1926 年

北伐期间，国民党将领李济深（右一）与苏联友人合影

蒋介石开始"清共"后，苏联顾问被遣返，图为鲍罗廷在回国途中

了 3500 支步枪，1150 万发子弹和 3 架飞机，10 支火焰喷射器等。

在北伐战争中，表现最抢眼的苏联顾问当属著名的加伦将军。加伦的本名为瓦西里·康斯坦丁诺维奇·布柳赫尔，曾在苏俄国内战争时期立下过奇功——率一个步兵师打垮了装备有大量坦克、装甲车的机械化白卫军。1924 年，他应孙中山的邀请来华担任在广东的革命政府的军事总顾问。出于保密的需要，布柳赫尔使用化名"加伦"，从此他在中国便以"加伦将军"著称。1926 年 5 月北伐前夕，应国民政府之邀，加伦结束在苏联的休养再次来华担任军事总顾问，随即着手制订北伐的详细计划。在他的建议下，国民革命军决定先进攻湖南，消灭威胁最大的吴佩孚集团，并将攻占武汉作为首要目标。北伐战争打响后，加伦一直在前线紧跟进攻部队前进。在攻打汀泗桥时，由于他的极力坚持，北伐军通过血战夺取了这处战略要地。在随后攻打武昌的战斗中，他详细勘察地形，了解当地民情，最终提出了"夜间进攻"的建议，结果使号称"固若金汤"的武昌城被国民革命军占领。之后，正是依照加伦所制订的作战计划，北伐军迅速占领了江西、福建和安徽的大部分地区。不过在 1927 年 7 月国共双方合作彻底破裂后，加伦和其他苏联军事顾问最终离开了中国。对于加伦在北伐战争中所表现出来的卓越指挥才能，即使在急剧"右转"之后，蒋介石也始终念念不忘。甚至一直到抗战爆发前后，蒋介石还曾多次向苏联方面提出，希望能够再请加伦做军事总顾问。可惜的是，这位当年在中国赫赫有名的将军，虽然回国后曾获得红旗勋章，1935 年还被授予元帅军衔，但后来却在"大清洗"中被迫害致死。

苏联顾问们的友情似乎并没有阻止蒋介石"清共"的决心，且一度被他们视为左派的汪精卫集团最终也做出了同样的选择。国共合作破裂后，中国共产党先后发动了南昌起义、秋收起义、广州起义等，但无一例外均遭到失败。而在广州起义后，南京国民政府指责苏联外交人员公开支持共产党人，因此公开宣布与苏联绝交。1928 年东北易帜后，在南京方面的支持下，作为东北地方首领的张学良决心向苏联发起挑战，试图通过强硬的方式收回东北权益，结果发生了中东铁路事件。

1929 年年初，东北方面首先强行收回了中东铁路电权。苏联方面虽经驻沈阳总领事提出抗议，要求偿付安置费一百多万元，但没有做出更激烈的反应。4 月，东北方面再就中东铁路权益问题向苏联方面提出交涉，苏方再度退让，将该铁路原由俄国人担任的商务、机务、车务、总务、会计、进款 6 处的正处长职位，让予中国人担任。5 月 27 日，张学良借口苏联驻哈尔滨总领事馆从事共产主义秘密宣传活动，突然派军警搜查了该领事馆，拘捕了大批人员。尽管苏联方面提出了抗议，但张学良仍于 7 月 10 日以"东北政务委员会"等机构的名义，宣称因苏方违反《奉俄协定》中关于"不得在中国宣传共产主义"等项的规定，中方被迫收回中东铁路管理权。随即派出军警人员，查封了苏联商船贸易公司、国家贸易公司等机构，派白俄接收机务处、车务处，强令解散了铁路局苏联职工会、青年团、妇女部、童子团等，进而逮捕驱逐苏方管理人员两百余人，包括中东铁路管理局苏方正副局长。7 月 17 日，苏联政府宣布与中国全面绝交。由于在 10—11 月进行的战争中东北军遭到惨败，最终张学良被迫与苏联和谈，恢复对方此前在东北的权益。从此，中苏双方在一段时间内基本处于"冷战"状态，直到"二战"前夕才再度走向合作。

不过也就是在这次交恶之后，由于国际局势日益严峻，加上苏联一些发展模式的巨大吸引力，南京国民政府的立场又开始发生改变。特别是在 1929 年，一场席卷全球的经济危机给美、英等国带来了沉重打击，然而就在资本主义世界陷入大萧条之际，刚刚开始掀起建设高潮的社会主义国家苏联却逆势而上，成功地完成了第一个五年计划，一举由农业国转变为工业国。

1929 年 10 月底，随着华尔街股市的崩溃，世界性的经济危机迅速波及美、英等主要资本主义国家。在危机蔓延期间，这些国家几乎无一例外地面临资本和商品严重过剩的问题。为了摆脱眼前的困境，他们不惜以邻为壑，展开激烈的经济战，竞相对外倾销商品和输出资本。只要能赢得订单，他们再也管不了什么意识形态的差异了。而就在此时，西方世界一向敌视的社会主义国家苏联却是另一番景象。

原来自 1921 年结束战争以后，新生的苏维埃政权为了渡过难关，曾推行了五年的"新经济政策"，使国民经济恢复到了"一战"以前的水平。当时，西方各国一致对苏联采取敌视政策，在经济上则严密封锁，防止任何先进的设备和技术流向苏联。对于苏联而言，虽然"新经济政策"取得了巨大成效，但当时的现代工业仍比较落后，不仅钢铁、电力生产远远不能满足国民经济需要，而且汽车、飞机制造、化学合成、大型机器设备制造等大工业更是一片空白。有关数据显示，直到 1928 年，苏联的工业产值还不到德国的一半，美国的八分之一，全国只有不到三万辆拖拉机，99% 的耕种要靠畜力和人力来完成。此外，由于历史的原因，苏联还极度缺乏工程技术和科研人员，劳动者的素质也不高。面对如此严峻的现实，苏联领导人意识到，如果不迅速实现工业化，国家的整体经济水平就不会提高，而这个新生的政权也就可能时刻面临威胁。

1927年12月，联共（布）召开第十五次代表大会，通过了关于制订发展国民经济第一个五年计划（1928—1933）的指示，随后又在1929年4月召开的联共（布）第十六次代表大会和同年5月召开的苏维埃第五次代表大会批准了"一五"计划方案。恰在此时，西方世界爆发了大规模的经济危机，而这也无形中为苏联提供了难得的发展机遇。因为在危机蔓延期间，西方各国都迫切需要向外国输出资本、技术以获得订单，而苏联则充分利用这一有利时机，大量低价引进西方的先进设备、技术和资金，在各主要工业部门建立了一大批骨干企业，使本国的工业化发展到了一个新阶段。

为了抓住良机，1929年5月，苏联在最高国民经济委员会建设委员会下专门设立"外国咨询中央局"，负责设备、技术和人才的引进业务。仅在1929年，苏联就同西方各国签订了七十余个技术援助项目，涉及冶金、工业机械、金属加工、燃料动力、石油化工、交通运输、农业机械、农业灌溉工程、汽车、轮船和飞机

抗战初期，蒋介石夫妇与苏联援华军事人员合影

制造等多个重要经济部门。1930年以后，苏联干脆直接购买成套设备或聘请外资包建，快速引进西方的先进技术项目。到1931年，苏联接受技术援助的项目增加到124个。第一个五年计划期间建立的一大批现代化骨干企业，尤其是在钢铁、机械、燃料动力、化工、汽车、拖拉机、飞机、造船等新兴工业部门，许多都是利用西方先进设备技术，甚至是在外国专家的直接帮助下建立的。据说斯大林后来曾在一次党内会议上感慨地说，"在苏联，约有2/3的大型企业是在美国的帮助或技术援助下建成的……其余的，也大多是在德国、英国、法国、意大利等国的技术援助下建立的。"

这一时期，苏联成为世界市场上机器设备的最大买主。1931年，美国出口的机器设备中，有50%是卖给苏联。1929—1930年，英国机器出口总量的70%销往苏联，而1932年竟高达90%。1931年，世界机器出口总量的30%是销往苏联，1932年这个数字上升到了50%。可以毫不夸张地说，20世纪30年代，苏联几乎所有的大型骨干企业都是利用西方的先进技术武装起来的。例如，苏联的三大钢铁厂都是美国援建的，最大的第聂伯河水电站是引进美国技术设备、雇用美国技术专家于1933年建成的，著名的高尔基汽车厂是由美国福特汽车公司援建的新厂……

难能可贵的是，在大量引进西方先进设备和技术的同时，苏联还将西方技术人员和专家当作引进重点。由于在经济危机中西方出现了大量的失业技术人员，因此他们纷纷接受苏联的聘请。1932年，在苏联工作的外国专家达1919人，技术人员10655人，比1928年分别增加了四倍多和二十倍多。1932年，在重工业部门工作的各种外国专家达到了6800人。即使在全球最大的移民国家美国，居然先后有10万名技术工人和工程师申请移居苏联。同时，苏联还通过"技术援助协定"等渠道，广泛派出领导干部和技术人员出国考察和学习，学习外国先进技术或搜集技术情报。仅在1929年1月至1930年6月的18个月中，就有一千多名苏联公民进入美国。为了获得宝贵的技术，苏联建立了全苏科学技术情报研究所和它的海外分支机构，以及大量专业研究所，使情报工作系统化。由于苏联的情报机构获取了比较准确的情报，并对西方的技术和工艺过程进行了高度细致的比较分析，因此能较好地消化西方技术。此外，鉴于西方在经济危机中出现了大量的过剩资本，苏联还利用在国际金融市场上的有利地位，先后从十几个国家的私人银行获得贷款，为工业建设提供了坚强的后盾。

经过几年艰苦的奋斗，再加上有利的国际形势，苏联的社会经济发展取得了巨大成就，成为大萧条时期最大的赢家。1933年1月，苏联政府宣布第一个五年计划提前9个月完成。在四年零三个月的时间内，这个国家就建成了一千五百多个现代化技术装备的大型工业企业。1932年，其工业产值是1913年的234.5%，发电量比1913年增加了6倍，石油、拖拉机、联合收割机产量位居世界第二位，国民经济各部门所需要的装备大部分都已能在本国制造。随着第一个五年计划的完成，苏联开始由农业国变成工业国，初步建起独立的比较完整的国民经济体系，为实现社会主义工业化奠定了物质基础。

当西方世界陷入经济危机时，社会主义的苏联却取得了一系列巨大成就，因而获得了广泛的赞誉。例如美国著名的新闻记者林肯·斯蒂芬从苏联回国后就发表声明："我看到了未来，它行得通。"更有趣的是，当时美国许多失业工人纷纷到苏联驻美使馆排队领取签证。事实证明，苏联利用西方经济危机大举"抄底"的政策发挥了关键作用。1933年，苏联的官方媒体就曾宣称："美国的商业和科学与布尔什维克的智慧相结合，在三四年内已经产生了巨大的效果。"

由于曾经有一段特殊历史的纠缠，一直到抗日战争全面爆发之前，中苏之间的关系都处于非常微妙的状态。令蒋介石感到欣慰的是，1937年七七事变发生后不久，苏联方面就旗帜鲜明地声援中国抗战。7月14日，苏联外交人民委员李维诺夫会见中国大使蒋廷黻时表示愿意援华，而南京方面也开始主动"回暖"。8月21日，中苏两国代表在南京签订了《互不侵犯条约》，对于当时几乎是孤军奋战的中国政府而言，该条约无疑是苏联对中国的重大的道义支持。

很快，中苏之间所发生的情形很容易使人联想起十多年前的一幕。先是军委会参谋次长杨杰、中央执行委员张冲以"实业考察团"名义赴莫斯科就苏联对华军事援助问题进行谈判；接着孙科又作为特使赴苏请求援华。在斯大林明确表态后，1938年2月7日，中苏签订《军事航空协定》；3月，苏联向中国提供第一笔长期贷款，用于购买苏联的武器装备；7月，苏联又第二次提供信用贷款。以上两笔贷款各为5000万美元。1939年6月13日，苏联人民对外贸易部部长米高扬与孙科再次达成协议，签订了1.5亿元贷款条约，一年后，苏联另外提供5000万美元，这与北伐时极其类似。苏联不仅从道义上、物资上支援中国抗战，还先后派遣军事顾问和志愿人员直接帮助中国人民抗击日本侵略者。据统计，1937年年底至 1939 年夏，苏联派遣来华的军事顾问和专家达 3365 人。截至 1939 年年底，苏联派出志愿空军飞行员共计 5 个大队 2000 人和一千余架飞机。苏联志愿空军参加过保卫武汉、重庆、成都、兰州的空战，有两百多位飞行员牺牲。截至 1941 年苏德战争爆发前，苏联援华军火与贷款数是英美两国之和的 4.5 倍。关于这一点，就连一贯亲美的宋美龄也公开承认："中国抗战 3 年来得自苏联之物资援助，实较自英美方面获得之总和多至数倍之多。"

说起中苏之间由合作到决裂再到合作的历程，蒋经国的体会恐怕是最为特殊的。1925 年 11 月，年仅 15 岁的蒋经国告别父亲蒋介石，与其他同龄人一起来到莫斯科，成为孙逸仙大学的第一批学生。当时他绝对不会想到，自己在苏联一待就是 12 年。12 年间，他在这里被称为"尼古拉"，在这里学习，在这里工作，在这里参军，在这里结婚，在这里，他还成为一名共产党员。

毫无疑问，作为蒋介石的长子，少年时的蒋经国肯定受到了当时还非常革命的父亲的影响。据说还在上海读中学时，他就因为参加反帝游行被学校开除，而后来在北京读书期间又因为参加反对北洋政府的游行而被关押过。1925 年，当广州国民政府与苏联的合作关系确立后，蒋经国作为"根红苗正的革命子弟"被派赴莫斯科学习。而与他同行的人当中，就有后来成为中共领导人的王明等。进入莫斯科中山大学仅仅一个月后，他就加入了共青团。值得一提的是，当时与他同年级的学员当中，包括了俞秀松、张闻天、邓小平、王稼祥、左权、伍修权、孙冶方等共产党人。尽管年纪较小，又是蒋介石的儿子，但蒋经国却极为活跃，担任各种校内职务。如果一切顺利，那么在完成一段时间的进修后，蒋经国将返回国内协助父亲从事革命事业，并最终成为"又红又专"的接班人。

不料在 1927 年 4 月，革命立场发生剧变的蒋介石突然宣布"右转"，开始了残酷的"清党"，这一变故自然影响到蒋经国在苏联的命运。对于蒋介石背叛革命，苏联方面其实也无可奈何，但是蒋经国想

在莫斯科中山大学学习时期的蒋经国

返回中国就没那么容易了。而与此同时，令所有人惊奇的是，"尼古拉同志"表现得那么革命。他不但在第一时间声讨父亲叛变革命的行为，甚至在报纸上公开宣布与其断绝父子关系。或许正是由于这种表现，使他能平安度过最危险的时期。1928年，蒋经国被选入培训红军干部的列宁格勒托玛卡红军军政学院深造。他的课业成绩十分优秀，第一年就当上了学生连连长，第二年加入苏联共产党，1930年5月以全班第一名的成绩毕业。此时的蒋介石无论如何也不会想到，自己的儿子竟会在苏联成为一名出色的红军军官。结束军旅生涯后，蒋经国还当过莫斯科电机工厂学徒工，在乌拉尔金矿场当矿工，后又担任过乌拉尔重机械制造厂技师、助理厂长、《重工业日报》主编等职务。由于对革命路线的讨论过于热情，他还一度卷入了苏共的内部斗争，被视为一名"托派分子"。1931年，为了整倒蒋经国，王明指控他组织了"反革命团体"浙江同学会，并建议苏联当局逮捕他。幸运的是，还没等有关方面采取行动，苏联当局已把他调派到莫斯科近郊的谢可夫村。

尽管在苏联的日子非常难熬，但蒋经国却在最困难的时期收获了爱情。1933年，在乌拉尔重机械厂，他认识了善良而美丽的俄国女孩芬娜，二人于1935年3月结婚，芬娜后来改中国名字为"蒋方良"。大约也就是在这一时期，蒋介石开始思念远在苏联的儿子。早在1931年，他就曾多次在日记中表露了对儿子的思念和愧疚："我年轻时，没有努力学好约束自己，因此上不知孝敬父母，下不知疼爱子女。今既思之，实在遗憾""我非常想念经国，我没有好好照顾他，实在不对。我对此殊觉抱歉""自从他前往俄国，我就不再能见到我儿；而民国目前犹在襁褓"。尤其是这年12月27日，他在溪口老家暂居时，触景生情，不禁痛苦地写道："一个人得到后世记住，是因为他具有道德情操和功业成就，不是因为他有子嗣。中国历史上多少英雄、烈士、大官……都没有子嗣，可是他们的精神和成

由于蒋介石的背叛革命，蒋经国在苏联的处境十分艰难，不过他却在这里收获了爱情。图为蒋经国和其妻蒋方良

就永垂人世。我为自己担心经国遇害而断了子嗣，大为惭愧。如果经国未被俄国敌人杀害，即使我可能再也见不到他，我深信他在我告别人世之后还是会回来。如果我死，他才能回国，我真心希望早早谢世，以告慰双亲之灵。"

1934年夏，蒋介石开始主动与苏联正式交涉，在试图恢复两国双边关系的同时，也小心翼翼地提到遣返蒋经国的议题。对于苏联而言，眼看长征已经开始，蒋介石在中国的地位已不可动摇，因此斯大林也开始考虑蒋经国的问题。就在这一时期，蒋经国被提拔为《重工业日报》的副主编。令蒋介石失望的是，不知什么原因，当苏联政府安全部门告诉蒋经国，中国政府要求遣返他时，后者竟表示不愿回国。对于这一结果，蒋介石当年的解释是，这纯粹是俄国人编造的。而后来蒋经国则解释说，当时如果他不这么表态，将立即遭到苏联的迫害。直到1937年2月，苏联政府将蒋经国重新调回莫斯科。当斯大林亲自接见他时，前者热情地宣称，苏联将尽全力协助中国击退日本，并表示希望国民党与中国共产党合作成立抗日统一战线。就这样，在莫斯科的寒冬中，蒋经国告别了苏联友人，在康生的陪同下踏上了回国的路程。但是又有多少人想过，如果他不是蒋介石的儿子，此时的他已完全融入了俄国式的生活了。

1937年4月19日，蒋经国抵达上海，而他的儿子蒋孝文已经两岁了。对于这位已经"赤化"的儿子，蒋介石倒似乎没有任何担心，而后来多年的事实也证明，蒋经国始终忠实地站在父亲身边，后来不但顺利成为接班人，还在台湾地区"大展身手"。而蒋经国所采取的许多手段，总能让人联想到他在苏联的那段特殊经历。

自苏联返回国内后，蒋经国立即坚定地站在了父亲一边

蒋氏父子：（左起）蒋经国、蒋介石、蒋纬国

二、窥伺中国的虎狼

英国学者理查德·迪肯在其研究"日本间谍"的一本著作中曾写道："在日本，与其他国家的观念相反，他们一向把间谍活动视为一种光明正大和爱国的行为。在日本的许多参考书中，对他们的许多大人物曾参与过间谍活动这一事实，并不隐瞒。"自近代以来，为了使其对外侵略顺利进行，日本曾向周边国家尤其是中国派出大量间谍，通过各种手段窃取情报。而在这一过程中，摄影便是他们所使用的重要手段之一。早在甲午战争之前，日本间谍就"以外交官、商人、学者、医生、旅行家、侨民、妓女等身份为掩护，深入宫廷官府、穷乡僻壤，探悉了处在风雨飘摇中的大清帝国的内幕"。

当我们对间谍的认识还停留在"细作"层面上时，日本人就开始了现代意义上的情报战。早在19世纪70年代，刚刚完成明治维新的日本便对中国生出窥伺之意。据档案披露，1872年9月，日本留守内阁派遣池上四郎、武市正干和彭城中平到中国东北搜集情报。在半年多时间里，他们从上海经烟台到营口，然后到奉天"旅行"，发现了清军队的许多弊病。1873年，日本海军少佐桦山资纪深入到台湾进行实地勘测，绘制了一张精密的地图，并在一年后日军侵略台湾时派上了用场。值得一提的是，日本间谍很早就开始利用照相机这类"高科技"，例如19世纪七八十年代"潜伏"在福州的日本浪人山口五郎太，就长期经营一家名为"庐山轩"的照相馆并将其作为据点，并时常将图文并茂的第一手情报传回日本国内。

甲午战争之前窥伺中国收获最大的当属老牌间谍荒尾精。1886年春，身为日本陆军参谋本部中尉的荒尾精奉命来到中国，随即创办了日本在中国的第一个间谍机构"乐善堂"。"乐善堂"表面上是百货商店，内部却是搜集、研究中国情报的秘密组织机构。它派出大批情报人员，到中国各省探查土地、被服、运输、粮薪、兵制、制造、山川地理、人口、风俗习惯等情形，最终把所搜集的情报编纂成百科全书式的《清国通商总览》，为日本侵华提供了大量第一手资料。1880年，荒尾精又在上海开办专门刺探中国情报的"日清贸易研究所"。而在甲午战争中，日本人更是把间谍活动开展到了极致。正是由于间谍们的努力，日本方面成功获取清政府军机处的情报，了解到"高升"号兵船向朝鲜运兵以及北洋舰队14艘军舰开赴朝鲜的具体日期，从而为日军获胜起了重要作用。

　　甲午战争爆发后，日本又专门派出114名随军记者及照相师4人前往战场实地拍摄。例如著名的职业摄影师小川一真等人，当时的身份就是日本陆军"陆地测量部"的工作人员。到日俄战争前后，为深入了解中国东北的情形，日本又设立了专门的拍摄机构，而这些机构都直接从政府或有政府、军界背景的商业机构那里获得财力支持。

　　甲午战争之后，日本又与沙俄在中国东北展开较量。1904年日俄战争爆发后，为了在将来进一步侵略整个东北，日本又将"满铁"（南满洲铁道株式会社）下属的"满铁"调查部作为搜集中国情报的重要机构。始建于1906年的"满铁"，表面上看是铁路公司，而实际上是"开发和经营满洲、推行日本大陆政策的殖民侵略机构"。"满铁"调查部于1907年在大连成立，其下属机关分布在奉天、哈尔滨、天津、上海、南京，直至东京、纽约和巴黎。起初它还只是针对中国东北的历史、地理、资源、物产等进行调查、搜集资料，到九一八事变前后，"满铁"调查部已经发展成为一个拥有两千多名骨干的庞大的调查机构。

位于大连的"满铁"总部

1927年日本召开的"东方会议"

1931年6月，日本陆军大尉中村震太郎秘密潜入中国大兴安岭地区进行兵要地志调查

　　九一八事变前后，日本加紧战争准备，更加大力开展对华间谍活动。1928 年6 月 3 日，日本关东军特务机关在高级情报参谋河本大佐的策划下，制造"皇姑屯事件"，炸死了军阀张作霖，加速了日本帝国主义以武力侵略中国东北的步伐。与此同时，关东军情报机构还组织了 4 次从事间谍活动的"参谋旅行"，秘密到长春、哈尔滨、海拉尔、洮南、山海关、锦州等地实地侦察，筹划侵占中国东北的作战方案。1931 年 6 月，日本陆军大尉中村震太郎秘密潜入中国大兴安岭地区进行兵要地志调查，勘探战时日军沿大兴安岭斜向纵段支队的宿营、给养、给水、行动的难易情况，另有日文和中文军用地图各一份，晒图纸俄文地图一张，表册三份：一册为调查大兴安岭地区中国屯垦军的兵力，枪炮种类、口径、官兵数量，驻屯地点，营房景况等；一册是调查蒙旗、县人口等；另一册是调查地方风土情况，如土壤、水源、气候等。6 月 26 日，中村一行四人被东北军屯垦三团捕获，随即于次日由屯垦三团团长关玉衡下令处决。间谍组携带物品，除留重要文件资料上报外，一律焚烧灭迹，投入洮儿河内。然而一个不易被察觉的细小失误，却成了之后关东军发动九一八事变的借口。

　　原来在审讯中村的过程中，他的态度十分蛮横。眼见罪行暴露，中村欲夺取卫兵武器逃生，旋即被在场军人七手八脚将他打翻在地。格斗中，中村佩戴的日军军官专用"三道梁"手表被打飞落在门后。碰巧屯垦三团团部司务长李德保进门送夜宵，他瞥见后不声不响地拾去。后来李德保去洮南府嫖妓时，将手表押于大兴当铺内，而消息也随之泄露。当消息传到时任日本间谍总头目土肥原贤二耳中时，后者当即大喜过望。因为就在此前，一心策划军事占领中国东北的日本军部，始终苦于缺乏借口，并责成他"便宜行事"，而他正在发愁无从下手。如今，"中村事件"正好给了他一个良机。于是土肥原密令当时在天津的日本间谍川岛芳子连夜赶到沈阳，命令她不惜一切代价找到中村大尉的那块手表，以作为东北军"图财害命"的确凿"证据"。川岛芳子得令后立即星夜赶往齐齐哈尔，设计诱捕李德保，得到了中村震太郎的"三道梁"手表。

　　当所谓的"证据"到手后，日本陆军省便在 1931 年 8 月 17 日发表了所谓的《关于中村大尉一行遇难的声明》，声称："帝国陆军大尉中村震太郎在满洲被张学良部队割鼻挖耳，切断四肢，悲惨遇害"，表示该事件"是帝国陆军和全体日本人的奇耻大辱"。随即他们便以此为契机煽动复仇，叫嚷发动侵华战争。日本朝野和民众团体也一窝蜂总出动，要求陆军"武力征服满蒙"。又通过各种侦察，日军基本上掌握了东北的中国军队的兵力部署。经过一系列精心策划和准备以后，日本悍然于 1931 年 9 月 18 日发动九一八事变。在此后不到一个月的时间里，东北大部地区相继沦陷敌手，几千万东北同胞由此开始了 14 年的流亡生活。

回顾这一段历史，一个令人唏嘘的事实摆在我们面前：进入 20 世纪 20 年代以后，随着日本侵华脚步的加速，大批日本间谍打着旅行考察的幌子潜入中国各地进行调查，收集地理、军事、经济、人文等方面的资料，而一些摄影师所拍摄的照片则提供了更形象、更真实的情报。

2009 年，中国国家博物馆入藏了三千余幅 20 世纪二三十年代日本间谍在中国各省拍摄的原版照片。这些照片绝大多数尺寸为 10×15cm，贴在 21×30cm 的黑色相册纸上，每张照片的旁边贴有一张印有日文说明的标签，注明拍摄地点及情况简介。这些照片当年是作为出版物而向社会公开发行的，名称有《亚细亚大观》《满蒙大观》《满蒙印画辑》《亚东印画辑》等，其中保存最完整、文献信息最齐全的为《亚细亚大观》。《亚细亚大观》通常根据主题按月发行，每回（期）含 10 张照片及相关的背景文章。

经考证，这批照片的主要摄影者包括岛崎役治等人。1937 年日本整理的档案资料表明，岛崎役治的公开身份是"亚细亚写真大观社社长"。此人出生于明治二十五年（1892 年）10 月，本籍高知县香美郡大楠植村，毕业于东方摄影学校，个人兴趣有照相、读书、地理、历史、旅行，住所为大连市山县通 193 号。于 1918 年来到中国东北谋生，先在丰年制油会社工作了三年，1921 年辞职后曾在黄渤海裕民渔业会社担任监察，大正十三年（1924 年）5 月成立亚细亚写真大观社并创办摄影月刊《亚细亚大观》，同时出售当时满蒙等地的风景、风俗、产业、交通、矿业及其他学术资料照片。该刊物除在东京设有支社外，在札幌、京都、大阪、北京、新京（长春）、奉天（沈阳）、哈尔滨、上海、牡丹江、齐齐哈尔等地都设有代理店，影响很大。另据日本学者研究，岛崎役治当初是与合伙人共同经营《亚细亚大观》的，1932 年 11 月后改为个人独自经营，属于当时东北日本侨民中有一定影响力的人物。由于刊物本身具有较强的阅读性和利用价值，因此《亚细亚大观》的发行一直持续到 1942 年。与此同时，岛崎役治所拍摄的照片还经常被《满蒙大观》《满蒙印画辑》《亚东印画辑》等同类刊物采用。尤其是《亚东印画辑》，其性质和内容几乎与《亚细亚大观》完全相同，只是不像后者那样每期除照片外还刊登相关背景文章。资料显示，《亚东印画辑》创刊于大正十三年（1924 年）

9月，几乎与《亚细亚大观》同时期；发行方为亚东印画协会，地址在大连市淡路町三番地，初期的人员构成如下：

　　维持团理事：田村羊三等六人

　　支配人：濑称田和

　　监修：渊上白阳

　　编辑主任：天津光市

　　摄影主任：佐藤傅藏

　　庶务主任：东野辰雄

　　外交主任：稻叶弥吉

　　摄影师：铃木秀、樱井一郎、佐内繁雄、笠原之直等人

　　巧合的是，与《亚细亚大观》一样，《亚东印画辑》也一直发行到了1942年。除了发行以照片为主要内容的《亚东印画辑》外，亚东印画协会还发行一份名为《亚东》小刊物，每月15日发行，32开本，主要以当月出版的照片为主题，刊登一些研究性文章以及照片的背景资料，介绍东亚各地的民俗风情。

　　在亚细亚写真大观社创立初期，其对外广告声称除发行《亚细亚大观》月刊外，还发行《日露实战印画》月刊、《"支那"看板写真集》以及不定期特辑（含土俗、考古学、建筑、美术等类）。

　　虽然从表面上看，《亚细亚大观》只不过是一份刊登照片为主的消遣类刊物，但却与日本官方有着千丝万缕的联系。在1932年之前，这份刊物每期的封面上都有"赐天览"的字样，并以大号字体标明"天皇陛下睿览、摄政宫殿下睿览"或"天皇陛下皇后陛下睿览、闲院宫御用"等语。或许是为了突出刊物的"权威性"，在发行页上还罗列了众多名誉赞助员及评议员的名字，其中包括：国学院大学教授鸟居龙藏、陆军大将大庭二郎、总理大臣田中义一、侯爵中御门经恭、"满铁"社长山本条太郎、侯爵松平康庄、前朝鲜总督斋藤实、前文部大臣水野练太郎、陆军大臣白川义则、帝国大学名誉教授白鸟库吉等。这些人要么是日本当时的军政首脑，要么是学术权威，其中的田中义一、山本条太郎、白川义则等人更是鼓吹侵华的"头号人物"。

　　透过其摄影活动和拍摄内容可以很清楚地看出，作为一名职业摄影师和刊物经营者，岛崎役治其实还扮演着日本间谍的角色，长期打着旅行考察的幌子在中国各地搜集情报，直接为日本政府的渗透与侵略服务。根据笔者的梳理，仅是

1925—1931 年，岛崎役治就几乎跑遍了大半个中国，其行迹大致如下：

1925 年：黑龙江、山西等地；

1926 年：上海、江苏、浙江、安徽、湖北、湖南、四川等地；

1927 年：北京、河北、河南等地；

1928 年：吉林、上海、湖北、四川等地；

1929 年：山西、察哈尔、绥远、山东、江苏、广东、辽宁、吉林等地；

1930 年：山东、湖南、江西等地；

1931 年：云南、福建等地。

在大正十五年（1926 年）8 月的一段卷首语中，亚细亚写真大观社就公开表示：“我社的本旨是负责诚意制作，险难僻远之地，瘴烟瘴雾之境又兵火劫乱匪贼出没的地方，都是亲自踏入，冒着诸多艰难困苦编辑的，精益求精以实现我们的志向。我们只有更加发奋，才能报答诸君的鼓励和圣上的无上荣誉。”而在《亚细亚大观》上，该社编辑部也经常标榜他们的“功绩和辛劳”。例如在 1929 年考察完山东泰山之后，他们就宣称：“我社同人摄影担当者岛崎役治经历各种痛苦后才得以逃脱土匪巢窝，实在是国家好汉、上神加护。”

综合各种信息可以看出，岛崎役治本人及其刊物的主要靠山便是近代日本侵华的大本营——南满洲铁道株式会社（简称“满铁”）。《亚细亚大观》不但在“满铁”沿线图书馆都设有发行所，该社组织的许多摄影考察活动也时常得到“满铁”的支持。例如 1925 年 10 月的“云冈摄影行”，岛崎役治就特邀“满铁”人事课的加藤新吉同行，以获得沿途关照；在 1928 年“北满之冬”专号的拍摄过程中，他声称得到了“满铁”情报课的摄影指导。而在发表这些照片的同时，亚细亚写真大观社驻日本东京的总支社还在日本本土各地举行过多次关于中国的照片展览。该社还向日本各地学校、团体免费寄赠发表这些照片的刊物。在 1926 年的一篇“宣言”中，岛崎役治曾以“亚细亚写真大观社”的名义这样大声疾呼：“当然，对于南中国、云南等地的情况，我们也必须了解。但是与此相比，我们正住在满洲，尽力了解自己脚下的满蒙的事物难道不是更为紧急的事情吗？比如对于‘满铁’沿线，每个人都具有一定的知识，但若自沿线一步步深入，应该会有不为世人所知的珍稀事物和宝藏发现等着我们。我们现在要好好考虑这件事情。我社今后满蒙以外的广大地方都要向大家介绍，同时，也要考虑对满蒙介绍的精进。要完成这个艰难的任务，还请大家多多帮助赐教。”

　　由此可看出，"满铁"虽然名义上是一家铁路公司，但实际上却在近代日本侵略中国的过程中扮演着重要角色，特别是其开展的"情报工作极为广泛，举凡政治、经济、军事、商业、工业、历史、地理、风俗习惯、司法等等无不在搜索之中"，对日本发动侵华战争更是起到了推波助澜的作用。"满铁"存在的四十年间，对我国东北乃至全国各地区的政治、经济、军事、文化等各个方面进行了无孔不入的调查研究，搜集了大量情报资料，所提出的报告达 6200 份，积累的各种资料有五万多份，这些"卷帙浩繁的调查资料包罗万象，涉及面十分广泛，为日本帝国主义制定侵华政策提供历史与现实的各种资料，同时歪曲历史事实，割裂东北与中国的统一关系，为发动侵略战争制造根据"。很显然，岛崎役治所拍摄的大量照片正是这类资料的有效补充。

　　国家博物馆入藏的岛崎役治摄影作品，其内容涉及东北三省、北京、天津、河北、山西、河南、内蒙古、山东、江苏、上海、浙江、福建、广东、湖北、湖南、安徽、江西、四川、重庆、云南、西藏等地，涵盖城市面貌、山川河流、地理交通、资源物产、民俗民情、名胜古迹等题材。通过对这些照片进行分析，不难看出当年在华日本间谍从事摄影活动时所暴露出的侵略野心。

　　在岛崎役治的镜头下，中国各地的城市乡村、港口码头、铁路航道、名胜古迹等是最重要的内容，显而易见的是："上述照片的大多数并没有什么观赏价值，相对来说，作为侵略时占领一城一池的需要，却很有实用价值。阅览这些占有极大比重的中国城镇照片后，人们会发现这只是一种情报搜索式的摄影，对于有强烈征服欲和殖民欲的军国主义分子则可以起到明显的诱导作用。"在给每幅照片所配的文字说明中，岛崎役治的真实用心更是不言而喻。例如在 1926 年考察南京时，他就详细介绍了这座城市的人口、交通、商业贸易等概况："现江苏省首府，扬子江沿岸通商港，人口约四十万，在留外人五百余，内邦人百三十余……贸易额二亿……"；在介绍宁波码头时特意指出这里"自古以来就是南中国贸易大港"；介绍南昌时写道："南昌是江西省省府，赣江右岸，日本借款铁道南浔线终点九江距此 70 里。近来中国地方革命势力造成恐慌，城墙拆除，正建设近代化都市。"；介绍长沙时说："长沙在湘江沿岸，是湖南省省会，粤汉铁路上仅次于汉口的大城市。人口 50 万，国民革命后拆除城墙，开始近代改造。河中三角洲对岸商埠地供各国人居住，水上常有日、英、美等国军舰巡游。"；介绍烟台时称："此地是青岛出现之前山东唯一贸易港，每年夏季美国东洋舰队航行至此避暑。"；介绍上

南京城墙，1926 年

南昌市街，1929 年

长沙远望，1930 年

海时更是详细说明："八十余年前黄浦江岸边一渔村部落，今三十亿贸易年额，"支那"第一商埠，人口二百四十万二十数国异国民族。"在拍摄过程中，岛崎役治还特意搜集具有军事价值的各种情报。例如在介绍山海关的城墙时注明"高三十尺，厚二十尺，周长三里，坚城铁壁"；在介绍济南的津浦铁路黄河铁桥时也着意指明该桥长度为 4800 尺。

在拍摄过程中，岛崎役治对于中国当时的政局和社会动向同样十分关心。例如在震惊中外的"济南惨案"结束后，他就第一时间来到事件发生地进行窥探。后来的事实表明，"'济南惨案'是日本帝国主义对中国发动的一次有计划、有预谋的军事侵略……是日本大规模侵华战争的前奏和开始"。1928 年 4 月下旬，日本帝国主义悍然出兵山东，自 5 月 3 日起对济南军民进行疯狂屠杀，打死打伤中国军民 7000 余人，制造了震惊中外的"济南惨案"。直到 1929 年 2 月 28 日，在逼迫南京国民政府签订了屈辱性的《济南惨案协定》后，日军才撤出济南。此次事件表明，当时日本军国主义侵略中国的野心已昭然若揭。就在这样一种特殊的背景下，岛崎役治于 1929 年 2 月来到济南实地"考察"，为《亚细亚大观》拍摄了一组照片，详细介绍当时山东的政局、人文历史、交通、贸易、物产等情况，并专门撰写了题为"济南展望"的前言。值得一提的是，对于当时中国共产党在江西、湖南一带展开的革命斗争，岛崎役治也亲赴现场进行窥探。在江西景德镇进行拍

济南市街，1930 年

日本间谍摄影师拍摄的哨兵，1932 年

日本间谍摄影师拍摄的辽西义勇军本部，1932 年

摄时，岛崎役治还污蔑说，景德镇原本是举世闻名的瓷都，但现在却由于"共匪变乱"而日益衰败。1931 年九一八事变之后，日军在东北的侵略遭到了各地义勇军的顽强抵抗。而对于这些抵抗力量，日方统统视其为"匪"。为了侦察这些"匪"的虚实和分布情况，岛崎役治又深入辽西一带进行拍摄，全面掌握了当地义勇军的发展渊源、人员组成、武器特点、战斗方式等信息。至于他使用了什么手段，竟然能顺利地完成拍摄任务，我们不得而知。但可以肯定的是，他的这些第一手情报对于日本在东北的军事行动起到了很大作用。

　　岛崎役治这种明目张胆的间谍活动，恰恰反映了近代以来日本侵华行径的一大特色，即不遗余力地搜集各种军事地理情报。实际上，自从"明治维新后，日军为获得中国军事地理情报，不断派员来华进行谍报活动。民国时期，日军成立专业测绘队，有计划、有步骤地秘密测绘长城以南地区。依靠这种精细盗测，日军绘制成中国十万分之一军用地图，为全面侵华铺平了道路"。从军事意义上讲，对城市、河流、桥梁、港口等目标进行拍摄，再结合其他数据信息，所产生的作用将是不可估量的。通过岛崎役治的拍摄路线不难看出，他的首要任务就是为政府搜集此类情报，例如 1926 年对长江沿岸的考察就是如此。回顾这次"江南之旅"时，他本人在一篇致辞中曾不无得意地称："我们一行从大连出发还是寒风料峭的三月初。从那时以来，大约半年都在长江上漂流，或者在四川的深山中。有时被野蛮的土著迫害，或者与酷热作战，但大家都努力收集珍贵的材料，直至八月二十一日乘'神丸'号平安归来。回顾这次旅行，真是件辛苦的事情。要用什么样的方法把这些纪行发表出来也是值得思考的。"正是由于岛崎役治之流长期的情报活动，"至 20 世纪 20 年代末，日军已经详细掌握了长江及其支流的水文信息。日军长期而精细的谍报活动，为入侵长江流域铺平了道路。'七七事变'爆发后，日海军正是沿长江快速向内地进攻的"。当然，对于岛崎役治之流的间谍活动，无论其伪装得多么隐蔽，中国人民也并非完全没有警惕意识。根据岛崎役治本人的供述，他在多次拍摄活动中都曾遇到过当地民众的攻击。例如在 1926 年 6 月，他在汉阳拍摄时就曾遭到数名"暴徒"袭击，以至于鲜血直流，差点送命。尽管如此，他在"脱险"后仍溯江而上潜赴重庆活动。在九一八事变前后，像岛崎役治这样的日本间谍并不在少数，不过有些人则没有他这样幸运。例如在 1931 年 6 月，日本陆军大尉中村震太郎秘密潜入中国大兴安岭地区搜集军事情报，结果就被中国军队截获后处死。

资源贫乏在很大程度上刺激了日本近代以来屡次发动对华侵略战争。而在这一过程中，日本甚至将对中国丰富资源的调查和觊觎上升到了"基本国策"的高度，而执行这一政策最不遗余力的当属"满铁"。

早在日俄战争结束后不久，"满铁"就于 1907 年 4 月成立调查部，"并立即开展对中国东北地区农村的现状进行经济调查。第二年，又从日本国内调来了一批农林专家，开始有重点地对当地的农业资源、生产状况、农村人口等进行大规模地实地调查。……'满铁'的这些经济情报刺激了日本政府的侵略野心，为其决定以武力吞并东北提供了依据"。1927—1929 年，"满铁"下属的临时经济调查委员会提交的 34 项调查报告书中，涉及东北、内蒙古、山东等地物产资源状况的就占据了绝大多数。

九一八事变前后，随着日本军事侵略的脚步不断延伸，"满铁"所谓的资源调查也从东北迅速扩大到整个中国。例如为了在经济上得到当地丰富的农畜产、矿产等资源，"满铁"对东内蒙古进行大量实地调查，并不断向日本政府提出各种索取权益的建议。从调查活动的内容而言，它主要对铁路经营、矿产开采、土地和财产的占有、农牧工业的发展及移民政策服务等方面进行调查。

作为与"满铁"关系密切的情报人员，岛崎役治在拍摄照片时，自然也将很多精力投入到中国各地的资源调查中，举凡铁路、煤矿、锡矿、木材、大豆、牧业、毛皮、棉花等门类，都一一被他摄入镜头之中。例如在 1929 年 2 月考察山东"淄川炭坑"时，岛崎役治就详细介绍了这里的情况："淄川炭坑既开矿区面积 60 平方基、炭层平均超过六米，炭质稀见理想，炭量六亿余吨，出炭量每日一至二千吨。"；同年 8 月在考察京奉铁路上的锦县时说该地为"东蒙物资集散地，盛产毛皮、甘草、棉花、杂谷等"；在《亚细亚大观》1928 年 8 月的"吉会线及其附近"专号上，又刊登了一组反映"间岛地区"木材资源丰富的照片。

像岛崎役治这样的专业摄影师，之所以将镜头频频对准毫无艺术性可言的矿坑、棉花堆、大豆囤、木材山等目标，恰恰折射出当时日本觊觎中国丰富资源的野心。自近代以来，日本政府就一直以"中国资源丰富、地大物博"的言论来诱惑其国民，从而促使国内形成"为利益而战"的舆论氛围。到九一八事变前夕，在一部分狂热侵华分子的鼓吹下，日本自上而下都弥漫着渴望获取中国资源的心理。例如 1927 年"东方会议"后，当时的日本首相田中义一在秘密文件《对满蒙之积极政策》（即后来臭名昭著的"田中奏折"）中就公然提出："唯欲征服'支那'，必先征服满蒙；如欲征服世界，必先征服'支那'"，因为"最后之胜利，赖粮食也；工业之隆盛者，赖原料也；国力之充实者，赖广大之土地也"，而"满蒙广袤七万四千方里，人口两千八百万人，较我日本国土大逾三倍。其人口只有我国三分之一。不唯地广人稀，令人羡慕。农矿森林等物之丰，当世无其匹敌。我国欲开拓其富源，以培养帝国恒久之荣华"。而时任日本驻华公使馆武官的本庄繁也鼓吹道："满蒙及华北一带的物质，是帝国国防上唯一的粮源，开发该地并提高其经济价值，使之达到无论平时或战时，均能满足我国需要的程度，并且促进其与帝国间之关系，予以诱导、统制，惮能满足上述之需要，此乃保障日本及日本人得以永远生存的唯一方法，也是攸关帝国存亡的需要关键。"正是由于这些侵华鼓吹者的诱导，日本国内的民众也急切地希望了解中国的资源状况。为了满足这种需求，日本地理研究会的参考书中甚至赤裸裸地写道："满洲地广而肥，有大平野，有大森林，矿产又富，是将来工业绝好的经营地，作为日本的殖民地再好没有了。"由此，我们就不难理解岛崎役治这位摄影师"特别的兴趣"了。

有了岛崎役治这类间谍搜集的情报作为基础，日本在后来的侵华战争中，对于资源的掠夺自然更加得心应手。仅以东北为例，九一八事变后，以"满铁"为首的殖民机构便展开了长期的疯狂掠夺。据统计，"在长达 14 年的'人肉开采'

淄川煤矿，1929 年

云南个旧锡山，1931 年

大豆囤积，1928 年

鸭绿江上游原始森林，
1929 年

克鲁伦河渔场，1925 年

政策下，日本侵略者用中国矿工的血肉和生命换取了 214 亿吨煤炭。1942—1945
年，日本侵略者平均每年掠夺 653 万立方米木材，伪满 14 年间总计掠夺木材 1 亿
立方米，遭破坏的森林面积达 600 万公顷。……每年强制掠夺东北粮食总产量的
40%—50%，使广大农民生活无着落，挣扎在饥饿和死亡线上"。

　　在审视岛崎役治所拍摄的照片时，其中那些所谓的"土俗"类内容往往很容
易引起人们的兴趣。无论是老北京的街头万象、大漠草原上的蒙古包，还是福建
女子的三把簪、云南边民的奇异装扮，都很有些人类学意义上的"学术"色彩。
然而如果稍加分析就会发现，作为一名专业搜集情报的日本间谍，岛崎役治的镜
头显然是别有用心的，其照片上中国人的形象也是扭曲的。事实上，尽管他拍摄
的"各行各业各个阶层的人物，很具有旧中国社会人群的广泛代表性"，但其"眼
光里充满了对中国人的轻蔑和歧视"，因而"把镜头尽量瞄准人物的封闭、落后、
穷困愚昧，甚至麻木的状态，借此为他们极端反动的'种族文化论'所说的'优
等种族'对'劣等种族'统治的'合理性'"。

福建妇女的三把簪头饰，1931 年

就像近代以来许多西方来华摄影师一样，岛崎役治在中国各地拍摄的"土俗"类照片往往暴露出明显的猎奇心理。例如展现小脚、麻将、妓女、乞丐、怪病等内容的镜头，就经常刊登在《亚细亚大观》或《亚东印画辑》上。而这种猎奇心理的背后，体现的正是摄影者的文化优越感。不仅如此，通过这种图文并茂的形式，岛崎役治之流还试图从"民族性"上极力丑化贬低中国人，从而为他们的殖民与侵略寻找"学术"上的依据。在《亚东》杂志上，日本官方所豢养的一些"学者"，就经常抛出此类言论，其中不乏题为"'支那'人心理变态面""变态国家'支那'之一面"之类的文章。到九一八事变前后，随着日本国内侵华舆论的高涨，他们的"中国观"也日趋畸形，诸如"'支那'民族无民族精神，极端缺乏爱国心。'支那'是半开化的国家，富有野蛮的迷信性，是极卑怯的国民，言行不一致。富残忍刻薄性，吐虚言，甚巧，极不洁，自私自利"之类的言论更是甚嚣尘上。为了替本国发动侵华战争寻找"依据"，一些右翼日本学者甚至对中国的国民性全盘否定。汉学家原惣兵卫就在其《中国民族性之解剖》一书中公开发表过此类言论，为日本应采"自主强硬"的对华政策提供"依据"。在这种历史氛围下，就连一向与中国学界关系密切的著名学者白鸟库吉等人，也表示出了"对中国文化的否定"，"加深了近代日本人对中华文明乃至中国人轻蔑的程度"。

发人深省的是，日本间谍对于中国国民性的研究几乎贯穿于整个侵华战争期间。例如日军于 1937 年编印的《长江下流地方兵要地志拔萃》中，就有对江南地区中国汉民族的 17 条概括性总结。毫无疑问，这些情报对于他们在侵略过程中采取何种政策具有重要的参考价值。

通过《亚细亚大观》上刊登的一些照片及文章还可以发现，在九一八事变前后，当岛崎役治这类间谍人员在中国的内蒙古、云南、西藏等地进行拍摄时，一些日本著名的专家学者也积极参与其中，而他们的真实目的，则是打着所谓的人

麻将，1927 年

葬礼，1927 年

云南少数民族，1931 年

类学考察旗号搜集情报。早在 1907 年，东京帝国大学教授白鸟库吉在写给"满铁"总裁后藤新平的意见书中就呼吁："值此之际，从长远考虑，乃为完成战后之经营，树立国家百年之大计。关于东洋事物——学术上的调查、研究之事尚有不足，对亚洲学界计划实施之事业虽然颇多，但以往研究拘于最近战争及爆发之原因。今后我国尽力经营之任务在于满洲地方的研究，此最为迫切、紧要。"1925 年 7 月奉命考察内蒙古东部的克鲁伦河流域时，岛崎役治就特邀研究内蒙古文化的志水语一起从满洲里出发；1927 年赴黑龙江及内蒙古拍摄时，又特地邀请著名人类学家鸟居龙藏担任摄影顾问并在《亚细亚大观》"满蒙处"专号上撰写了题为"金上京遗址"的文章；1929 年前往济南拍摄时，邀请的则是著名考古学家八木奘三郎，后者还在《亚细亚大观》"济南"专号上发表了题为"济南近乡胜区"的文章。

综观岛崎役治所拍摄的这些照片，虽然大多数作品艺术性并不高，但对于研究近代日本不断向中国渗透及侵略的细节问题，无疑具有较高的历史价值。更重要的是，与文献资料相比，照片有时往往有更强烈的视觉冲击力和历史说服力。

日本间谍摄影师在中国内地活动情形，20世纪20年代

九一八事变后，在长城沿线布防的日军

特别是在反击日本右翼妄图美化侵略、否认历史的丑恶行径时，这些历史影像将是更有力的铁证。

九一八事变发生后，为了配合关东军作战，"满铁"调查科开始搜集军事情报及中国抗日武装的动态等信息，直接向关东军守备队、宪兵队或警察署提供，并以此为契机，从一个供给情报的咨询部门变成了配合关东军决策的机关。正是在这一过程中，"满铁"进入了其"巅峰"阶段，这也是"满铁"直接参与侵华战争的阶段。随着伪满洲国的建立和日本进一步挑起全面侵华战争，"满铁"在为日军运输物资和增援后续部队的同时，也随着日军的兵锋所向而深入中国沦陷区各地，并急速膨胀起来。除了铁路经营之外，"满铁"的活动还涉及经营管理、矿产开发、情报搜集、社会调查、屯田移民、文化教育、参加战争等，以配合日本军国主义的侵略扩张政策。因此"满铁"总裁权力大、职位高，如原日本外相内田康哉、战时日本外相松冈洋右等人都曾出任过"满铁"总裁，因此有人将其形象地比喻为"日本在中国的东印度公司"。

抗战期间，"满铁"调查部人员甚至一度走向中日政治较量的最前线，参与了日本对国民党政治人物的诱降活动，担负此项任务的主要负责人就是"满铁"上海事务所南京支所所长西义显。七七事变爆发后，为了对国民党政权进行分化、拉拢，在"满铁"总裁松冈洋右的指使下，西义显与时任国民政府外交部亚洲司司长的高宗武进行秘密接触。1938年11月20日，影佐祯昭与代表汪精卫的高宗武和梅思平在上海进行秘密协商，双方签订了《日华协议记录》。12月22日，日本首相近卫发表第三次对华政策声明，以示对汪精卫招降。29日，汪精卫发表了臭名昭著的"艳电"，响应近卫声明，公开卖国降日，从此走上了不归路。

当然，广泛开展深入、细致的社会调查，才是"满铁"参与侵华战争的看家本领。特别是直属于总裁的调查部，其调查内容涉及政治、经济、军事、社会、文化、历史、地理、风俗、交通等诸多方面，且非常细致。例如，他们到某村调查时，会详细记录该村的地质地貌、男女比例、种植作物、饲养牲畜、自然灾害，甚至该村有几口水井，何处有棵古树等。另外，"满铁"调查范围并非局限于中国东北，而是深入中国内地、西北和西南边疆等地，甚至远达苏联、欧美各国的部分地区。据说，"满铁"全盛时曾有四千五百多名情报人员，成为日本政府和军部的重要情报来源之一。例如1938年5月，当驻华北方面军侵入黄河沿岸时，"满铁"就应其要求对华北资源进行紧急调查。同年8月，应日军参谋本部的要求，"满铁"

上海事务所人员对以武汉三镇为中心的长江沿岸地区的政治、经济和军事情况进行调查。"满铁"调查部的"中国通"们还大肆搜集有关八路军、新四军及解放区的情报资料，并作为机密文件分发给日本陆军参谋本部情报部、侵华日军各师参谋部情报课及日本驻华其他情报机构。

　　可以说，"满铁"的调查人员在 20 世纪上半叶对中国所作的科学、细致的调查是令人难以想象的。比如有关沈阳一个地方的水井调查，单是有关这口水井的调查报告就有三百多页，包括水的矿物质含量等信息都非常详细。著名学者葛剑雄教授就曾感慨地指出："在抗击日本侵略军的战斗中，我国军队曾发现，从日本军缴获的中国地图竟比我军使用的地图还详细准确。"据统计，"满铁"调查部在近四十年的情报活动中，共出具调查报告 6200 份，为研究而积累的书刊、剪报资料五十多万件，可谓近代殖民史上情报机关和特务系统的"集大成者"。

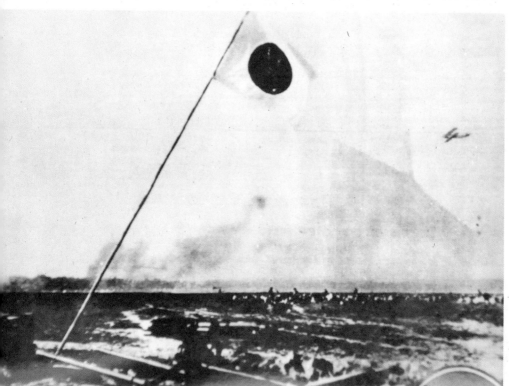

九一八事变期间，"满铁"发挥了重要作用

三、德国将军的中国情

夏日的汉口热如火炉，身处喧闹的火车站内，人们更觉得透不过气来。然而对于一群即将告别中国的纳粹德国军事顾问们而言，面对前来送行的中国同事们，他们的心中却充满了悲凉。在尖厉的汽笛声中，由国民政府特意安排的专列缓缓驶出汉口车站，在频频挥手中，这些原本具有钢铁般意志的德国军官们忍不住热泪盈眶。这是 1938 年 7 月 5 日，由于在此前元首希特勒严令他们归国，否则将以叛国罪论处，已在中国效力了多年的德国军事顾问们被迫离开这个正处于危难中的国家。毕竟，他们中一些人甚至已在这个国家生活和工作了十余年。回想起那些与中国同事们一起战斗的蜜月般的日子，他们的思绪不禁飘向遥远的广州。

说起 20 世纪 30 年代中德两国的关系，那可不是一般的好。在经历了第一次世界大战的惨败之后，德国也丧失了近代以来在中国所拥有的租界和殖民地，不过这无形中却为其开拓全新的对华政策创造了条件。1920 年，由于《凡尔赛和约》的束缚，迫切发展外贸与军事工业的德国迫切希望寻找合作伙伴，而遥远的中国很快就进入了决策者的视野。与此同时，正进行北伐的国民政府也在寻找外援，而在与苏联政府决裂后，最令他们感兴趣的就是德国人了。

早在 1927 年，由于朱家骅等人的努力，国民政府与德国方面的合作便进入了快车道。朱家骅（1893—1963），字骝先，浙江湖州人，近代著名教育家、地质学和外交家，后曾出任国民政府教育部部长、交通部部长、浙江省省长以及国民党中央组织部部长，深得蒋介石器重。朱家骅早年留学德国，进入柏林冶金研究所学习，并与德国工程师协会会长马托诸斯

德国将军塞克特，曾担任国民政府的军事顾问

（C.Mstochoss）教授结下了深厚的交谊。完成学业回国后，他起先任教于北京大学，后因组织学生示威游行及公开支持国民党而南下广州。1926年，在国民党要员张静江、戴季陶等人的举荐下，朱家骅进入中山大学，以"地质系主任"的身份实际主持校务。1927年，随着国民党与苏联关系恶化，蒋介石开始将目光转向德国。关键时刻，曾留学德国并在那里有着良好人际关系的朱家骅便扮演了牵线人的角色。虽然他从未在外交部任过职，却是国民政府与德国外交关系最主要的奠基人和推进者。

其实早在1926年秋，张静江就建议朱家骅，希望他利用曾经留德的身份和对德国的了解，邀请一名德国专家来广东为国民政府设计一座大型兵工厂。11月，朱家骅写信给时任德国工程师学会会长的马托诸斯，请他帮忙物色合适的人选来中国，后者很快便介绍了德国退役军官马克斯·鲍尔（Max Bauer）。鲍尔原本是德国总参谋部军官、炮兵专家。他头脑精细，目光锐利，是著名的"兴登堡计划"和总体战的最初构想者，深受当时德军总参谋长鲁登道夫的信任。1920年3月，由于参加了推翻魏玛共和国的政变，鲍尔被迫流亡国外，曾到过奥地利、西班牙、阿根廷等国，据说甚至在苏联红军中担任过顾问。当马托诸斯推荐他前往中国时，鲍尔在短短几个月间便写了有关中国军事的《现代军队整军建议书》，并将这一建议书交给朱家骅在德国学习的大侄子朱谦。1927年8月，朱谦将这一建议书寄到了朱家骅手中。朱家骅与戴季陶一起审阅后，又得到了当时广东地区领导人李济深的同意，遂正式向鲍尔发出邀请，聘请其来华担任国民革命军顾问。来到中国后，经朱家骅的介绍，鲍尔被蒋介石聘为军事顾问。特别是由于他主张将军政大权集中于强有力的中央政府，因而深得蒋介石的赞许。而在成为蒋介石的高级顾问以后，他不但为国民政府的军事改革出谋划策，还竭尽所能帮助其聘请了一大批德国退役军官，组成了德国军官顾问团。对于鲍尔的忠心与努力，蒋介石深为感动，曾公开声称鲍尔是自己"唯一的欧洲朋友"。可惜的是，正当鲍尔的工作开展得风生水起时，却突然因病于1928年5月在上海去世。关于他的死因也是一桩疑案。虽然当时官方的说法称其死于天花，但却有传闻说他实际上死于桂系军人的投毒，原因则是他在"蒋桂战争"中一直建议蒋介石采取强硬手段。不管怎么说，鲍尔作为德国军事顾问团的组建者，为随后十年间中德两国的密切合作奠定了基础。

鲍尔去世后，朱家骅代表国民政府先后聘请德国军官赫尔曼·克里贝尔和乔治·闵采尔担任军事总顾问的职务，而这两人并没有像鲍尔一样赢得蒋介石的充分信任。克里贝尔曾参与希特勒的"啤酒馆暴动"，与鲍尔也是患难之交，但由于战略思想方面与蒋介石存在矛盾而遭到冷落，最终于1930年5月被撤换。继任的闵采尔曾是德国国防军总参谋部作战处处长，此人在拟订作战计划、实施作战指挥方面能力很强，在一系列战事如"中原大战"、"围剿"红军、"一·二八"事变中都给蒋介石提供了很大帮助，并为国民党军队培养了大量的人才。不过尽管闵采尔功劳很大，但与蒋介石的个人关系却很一般，因为他性格粗暴率直，经常大声地批评中国指挥官，与包括当时的军政部次长陈仪在内的很多中方高级将领都发生了矛盾，最终与蒋介石的关系也不断恶化。1934年4月，在中国备受冷落的闵采尔离职回国。

　　早在闵采尔离职两年前，对其不满的蒋介石就已私下里嘱托朱家骅物色新的人选。1932年，朱家骅听说德国前国防部部长、大名鼎鼎的汉斯·冯·塞克特将军已经退休，于是向蒋介石建议可以进行聘请塞克特的尝试，而后者也当即表示热烈欢迎。那么，这位神秘的德国将军究系何人，竟能得到蒋介石的热烈关切？

　　汉斯·冯·塞克特（Johannes Friedrich Leopold von Seeckt，1866—1936），1920—1926年担任德国国防军总司令，是"一战"后德国陆军的缔造者，被称为"二战"德军之父，因其沉默寡言的天性和谦虚保留的处世方法而被尊称为"斯芬克斯"。

　　当赋闲在家的塞克特接到南京方面的邀请后，欣然于1933年5月抵达上海。当时，朱家骅以国民政府的名义举行了盛大的欢迎仪式。其间，在朱家骅的陪同下，塞克特与蒋介石进行了为期3天的会谈。会谈结束后，大有相见恨晚之感的蒋介石立即向塞克特发出了邀请。不过由于自己曾是闵采尔的上司，有心保全老部下面子的塞克特委婉地拒绝了

汉斯·冯·塞克特将军，"一战"后德国陆军的缔造者

邀请。但是在临走前，他答应就"中国军队现代化问题"向蒋介石递交一份备忘录。在这份名为《教导师的建议书》的备忘录中，塞克特巧妙地将自己的军事思想和蒋介石可以接受的领域结合起来，因而大受赏识。

塞克特虽然回国了，求贤若渴的蒋介石却并没有就此罢休。他让宋美龄亲自给朱家骅打电话，要求后者想方设法邀请塞克特来华担任军事总顾问。随后，朱家骅一遍又一遍地给塞克特发电报。在电报中，他先是透露，蒋介石与闵采尔的矛盾已经发展到了难以调和的地步，只有塞克特能够弥补这种矛盾导致的中德裂痕，促进两国共同利益的发展。另外他还说，如果塞克特不来，那么蒋介石将很可能任命一位法国人代替闵采尔的位置。面对南京方面如此的诚意，同时也为了维护德国顾问团的在华地位，塞克特终于答应了朱家骅的请求。1934 年 4 月，他再度来华，随即担任蒋介石的军事总顾问，致力于国民政府的军事整顿，同时还致力于沟通两国的经济与贸易。一个星期后，闵采尔愤然离职。

在华期间，塞克特不仅担任蒋介石的军事总顾问，其正式的身份还包括"委员长委托人"。也就是说，他作为蒋介石的代理人，可以代表蒋与国民党政府各机关负责人谈话，其地位简直是"一人之下，万人之上"。就连国民党的军政部部长、陆军训练总监等高官想与他会谈，都必须提前预约，而且时间限定为每周二、周五上午 10 时至 12 时。任期内，塞克特为蒋介石训练了德械中央军，首次系统地发展了防空警戒体系，还曾计划建立一支潜艇舰队。由于工作过于投入，在 1934 年年底，塞克特终于积劳成疾。1936 年 3 月，这位已经深深爱上中国的德国老将军不得不离开南京。回国前，他推荐自己的得力助手法肯豪森为继任者。即便是回国后，他还成功说服希特勒将德中关系升格为大使级。只可惜在返回德国后不久，他就因病于 1936 年底去世了。不过可以告慰塞克特将军的是，他的继任者又沿着他的路线继续前进，很快使中德两国关系进入了蜜月期。

亚力山大·冯·法肯豪森（1878—1966），德国将军，曾在 1940 年至 1944 年担任被德国占领的比利时军事管制政府的首脑。1935 年，当塞克特推荐法肯豪森继任南京政府军事总顾问时，蒋介石当即欣然接受。在此后长达 4 年的时间里，法肯豪森积极参与中国的最高机密筹划与各项战争准备工作。鉴于当时南京方面所面临的最大危机是日本的侵略，因此法肯豪森的主要任务便是迅速组织一支战斗力强大的机动部队，布置南方沿江沿海的防线，并尽力发展军火工业。令人信服的是，早在 1935 年 8 月，他就根据自己对日本的了解起草了一份《关于应付

1930 年，德国军事顾问帮助训练的国民党空军

国民党军队对苏区进行"围剿"时修建的堡垒，是在德国军事顾问指导下修建的

德国军事顾问帮助训练的国民党军队

德国军事顾问帮助南京方面训练的现代化的军队在对日战争初期发挥了重要作用

时局对策之建议书》给南京政府提供参考。在这份文件中，他几乎是不可思议地预见了两年后全面爆发的抗日战争，并对战争的大致走向进行了准确判断。而在促进中德军工合作的过程中，法肯豪森也尽力维护中国的利益，以至于有些德国公司气恼地骂他不是德国人。由于他的努力，中德经济军事合作达到了最高潮。1936 年 4 月，两国达成一项重要的"物物交换"协定：中国每年可用 2000 万马克在德国购买军火，条件则是以 1000 万马克价值的矿砂及其他原料偿还。这种密切的合作一直持续到 1939 年，即使日本政府屡次劝说，德国方面也拒绝解散驻华顾问团及终止对华武器贸易。抗日战争全面爆发后，法肯豪森立即奔赴华北协助抗战。而在"八一三"淞沪会战中，德式样板师第 87、第 88、第 36 师重创日军，有些德籍顾问甚至不顾希特勒的禁令在前线参战，以至于日本人称淞沪会战为"德国战争"。

总之，正是在历届德国军事顾问的努力下，1930 年，中国一跃成为德国在远东的最大贸易伙伴。由于德国对中国政府的援助，日本曾多次对德国进行指责。1934 年 8 月，中德两国签订《原材料及农产品与工业及其他产品互换条约》，中国开始用钨砂、锰砂等战略性原料和农产品换取德国的工业产品，尤其是军需品。1936 年，双方还拟订了一个工业合作三年计划。该年 4 月，当双方签订《德华信用借款合同》时，蒋介石还与希特勒互致贺电。在德国的援助下，1938 年中国的兵工厂已经能够生产 20 毫米、37 毫米和 75 毫米的火炮炮弹。1935 年至 1937 年，中国从德国订购了 31.5 万顶 M35 钢盔、步枪子弹以及各式防空炮。不过也就是在此时，德国内部在对华关系问题上出现了分歧。

与当时德国国防部部长勃洛姆堡和外交部部长牛赖特等人的亲华态度不同，纳粹外交高官里宾特洛甫等人却坚持亲日立场。1936 年 11 月，德国与日本签订了《反共产国际协定》，日本从此取代中国，成为德国在远东最重要的合作伙伴。为了争取德国的继续支持，蒋介石先后派出驻德大使程天放以及财政部部长孔祥熙等人去做工作，但由于抗日战争的全面爆发，一意孤行的希特勒开始动摇。抗日战争爆发初期，德国外交部希望保持完全中立的立场，既不得罪日本，也不疏远中国，并且展开了著名的"陶德曼调停"。

1937 年 7 月 28 日，希特勒指示德国外交部设法阻止日本把中日冲突升级为战争。8 月 21 日《中苏互不侵犯条约》的签订尤其使德国震惊，冲击了德国外交部中对中日战争持中立态度的传统派势力。10 月中旬，戈林和里宾特洛甫要求国

由于 1936 年日本与德国缔结了《反共产国际协定》，在中国的德国军事顾问被迫奉命回国

曾对中日两国进行调停的德国驻华大使陶德曼（前排中间者）

即便在抗战期间，德国政府仍一度与中国保持较为密切的关系，图为嫁给中国军官的德籍
女性在抗战前线劳军

抗战期间，重庆德国驻华大使馆设置标识
防止日本的空袭

蒋介石次子蒋纬国，曾
在德国接受军事训练

蒋纬国与宋美龄在一起

防部停止向中国供应军火，并要求外交部采取鲜明的亲日立场。在这种情况下，德国驻华大使陶德曼展开了调停工作。不过随着南京沦陷以及国民政府拒绝日本提出的苛刻条件，1938 年 1 月 17 日，日本内阁会议发表了《对华政策声明》，宣称"不以国民政府为谈判对手"，陶德曼调停至此以失败告终。

　　陶德曼调停失败后，德国决定改变对华政策。1938 年年初，德国政府进行了一系列改组，国防部部长勃洛姆堡和外交部部长牛赖特均被撤换，亲日的里宾特洛甫上台。1938 年 2 月 21 日，德国承认伪满洲国的独立存在。同年 3 月 3 日，德国决定在中日战争结束前不再接收中国军事学员，并遣散现有的中国在德军事学员。4 月 22 日，陶德曼通知在华的德国军事顾问返回德国。6 月 24 日，里宾特洛甫命令陶德曼大使立即回国。后者第二天便向蒋介石辞行，此后德国在中国只保持了代办级的外交官员，直至 1941 年中国对德、意宣战为止。与此同时，强硬的里宾特洛甫还通知在华的德国军事顾问，如有不遵元首指令、拒绝回国者，将被视为公然叛国，并有取消国籍及没收财产之处分。面对如此严厉的最后通牒，国民政府只得同意无条件放回德国军事顾问。7 月 5 日，德国军事顾问乘坐国民政府安排的专车离开汉口经香港回德国。在起程之际，法肯豪森将军曾向蒋介石许诺，他绝不会向日本人透露任何在中国期间的工作内容，并且充满感情地说："我确信中国将赢得胜利。"回国后，他一度担任比利时总督，后还曾因涉嫌参与刺杀希特勒事件被捕入狱。

　　就在德国军事顾问撤离中国一年后，一位已在德国深造了三年的中国军官同样踏上了回国的路程，他就是蒋介石的次子蒋纬国。作为蒋介石的次子，蒋纬国（1916—1997）与其兄长蒋经国所走过的路既类似又截然相反。

　　蒋纬国早年就读于东吴大学，在大学读了两年书后便奉父亲之命前往德国学习军事。到德国后，他先是以"军官候补生"的身份进入德军山地部队服役，然后又在慕尼黑军官学校接受基层指挥员训练。其间亲身经历了德奥合并以及占领捷克苏台德区等重大事件。虽然拥有显赫的家庭背景，但蒋纬国在德国的学习却绝对没有水分。他选择参加各个兵种里面最艰苦的山地部队，经常身背 70 磅的行李急行军。在山地师服役期间，蒋纬国参加了德军两次重大的对外侵略行动。第一次是入侵奥地利，第二次是占领捷克的苏台德区，而德军军事行动的精确性也给他留下了深刻印象。在山地师服役一年后，蒋纬国被分配到慕尼黑军校，在这里接受营连战术训练。在营连战术中，除了战斗之外，其他如军队勤务、营教练计划、射击场管理、伤患照顾、后勤补给等事项都有涉猎，他甚至还学会了发电报。难得的是，事事不服输的蒋纬国还学习骑马、跳舞、剑术，其剑术非常精湛，在军校几乎所向无敌。由于表现出色，他曾三次作为军官学校学生代表受到希特勒的召见。从军官学校毕业后，蒋纬国被分配到驻扎在柏林的步兵第8师，该师后来承担了入侵波兰的任务。就在德军入侵波兰前两周，也就是1939年8月中旬，蒋纬国接到了回国的命令。此时，他的身份是德国国防军少尉。

四、美国的孤立与徘徊

呈现在我们面前的这组珍贵的照片（见后文），拍摄于"二战"期间的昆明，是国内最早的彩色反转胶片，不过它们的拍摄者却是两位美国人——米勒特和伯彻。当时，作为众多援华美国人士中的一分子，他们不远万里来到中国，用他们手中的相机记录下了所见所闻。

七十多年前，在中国人民浴血奋战抗击日本侵略者的岁月里，一个美国军医来到中国昆明，目睹了这段历史，并用镜头记录了中国西南边陲这座美丽、纯朴的城市影像，他就是克林顿·米勒特（Clinton Millett）博士。米勒特1910年生于美国。1945年，作为抗日战争时期援华美军中的一员，米勒特曾在中国昆明担任美国陆军第172医院的副院长。1941年太平洋战争爆发后，中国战场作为亚太地区盟军对日作战的重要后方基地及重要的战略支柱，在美国军事当局的战略设想中占有极其重要的地位。中国的"持久抗战"不仅是美英盟国制定和实施"先欧后亚"战略的先决条件之一，而且中国战场也是盟军对日作战的空军基地和盟军太平洋战场反攻及进攻日本本土的重要基地。当时正值中国人民浴血奋战最关键的时刻，成千上万的援华美军来到中国，在云南和缅甸的战场上与中国军队并肩作战。克林顿·米勒特就是在这样的社会背景下来到中国支援抗战的。

在昆明期间，克林顿·米勒特博士用世界上第一代柯达彩色反转胶片拍摄了大量珍贵的、反映昆明风土民情的照片。照片将几十年前昆明这座美丽城市的色彩真实地呈现在今天的人们面前。在米勒特博士眼中，昆明是美丽的，他认为昆明是他所见过的最漂亮的地方，群山环抱，湖边的落日余辉蔚为壮观，成百上千的小渔船张开白帆在湖中游弋，真是风景如画。城里有漂亮的建筑，有石头铺的街道，有土房、小商店，每一条街上都挤满了人，时不时还会碰到送葬的队伍。战争期间，许多美国人在昆明及中国其他省份的城市拍摄了大量的照片，但这些照片大都表现战争和他们自己的生活，而克林顿·米勒特博士却把镜头专门对准昆明的普通百姓。在他的镜头里，各行各业的人物都有所体现，从他拍摄的照片上我们看到，米勒特通过不同百姓的形象准确地将抗战时期中国人任劳任怨的性格和不屈不挠的精神表现出来。他镜头里的人物，虽然处在战争年代，但丝毫看

抗战期间，昆明街市上赶集的老百姓

"二战"期间，在昆明的美国士兵与当地百姓合影

从山里归来的中国士兵

不到对战争的恐惧，也看不出贫困的生活给他们带来的压力和无奈。乐观、忙碌和安详的表情展现了战时生活在大后方的昆明人的整体形象。

今天，当我们面对克林顿·米勒特拍摄的照片，我们除了感叹几十年前的彩色昆明是如此之美外，更多感受到的是这位美国人利用他手中的相机，将处于战火中的中国最普通民众的坚韧、乐观、豁达、向上的生活态度记录下来。2005 年，在克林顿·米勒特博士的家人及昆明的金飞豹先生和各界人士的大力支持下，两百余张用世界上第一代柯达彩色反转胶片拍摄的、反映老昆明风土民情的珍贵原版胶片入藏到中国国家博物馆。这是到目前为止中国发现的第一批数量众多的彩色反转胶片。

保罗·伯彻，1915 年 6 月 2 日生于美国密歇根州冷水镇。曾在印第安纳州的福特威那读中学。后在俄亥俄州的商学院学习，毕业以后，22 岁的他来到底特律进入克莱斯勒公司工作，任《克莱斯勒汽车新闻》的助理编辑。这是一份内部刊物，面向公司的 8 万名员工发行。

当时，克莱斯勒是美国三大汽车制造商之一，在美国卷入第二次世界大战之前，克莱斯勒接到了国防部的订单，为美国陆军生产坦克。随着时间的推移，尤其是珍珠港事件之后，克莱斯勒的坦克产量逐渐增加，达到了每 3 个月生产 2000 辆的规模。1942 年和 1945 年，克莱斯勒公司停止了传统的汽车制造，全力投入军工生产。从此，自欧洲到太平洋，包括中缅战场，克莱斯勒致力于成为中国军用卡车的主要供货商。在滇缅公路上，克莱斯勒生产的道奇 T234 型卡车随处可见。

由于调动了所有的资源为战争服务，克莱斯勒又创办了另一份刊物《战争工作》，以此来全面报道该公司在各个战场的动态。伯彻的工作也从《克莱斯勒汽车新闻》转移到了它的姊妹刊物《战争工作》上。1945 年 6 月，受克莱斯勒公司委派，伯彻辗转来到中国昆明，负责报道关于道奇卡车的新闻，同时也兼做一些技术员的工作。来到昆明后，他被安排在昆明的海外卡车维修部门，该部门负责为运送战争物资的数千辆卡车服务。作为一名记者，伯彻的工作除了继续从昆明前线给《战争工作》发回报道外，还包括为运抵昆明的物资登记造册，他在这里一直工作到 1946 年年初。1945 年 12 月 21 日伯彻回到底特律，在家度过了几个星期的圣诞节假期后返回中国。

在中国期间，由于酷爱摄影，伯彻用他的 ArqusC3 型相机及柯达彩色反转胶片拍摄了大量反映昆明百姓生活及乡间风光的照片，并在 1945 年回家过圣诞节时，把这些胶卷拿到了克莱斯勒公司的冲印室冲印。

作为“二战”时期热门刊物《战争工作》的记者，保罗·伯彻以他职业特有的眼光真实地反映当时昆明的城市建筑、乡村景色、军事设施等场景，并注重画面的完整交代。他拍摄的照片构图完美，色彩鲜艳。昆明的乡间美景是保罗拍摄的重要主题——从他的镜头里可以看到绿油油的田地一马平川，红色的乡间小路蜿蜒伸向村庄，青山环抱、绿树丛生、湛蓝的天空、浓密的白云，村边的小河里，一群脸上写满了天真的儿童在戏水，阳光洒在他们光鲜的皮肤上，使人充满愉悦和快乐。骡马驮满货物去赶集，这是伯彻最喜欢的一张照片：一对骡马驮着货物在乡间土路上悠闲地行进，边上跟随的农夫头戴斗笠，在微微浮起的尘埃中，一抹斜阳照射其间，给人以安详静谧的感觉。

作为一名美国记者，中国士兵的整体风貌也是他所需要表现的重要方面，因此在他拍摄的照片中，有大量反映中国军队形象的内容，这些影像将处于大后方昆明的中国军人轻松、乐观的精神风貌表现出来。

中国西南地区的民风民俗同样是保罗·伯彻关注的主题，他拍摄的庆丰集市照片，色彩搭配非常讲究：黄色的街道，蓝色的天空，身穿蓝色和黄色服装的赶集百姓，充满在画面中央，纯朴、平和、毫不张扬的神情挂在脸上。而拓东路上的状元楼，其青灰色的瓦顶，金碧辉煌的外观给人以古朴的美感。

2005年，在有关人士的努力下，保罗·伯彻的儿子罗伯特·伯彻将他父亲拍摄的照片及当年用于拍摄，并作为罗伯特16岁生日礼物的ArqusC3型相机，一同捐赠给了中国国家博物馆。

实际上，米勒特和伯彻所留下的珍贵影像，只是“二战”期间美国对华友好处于顶点时期的见证。而如果将时针倒拨五年或者十年，这个后来看起来很“铁”的伙伴其实一度徘徊不前。

众所周知，由于历史地理等方面的因素，独立后的美国国内一直流行一种以本土安全为主的“孤立主义”情绪。而在整个20世纪30年代，这种孤立主义思潮更是渗透到美国的各个角落。当时，面对史无前例的经济危机，美国人普遍只关心本国的经济复兴，而对于美国以外的事务基本不感兴趣。在这种外交思路的支配下，奉行实用主义的美国人为谋取利润，甚至公然将各种军事物资装备和武器输入德国，支持希特勒扩军备战。令人悲哀的是，尽管当时执政的罗斯福总统希望打破孤立主义的枷锁，但是面对参议院中孤立主义拥护者的压力，他也不得不在第一个任期内于 1935 年 8 月通过了《中立法案》。该法案宣布禁止将美国的武器输往一切交战国，但对战略物资的贸易未加限制，也未禁止把武器输往其他不作战的国家。结果就在这年 12 月，当意大利入侵埃塞俄比亚时，侵略者仍然可以从美国获得原料物资，其盟友德国也可以将从美国进口的武器装备转送给意大利，而遭受侵略的埃塞俄比亚却得不到美国的任何援助。鉴于此，虽然美国一向打着"维护国际正义"的旗号，但在面对中国遭受日本侵略时，却一度表现得漠不关心。

1937 年七七事变之后的好几年内，当中国人民浴血奋战抗击日本侵略者时，南京国民政府的实权者蒋介石肯定常常感到一种莫名的孤独。因为在当时，除了能从苏联人那里获得一部分宝贵的援助之外，曾经亲密无间的德国军事顾问团被希特勒召回了，而他原本寄予厚望的"美国朋友"却迟迟没有表示。尽管南京方面不断派人去华盛顿做工作，但美国人却似乎被"孤立主义"的魔咒禁锢得格外麻木而冷漠。

早在抗日战争爆发之初，面对国民政府发出的请求，美国政府在对华政策上就采取了冷淡回应的态度。国务院的那些外交官们拒绝以"调处者"的身份采取任何措施，认为美国向中、日两国表明其对远东的敌对行动"极不赞成"就足够了。8 月 13 日，日本把战火烧到了上海，战争的全面爆发使美国政府面临着紧迫的抉择。

美国总统富兰克林·罗斯福

即便如此，参议院中以奈伊、刘易斯等"孤立主义"分子为首的议员居然强烈要求从上海撤走所有美国人，以降低美国被拖入战争的危险。好在国务院经权衡再三后认为，为了美国在华利益和整个国际关系中的利益，应该向中国增派水兵护侨。随即在罗斯福的批准下，美国向中国增派 1200 名海军陆战队士兵。为了争取美国的支持，国民政府通过各种途径呼吁其不要实行中立法。当时，蒋介石的外交代表一再强调，中国人民不但是在为生存而战，更是在为"门户开放"而战；中国只要继续从外国得到军事装备，就能顺利地抵抗日本。

　　淞沪会战期间，日本海军全面封锁中国沿海，这本来已经直接威胁和损害了美国的在华利益，但美国总统罗斯福竟这样宣布："在没有新的指示以前，凡属美国政府的商船一律禁止向中国或日本运送任何种类的军火、军用装备或军需品。"同时还声明，其他任何悬挂美国国旗的商船，如企图向中国或日本运送军用物资时，责任自负。这种表面上的"中立"，其实在间接帮助日本封锁和孤立中国。具有讽刺意味的是，虽然多年来美国一直标榜自己遵守《九国公约》，维护中国独立和领土完整，但为了维护自己眼前的经济利益尤其是出口贸易的需要，却始终不敢对日本人说"不"。有数据显示，1938年，美国输送日本的作战物资，竟占日本全部消耗额的92%！1938年7月16日，美国国务卿赫尔甚至无动于衷地发表声明说："我们一贯主张维护和平。我们主张在本国和国际上的自我克制。我们主张所有国家在推行政策时都不使用武力，不干涉其他国家的内政。"但是无论是对于当时处在水深火热中的中国人还是如狼似虎的日本人而言，这样的表态简直就是废话。

　　直到1940年日本公然扶植汪精卫伪政权后，加上日本在东南亚咄咄逼人的态势，美国政府才开始转变立场。当时，美国驻华大使纳尔逊·詹森向国务院警告说，除非华盛顿采取措施，给予蒋介石新的财政和政治援助，否则重庆的垮台迫在眉睫。而罗斯福随后才催促有关方面迅速采取行动，以加强对中国的援助。而此前，美国舆论早就开始谴责日本法西斯的侵略行为。特别是在观看了日本空袭中国上海的纪录片后，美国民众对日本侵略中国日益感到反感和愤怒。1939年6月的一项民意测验表明，同情中国者占74%，同情日本者占2%；赞同不买日货者占66%，反对者占34%；赞同对日禁运军用品占72%，反对者占28%。正是在民意的推动下，美国一方面加大了对中国的援助力度，同时也开始加大对日禁运的力度。1941年3月，美国终于通过了租借法案，中国被列入租借法案借贷国。4月10日，美国总统罗斯福又秘密发布命令：允许美国预备役军官和陆海军航空部队退役人员参加美国志愿队。也就是在此种背景下，一些美国人士不惜冒着生命危险来到危难之中的中国，开始了他们传奇般的生涯。其中，曾任蒋介石私人顾问的拉铁摩尔和著名的"飞虎队"英雄陈纳德堪称最具代表性的人物。

　　欧文·拉铁摩尔（Owen Lattimore，1900—1989）原本是美国著名汉学家，后来却以学者的身份成为蒋介石的政治顾问。拉铁摩尔之所以对中国怀有特殊的感情，是与其独特的经历分不开的。

中国人民开始全面抗战后的相当一段时期内，由于美国国内"孤立主义"的束缚，美国更多地只能在道义上对中国进行声援。图为当时美国民众游行抗议日本侵略中国

　　原来早在 1901 年，刚刚满一周岁的小拉铁摩尔便随父母来到中国，并在这个神秘的国度生活了整整 11 年。值得一提的是，在他年幼时，照顾他的女用人是宁波人，正是从后者那里，他甚至学会了讲一些宁波方言。长大后，他被父母送往欧洲接受教育，毕业于英国的圣·比斯学校。到 19 岁时，拉铁摩尔再度来中国闯荡。起先他在天津等地的洋行谋生，1922 年时幸运地获得了美国社会科学研究会奖金。从 26 岁起，拉铁摩尔开始走上学术研究之路，其主要精力都放在了研究和考察中亚地区历史及现状方面。经过刻苦努力，他不但精通汉语、蒙古语和俄语，其有关中亚的研究成果更是被西方学术界奉为权威。尤其是他的《中国的亚洲内陆边疆》一书，产生了巨大的影响。1930 年年初，拉铁摩尔被聘为北平哈佛燕京社研究员，其间还曾访问过延安。1938 年起，他返回美国执教于霍普金斯大学。随着中国抗战形势的不断发展，美国开始转变对华立场。为了更好地沟通两国关系，1941 年，拉铁摩尔应美国总统罗斯福之召出任蒋介石的政治顾问。

　　对于拉铁摩尔的到来，蒋介石起初非常热情。特别是当他发现这位美国顾问不但能流利地同他交谈，而且还能听得懂宁波话时，简直有点喜出望外。因此在

抗战期间，拉铁摩尔与蒋介石在一起

拉铁摩尔（左二）等对华友好人士在重庆，1944 年

那段时期内，身为蒋介石唯一的外国私人顾问，拉铁摩尔被许多中国官员视为炙手可热的人物。不过经过一段时间的交往后他便发现，蒋介石是一个存在许多缺陷的政治领导者，这使得双方难免产生摩擦。尽管如此，当蒋介石要求拉铁摩尔就战后处理东北、新疆和内蒙古等地问题各写一份备忘录时，后者还是竭尽全力完成了任务。而对于拉铁摩尔的工作，蒋介石也很满意。据说他甚至曾这样评价说："宋子文在美国待了这么长时间，他考虑问题时像个美国人——在我看来不是一个很聪明的美国人。你，拉铁摩尔先生，考虑问题时比他更像个中国人。"

在日本偷袭珍珠港前，除了拉铁摩尔这样的政治顾问，另一些美国人则直接奔赴抗战前线，与中国人民并肩浴血奋战，其中传奇将军陈纳德及其领导的"飞虎队"无疑是最值得书写记录的。

克莱尔·李·陈纳德（Claire Lee Chennault，1893—1958），美国空军中将，抗战时期美国援华空军"飞虎队"队长。他 1919 年从飞行学校毕业，1923 年被派往夏威夷负责指挥第 19 战斗机中队，还曾编写了一本《战斗机飞行技巧手册》。

仅从飞行业务而言，陈纳德称得上技术精湛，然而由于种种原因，他的仕途却一直很黯淡。当 1937 年从美国空军退役时，陈纳德的所有战友都成为校官，而他自己却只是一名上尉。正当他心灰意冷地准备就此结束军旅生涯之际，一封来自中国的邀请信却改变了他的后半生。

当时，面对中日间随时爆发的全面战争，南京政府开始加速发展空军力量。由于缺乏人才，有关方面便把目光投向了海外。还在 1936 年 1 月时，中国空军负责人毛邦初便曾联系陈纳德，希望他能出任中央航空学校的飞行教官。到 1937 年陈纳德退役之后，他的好友、已在中国空军服务的霍勃鲁克来信，问他是否愿意来华任职。陈纳德随即答应了邀请，于 1937 年 5 月抵达中国。6 月 3 日，蒋介石和宋美龄亲自接见了他。而时任航空委员会秘书长的宋美龄当即任命陈纳德为自己的专业顾问，并给他两架 T-13 式教练机以便视察中国空军的现状。不久七七事变爆发，跃跃欲试的陈纳德马上给蒋介石去电，表示愿在任何能尽其所能的岗位上服务。为了鼓舞军队的士气，蒋介石接受了陈纳德志愿服务的请求。随后，陈纳德又招募了部分美国飞行员组成一支志愿轰炸机中队。

陈纳德

国民政府航空委员会副主任兼军令厅厅长毛邦初，1941 年摄于重庆

在 8 月 13 日开始的淞沪会战中，上海的上空突然出现了中国空军的身影，这使中国军民大为振奋。到 10 月，中国的空军力量几乎损失殆尽，只剩下可怜的十余架飞机，飞行员只有 6 名。但是毫不气馁的陈纳德却设法招募了 4 名法国人、3 名美国人、1 名荷兰人和 1 名德国人，加

上 6 名幸存的中国轰炸机飞行员，组建起一支"国际中队"。就是依靠这样一支微弱的力量，他们成功地袭击了几个敌占区目标，给日军造成了一定的恐慌。10个月的合同期满后，在蒋介石、宋美龄的挽留下，陈纳德决定继续为中国服务。当日本人听到这个消息后，曾向美国政府施加压力，要求对方召回所有在华服务的空军人员。然而当美国国务院将此情况转告陈纳德时，后者却毫不犹豫地表示，等到最后一个日本人离开中国时，他就会高高兴兴地离开中国。不仅如此，他还在不久后就狠狠地给了日本人一次教训。

1938 年 4 月 29 日，适逢日本天皇的生日。为了给日本一点颜色，陈纳德与他的各国同事决定来一次突袭。当天清晨，日机从芜湖机场起飞气势汹汹地飞临武汉上空，企图以"战果"来为天皇庆生。不料中国空军早有准备。陈纳德事先侦得日机只有支撑从芜湖到汉口一个来回的汽油，于是派了 20 架战斗机在城南拖住日军战斗机，使他们消耗了大量汽油，然后安排 40 架苏联飞机埋伏在高空，等日机折回芜湖时把轰炸机和战斗机分开，日军战斗机因缺油不敢去保护轰炸机，中苏飞机一队攻击轰炸机，一队攻击战斗机，将 39 架日机击落 36 架，只有 3 架落荒而逃。

1938 年 8 月，受宋美龄的委派，陈纳德赴昆明筹办航空学校，训练中国飞行员。1940 年后，由于苏德战争爆发，苏联空军援华人员陆续撤离中国，中国空军力量更加削弱。1940 年 5 月，为了替中国争取尽可能多的空中援助，陈纳德返回美国。由于他的多方宣传，罗斯福总统决定对华进行军事援助。而陈纳德也几经周折最终得到 100 架 P-40 型战斗机。1941 年 4 月 14 日，罗斯福签署命令，准许预备役军官和退出陆军和海军航空部队的士兵参加赴华的美国志愿队。到 7 月陈纳德回到中国时，已有 68 架飞机、110 名飞行员、150 名机械师和其他一些后勤人员到达中国。1941 年 8 月 1 日，蒋介石发布命令，正式成立中国空军美国志愿大队，任命陈纳德上校为该大队指挥员。不久，他们在昆明初试身手。首战便对日本战机予以痛击，此后并连创击落日机的佳绩，在 31 次空战中，志愿"飞虎队"队员以 5—20 架可用的 P-40 型战斗机共击毁敌机 217 架，而自己仅损失了 14 架，5名飞行员牺牲，1 名被俘。从此，"中国空军美国志愿援华航空队"的插翅飞虎队徽和鲨鱼头形战机首名闻天下，而其"飞虎队"的绰号也顿时家喻户晓。

1942 年 2 月 3 日，宋美龄致电陈纳德，要他出任驻华空军指挥官，军衔升为准将。就这样，陈纳德从一个默默无闻的退役陆军航空上尉一跃成为世界各国的

陈纳德（右）与史迪威在一起，约 1944 年

新闻人物，骤然间成为美国家喻户晓的英雄，获得"飞虎将军"的美称。1942 年
7 月，陈纳德根据美国陆军部和蒋介石的命令，解散美国航空志愿队，而以志愿队
部分队员为主组建隶属美国陆军第 10 航空队的第 23 大队。美国航空志愿队在中国、
缅甸、印度支那作战七个多月，以空中损失 12 架飞机和地面被摧毁 61 架的代价，
取得击落约一百五十架敌机和摧毁 297 架敌机的战绩。1943 年 3 月，美国陆军航
空队将驻华特遣队编为美国陆军第 14 航空队，陈纳德晋升少将司令。陈纳德上任
后，强烈要求罗斯福总统加强驻华空军力量，夺回中国战场的制空权，并伺机攻
击日本本土。他在作战计划和指挥权等问题上与美军中国战区参谋长史迪威将军
发生冲突，而蒋介石对史迪威也多有不满，因此陈纳德得到蒋的支持。为使陈纳
德脱离史迪威的指挥，蒋介石于 7 月 12 日致电罗斯福，要求将陈纳德提升为中国
战区空军参谋长。罗斯福采取了折中的办法，同意让陈纳德担任中国空军参谋长，
指挥权限的扩大使陈纳德开始发动计划中的攻势作战。从 7 月下旬起，美日双方
为争夺制空权在华中展开了激烈的空战。陈纳德指挥美空军，仅在 7 月下旬的 8
天空战中，就击落日机 62 架。

抗战期间，鼎鼎大名的"飞虎队"

蒋介石夫妇与史迪威合影，这张照片堪称抗战期间中美两国"蜜月期"的一个缩影

　　1944年秋，蒋介石与史迪威的矛盾激化。10月18日，罗斯福决定调回史迪威，改派魏德迈来华接替他任美军中国战区参谋长。史迪威离华后，马歇尔等人就开始考虑改组在亚洲的航空队，拟将所有驻缅甸和印度的空军调往中国，由驻华的空军司令部统一指挥第10和第14航空队。陈纳德坚决反对这一改组计划，然而他没有得到华盛顿方面的支持，也没得到蒋介石的支持。1945年7月6日，陈纳德提出辞呈，魏德迈等人立即批准并任命斯通接替陈纳德指挥第14航空队。1945年8月，陈纳德带着失意离开生活了八年多的中国。八年间，他协助中国人民抗战，为打败日本侵略者立下汗马功劳。据统计，陈纳德率领的第14航空队共击毁2600架敌机，击沉和击伤敌大量商船和44艘军舰。为感谢他的卓越功绩，蒋介石和宋美龄特地设宴为他送行，并授予他当时中国的最高荣誉——青天白日大蓝绶带。1958年7月18日，艾森豪威尔总统和美国国会批准晋升陈纳德为中将。7月27日，这位在中国抗战史上有不可磨灭功绩的将军在美国逝世，美国国防部以最隆重的军礼将其安葬于华盛顿阿灵顿军人公墓。他的墓碑背面用中文写着"陈纳德将军之墓"，这也是阿灵顿公墓中唯一的中文文字。

五、有朋自远方来

　　1939年8月23日下午1时，一架飞机徐徐降落在中国战时陪都重庆的机场。在一片欢呼声中，只见一位头戴白帽的男子微笑着走下舷梯，他就是印度民族独立运动领导人贾瓦哈拉尔·尼赫鲁。当时中国正处于抗战的危急关头，陪都重庆时常遭受日军的轰炸。而在这时，与中国一山之隔的印度尚未被卷入战争。那么作为印度政治领袖的尼赫鲁，为何要选择这样一个时机，冒着巨大风险访华呢？

　　近代以来，中印两国由于相似的遭遇，一向关注和同情对方的民族解放事业。1937年抗战爆发后，印度各界就纷纷采取实际行动进行声援。孟买民众曾在日本领事馆前举行示威，反对日军进攻中国。印度大诗人、诺贝尔文学奖获得者泰戈尔也用诗句愤怒地谴责日本侵略者："他们用刺刀挑起惊天骇地、撕心裂肺的惨叫，斩断千家万户爱情的纽带，把太阳旗插入夷平的村庄的废墟上。"

1939年8月，尼赫鲁访问重庆

　　与此同时，由"圣雄"甘地和尼赫鲁等领导的印度国大党也开始从道义和物质上支援中国。1937年9月26日和1938年1月9日，尼赫鲁两次倡导"中国日"，号召各地群众举行游行集会，支持中国抗战。他在演讲中说："中国人民自古以来就与印度有着千丝万缕的友好联系，我们要像同志一样向他们伸出援助之手。对他们的危难和痛苦，我们感同身受。未来的命运把我们紧紧地联系在一起，我们要与他们荣辱与共。"此外，尼赫鲁还在百忙之中发表了一系列公开支持中国抗战的文章。

　　抗战中广为中国人民称道的印度援华医疗队，实际上也是尼赫鲁亲手促成的。1937年11月27日，毛泽东以八路军总司令朱德的名义致函印度国大党主席尼赫鲁，在对印度人民声援中国人民的抗日斗争表示感谢的同时，请求印度为八路军提供医疗方面的帮助。12月20日，尼赫鲁收到这封信后，立即发表一项声明。在声明中，尼赫鲁称赞朱德率领红军长征为"军事历史上的杰出事迹"，并决定派一支小型医疗队到中国去。这一决定很快得到了印度各界的热情支持和响应，报名的医务人员有七百多人。1938年9月1日，由五名印度医生组成的医疗队乘船离开孟买，辗转新加坡和中国香港等地进入内地，中国人民所熟悉的柯棣华大夫就是医疗队中的一员。而鲜为人知的是，援华医疗队的队长爱德华大夫还是尼赫鲁的亲戚。

　　为了给中国抗战以更大的支持，在派出医疗队一年后，尼赫鲁又在甘地的支持下，决定亲自访问危难中的中国。

　　作为享有崇高威望的政治领袖，甘地一直非常关注中国人民的解放事业。七七事变爆发后，甘地严厉谴责日本对中国的狂轰滥炸和烧杀抢掠，称日军是"野狼"。中国政府也很重视这位印度领袖的支持，蒋介石曾先后两次邀请甘地访华，可惜由于种种原因而未能成行。1939年，为进一步了解中国的实际情况，甘地特地委派尼赫鲁前往重庆实地考察。

　　当时，中国的抗战正处于极度困难中，国民政府被迫退到西南一隅，陪都重庆更是屡遭日军的猛烈轰炸，所以尼赫鲁之行充满了危险。8月23日，在历尽艰险后，尼赫鲁终于飞抵重庆，准备对中国进行为期一个多月的访问。在当时发表的声明中，尼赫鲁明确指出，此行的目的是考察中国抗战的实际情况，以借鉴其经验与教训为印度民族解放运动作准备；同时代表国大党以及印度人民，向中国抗战表示深刻的关怀和同情。按照他的计划，除在战时首都重庆各地参观访问外，

蒋介石会见印度客人

　　还准备前往成都，然后转往西北各地，实地考察中国共产党及其领导下的各抗日根据地的情况。

　　在重庆期间，尼赫鲁受到了中国人民的热情款待。他不但多次与国民政府军政要员蒋介石、孔祥熙、陈诚等人会晤，商讨中印合作及印度革命方略等问题，还多次发表讲话，对中国人民的英勇抗战表示了高度赞誉和同情。在重庆期间，尼赫鲁目睹了日军大轰炸后的惨景，感受到了中国人民坚持抗战的精神。

　　8月30日，尼赫鲁由重庆飞往成都，准备在那里参观后转赴西北、华北前线视察，并与仰慕已久的中共领导人会面，借鉴八路军的抗战经验。不料在9月1日，尼赫鲁突然接到印度国内急电，称欧洲爆发战争，催促他迅速回国。尼赫鲁不得不取消原定计划。9月5日，在中国访问了13天的尼赫鲁乘飞机返回印度。正是基于对中国人民抗战的切身了解，后来他在自传中深有感触地说："我想，不会有任何力量能够摧毁这个古老而又年轻民族的精神。"

　　尽管尼赫鲁此次访华最终错失了与毛泽东见面的良机。不过有趣的是，他们当时的一些书信往来，却使两位政治领导人建立起一种特殊的"交情"。

　　早在 1939 年 5 月 4 日，毛泽东就曾写信给尼赫鲁，对派出援华医疗队一事表示感谢。7 月 11 日，尼赫鲁回信称："我们许多年来怀着敬仰，关注着您的事业与八路军的命运……如果国际形势允许的话，我很可能在八月底或九月到中国做短期访问。如果我去了，殷切希望能有幸会见您，并向八路军致敬。"

　　尼赫鲁到达重庆后不久，毛泽东就发电报邀请他访问延安。9 月 2 日，最终未能成行的尼赫鲁复电毛泽东说："我极想到延安观光并拜访您，但欧洲战争爆发，以致局势严重，使我必须立即返印。我很遗憾，竟这样突然地离开中国。但我希望能再有机会到中国来。我谨向您和英勇的八路军致敬，谨祝中国解放事业成功。"回国前一天，尼赫鲁在八路军驻渝办事处的招待会上再次真诚地表达了这一愿望，言语中充满了对不能到延安访问的遗憾。

　　就在尼赫鲁秘密访问中国两个月多后，在中国北方唐县一个名叫黄石口的小

白求恩受到根据地军民的热烈欢迎

1938 年秋，山西五台松岩口模范医院开幕典礼后，白求恩与晋察冀抗日根据地领导干部合影。（左起）胡仁奎、聂荣臻、邓拓、白求恩、宋劭文、潘自力、叶青山

白求恩在八路军抗战前线为伤员做手术

山村，一位名叫白求恩的国际友人静静地离开了这个世界。

诺尔曼·白求恩（Norman Bethune，1890—1939）本是加拿大著名的外科医生。1916年毕业于多伦多大学医学院，曾在英国和加拿大担任过上尉军医、外科主任，1922年被选为英国皇家外科医学会会员，1935年被选为美国胸外科学会会员、理事。作为一名在国际医学界享有相当威望的胸外科医生，白求恩完全可以过着优裕、安定的生活。然而共产党员的身份却促使他做出了重大的人生选择，那就是以自己的专长为国际共产主义事业服务。1936年西班牙内战期间，他就曾作为志愿者去马德里参加过反法西斯斗争。抗日战争全面爆

抗战期间著名国际友人白求恩大夫

发后，白求恩又受组织的派遣，于1938年3月率领一个由加拿大人和美国人组成的医疗队来到延安，开始援助中国人民的抗战事业。他凭借着精湛的医术和先进的医学理论，为晋察冀边区八路军医疗事业的发展作出了巨大贡献。为了减少伤员的痛苦和伤残，他不顾生命危险，把手术台设在离火线最近的地方。令人感动的是，在1939年的一次手术中，当一名伤员急需输血时，这位"洋大夫"毫不犹豫地主动献血。当毛泽东下令给白求恩每个月支付100元酬劳时，后者却表示："我自己不需要钱。因为衣食等一切均已供给。该款若是由加拿大或美国汇给我私人的，请留作烟草费，专供伤员购买烟叶及纸烟之用。"就在这年10月下旬，在河北涞源县一次战斗中抢救伤员时，白求恩不慎被手术刀割破左手中指，后又在给一名外科传染病伤员做手术时受到感染。由于当时敌后药品奇缺，终因伤势恶化转为败血症，医治无效，于11月12日凌晨在河北省唐县黄石口村逝世。临终前，他所说的最后一句话是："我相信，中国人民一定会获得解放。"

白求恩逝世后，11月17日，晋察冀边区各界为他举行了隆重的葬礼。出于对这位国际友人的敬意，12月1日，延安各界举行追悼大会，毛泽东题了挽词。12月21日，心绪难平的毛泽东又撰写了《学习白求恩》一文，这就是后来著名的

《纪念白求恩》。时至今日，相信无数的中国人还对文中的经典评价深有同感："一个外国人，毫无利己的动机，把中国人民的解放事业当作他自己的事业，这是什么精神？这是国际主义的精神，这是共产主义的精神，每一个中国共产党党员都要学习这种精神。……一个人能力有大小，但只要有这点精神，就是一个高尚的人，一个纯粹的人，一个有道德的人，一个脱离了低级趣味的人，一个有益于人民的人。"

抗战之初，虽然中国在战场上遭遇到了极大困难，在争取友邦援助方面也处境窘迫，但是众多国际民间友好人士的存在，也使我们当时苦难的民族感受到了些许温暖。抗战胜利后，当国人回顾这些人士所作的努力时，更是倍感珍贵。关于这一点，在南京大屠杀发生前后表现得尤其典型。

1937 年 12 月 13 日，在经历了一场血战之后，日军终于占领了国民政府的首都南京。而在此后的一段时间里，人类历史上最黑暗的一幕在日军的屠刀下产生了。为了从精神上彻底摧垮中国军民，日本法西斯竟毫无人性地在这座城市内展开了疯狂的烧杀淫掠。于是在众多西方人的眼皮子底下，无数的中国军人和百姓被屠杀，无数的妇女被奸淫，无数的财富被掠夺。具有讽刺意味的是，为了粉饰太平，并给国际社会一个交代，恬不知耻的日本人居然通过种种方式，将自己包装成"和平的使者""中国人的救世主"。在占领南京后，日本人便通过自己设在上海的媒体《新申报》竭力展开宣传。12 月 27 日，该报曾发表一则日军"关照"中国伤员的报道："目前，日本医生在为这些中国士兵治疗，他们因此很感激日本军队。一个中国士兵腿部中弹受伤，为他治疗的医生寿谷大夫问及他身体情况和是否有兴趣继续当兵时，他回答说：不，但是如果我必须继续当兵的话，我愿意为日本而战。"另外，日本人还张贴各种宣传画、海报与布告显示其"友善"。其中有这样一幅招贴画：一名微笑的中国妇女和她的儿子跪在一个日本士兵跟前，这个士兵正递给他们一块面包。

然而在铁证面前，日本人的狡辩却引起了许多西方正义人士的谴责。特别是作为南京安全区国际委员会成员还有国际红十字委员会南京分会成员的二十多位西方人士，他们本着人道主义和良知，以电报、书信、日记或者影像资料等形式作了大量的记录，尽力向外界传达日军的暴行。例如国际红十字会的费吴生（乔治·费奇），就曾在他的日记中将报纸上美化日军的描写称为"令人作呕的文字"。在这类记录方面，英国记者田伯烈及其《外人目睹中之日军暴行》堪称影响最大者。学术界的研究表明，在向外界公开揭露侵华日军南京大屠杀暴行的文献资料中，

1940 年，晋察冀边区举行白求恩墓落成典礼

田伯烈于 1938 年编写出版的《外人目睹中之日军暴行》(*What War Means, the Japanese Terror in China*) 一书有着重要地位。他是世界上第一个向外界全面、系统、公开地揭露南京大屠杀暴行的西方人，也是世界上第一个公布日军在南京及沪宁一线屠杀中国平民数量"达 30 万以上"的人。

田伯烈 (Harold John Timperley，1898—1954) 是英国著名记者，出生于澳大利亚。1936 年 5 月，由于其早年曾担任多家媒体的驻华记者，他受《曼彻斯特卫报》的委派来到上海观察中国战局。田伯烈对中国人民有着深厚的感情，热心公益事业，曾担任北平协和教会教友会主席。到上海后，他又被"中国华洋义赈救灾总会"选为中央委员会委员。抗日全面战争爆发后，华洋义赈会联合中国红十字总会、慈善团体联合救灾会、世界红十字会等团体组织成立上海国际救济会，田伯烈被推为该会委员。淞沪会战中，他利用自己的社会地位和记者身份，成功地组织了上海南市安全区以收容安置难民。当南京被攻陷后，作为一名虔诚的基督

侵华日军暴行

徒，一位对中国深表同情的国际友人，田伯烈对于日本侵略者枪杀奸淫劫掠的行径深感痛恨，最终在正义感的驱使下冒着极大的风险走上了搜集日军暴行证据的道路。

面对日军在南京的暴行，为了揭穿侵略者对全世界无耻的舆论欺骗，田伯烈出于新闻工作者的正义感，开始以自己的实际行动撕下日本人的面具。1938 年 1 月 16 日，他拟写了一份新闻电稿准备拍发给《曼彻斯特卫报》："自从几天前回到上海，我调查了日军在南京及其他地方所犯暴行的报道。据可靠的目击者直接计算及可信度极高的一些人的来函提供充分的证明：日军的所作所为及其继续暴行的手段使我们联想到阿提拉及其匈奴人。不少于 30 万的中国平民遭杀戮，很多是极其残暴血腥的屠杀。抢劫、强奸幼童及其他对平民的残酷的暴行，在战事早已于数星期前即已停止的区域继续发生。"在这份电稿中，田伯烈首次向世人披露了在南京及其他地方惨遭日军杀戮的中国平民的具体数字——不少于 30 万。毫无疑问，即便放在整个人类历史上，这也是一个骇人听闻的数字。同时为了让西方人能更直观地认识日本人的残暴，田伯烈毫不客气地将他们比喻为"阿提拉及其匈奴人"，而后者在中世纪欧洲历史上同样曾留下过血腥屠杀的恐怖记忆。可想而知，如果这份电稿发到欧洲，那对日本人而言将意味着巨大的舆论压力。就在 16 日当天晚上，负责新闻审查的日本官员发现了田伯烈的这份稿件，随即要求他进行修改。田伯烈断然拒绝了日方的无理要求，并就拍发新闻电稿受到日本军方盘问一事通过英国总领事馆向日方提出抗议。而在此后，日本人便将田伯烈视为眼中钉，一方面极力阻挠其向外界拍发新闻电稿，另一方面又四处造谣说他系受国民政府指使。但是田伯烈并未因此屈服，他转而开始从各种渠道搜集文件凭据，并最终决定编写《外人目睹中之日军暴行》一书。

由于得到当时在南京从事难民救济的贝德士、史迈士、米尔士、费吴生、马吉等国际友好人士的大力协助，田伯烈仅用了两个月的时间就完成了《外人目睹中之日军暴行》的编写工作。4 月初，他携带着书稿返回欧洲。6 月，该书的英文版相继在伦敦、纽约出版，一个月后在汉口发行了中文版。通过编写出版《外人目睹中之日军暴行》一书，田伯烈希望全世界明白，日军在南京及中国其他地方所犯的种种暴行，完全是日本最高军事当局有意识、有计划地实施恐怖政策的结果；而为了维护国际和平和安全，英美等国应该立即行动起来援助英勇抗战的中国人民。值得一提的是，该书不但在当时中国引起了巨大反响，抗战结束后还成为清算日本侵略者罪行的有力证据之一。

与田伯烈的行为类似，当年另一位国际友好人士约翰·马吉（John Magee，1884—1953）也曾冒着生命危险搜集了大量有关日本暴行的第一手证据。马吉是一名来自美国的传教士，南京大屠杀期间担任国际红十字会南京委员会主席及南京安全区国际委员会委员。1937年年底日军占领南京后，马吉选择留下来，随即与拉贝、魏特琳等在国际友好人士组成了南京安全区国际委员会，并被选为南京国际红十字会委员会主席。面对日本侵略者的残暴，这位美国牧师曾在12月19日的一封信中写道："过去一个星期的恐怖是我从未经历过的。我做梦也没有想到日本兵是如此的野蛮。这是屠杀、强奸的一周。"他还愤慨地指出："我想人类历史上已有很长时间没有发生过如此残暴的事了，只有当年土耳其人对亚美尼亚人的大屠杀堪与比拟。日本兵不仅屠杀他们能找到的所有俘虏，而且大量屠杀不同年龄的平民百姓。就像在野外猎杀兔子一样，许多百姓在街上被日本兵随意杀掉。"虽然没有能力阻止日军的罪恶行径，但马吉仍想方设法利用所能调动的一切资源和手段帮助和救治中国人。

在随后的几个月中，马吉给家人写了很多信件，其中几乎全是对日军暴行的记录。尤其珍贵的是，他还拿起当时自己的家用摄像机，冒着生命危险拍摄起了纪录影片，希望通过这种方式搜集日军的罪证。就这样，在极其艰难的条件下，马吉秘密拍摄了大量日本施暴的镜头。1938年1月19日，他委托美国基督教青年会传教士乔治·菲奇将自己拍摄的部分胶卷偷偷运到上海。在那里，田伯烈等外籍人士对胶卷进行了剪辑。随后，这部短短的纪录片由上海柯达公司制作了4份拷贝，分别寄往英国、德国和美国，其中一份被存放于美国国家档案馆。据马吉的后人回忆，当年这部影片在美国放映时，许多观众因受不了血腥镜头的刺激，竟当场晕倒过去。战后，在远东国际法庭上，马吉曾出庭作证，向法官陈述他在南京亲历的种种日军暴行。

当然，我们还必须铭记其他几位著名的国际友好人士。正是由于他们的存在，总算为当年人间地狱般的南京带来了几丝光明。其中，魏特琳女士和拉贝先生，都无愧于"活菩萨"的尊称。

明妮·魏特琳（Minnie Vantrin，1886—1941），美国传教士，中文名华群，1919年至1940年5月，于金陵女子文理学院任职。在侵华日军南京大屠杀期间，魏特琳留守南京。她不但收容和保护了一万名以上的妇孺难民，而且以日记的形

南京安全区国际委员会和国际红十字会南京委员会部分成员合影。左起：马吉、米尔士、拉贝、史迈斯、史波林、波德希伏洛夫

式留下了大量珍贵的史料。

　　日军占领南京后，魏特琳女士与一些国际友好人士一起，利用金陵女子文理学院地处市中心的位置优势，组织成立了"南京国际安全区"，成为专门收容妇孺的避难所。在当时极其险恶的环境中，这位柔弱的女子便承担起了阻止日军强暴中国妇女的艰巨任务。尽管当时日本人尚未与英美等国撕破脸，但国际安全区的布告对他们依然没有任何约束力。在日军进城的头十天里，每天至少有10—20群日本兵到学院抓人，强奸妇女、抢劫钱财。他们不仅从学校的大门、侧门强行入内，还翻越围墙进校园，甚至在夜间从学校低矮的篱笆上爬过来，在无灯光的大楼里，楼上楼下乱摸一气，摸着一个妇女就强奸。为了保护中国妇女，魏特琳女士一面组织校内教职员工巡逻校园，一面请来在"国际安全区"服务的外籍男士轮流守夜。不少日本兵因此十分恼怒，常常拿着血迹斑斑的刺刀威胁她，有的野蛮地打她耳光。1938年1月28日，日军强令关闭"安全区"的难民所。作为南京大屠杀的重要见证人，魏特琳曾在日记中这样写道："我们这些人认为战争

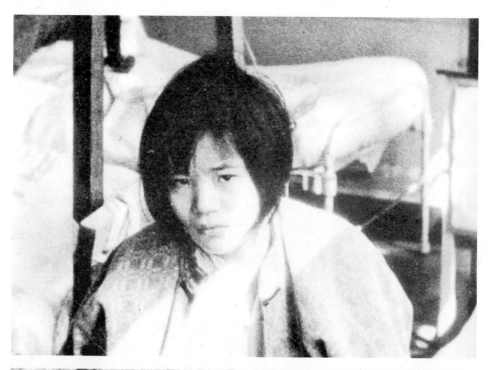

马吉拍摄的记录日军暴行罪证照片

是民族的罪行，是违反在天地万物心灵深处的创世精神的一种罪过，但我们可以把自己的力量奉献给那些无辜受害者，以及献给那些家庭被烧、被抢，或是那些在战争时期被大炮、飞机炸伤的人，帮助他们康复。"正是由于她的勇气与善良，当时许多南京市民都亲切地称她为"活菩萨"。而不久后，为了表彰魏特琳女士的巨大贡献，国民政府授予她采玉勋章，这也是当时奖励外侨的最高荣誉。

魏特琳在金陵女子文理学院校园内的留影

然而与此同时，由于目睹了日军在南京城中的暴行，魏特琳女士的精神与肉体也受到了严重创伤。结果在南京大屠杀结束后不久，她的精神就彻底崩溃，不得不于 1940 年 5 月回到美国接受精神治疗。她在日记中写道："多年来我深深地爱着金女大，并且试图尽力帮助她。"她这样说了，也确实这样做了，但是现在她将不得不离开她无限热爱的一切。1941 年 5 月 14 日，也就是她离开中国一周年后，魏特琳女士打开公寓厨房的煤气开关，结束了自己的生命，时年 55 岁，而她临终前所留下的遗言是："如果我有两次生命，仍愿为华人服务。"

相比之下，德国人约翰·拉贝（John H. D. Rabe，1882—1950）在南京大屠杀期间的壮举更为后人熟悉。1909 年，拉贝来到中国，随即进入了德国西门子公司工作，先后成为北京、天津分公司的经理。1931 年 11 月，他出任南京分公司经理，后来还成为南京地区纳粹党的领袖。如前所述，1930 年中德两国之间的经济、军事关系极为密切，因此如果不出现重大变故，拉贝肯定会在中国生活得平静而富足。然而天有不测风云，抗日全面战争爆发后，日军很快占领了南京。虽然身为纳粹党员，但拉贝显然对日本法西斯的暴行并不认同。为了尽可能帮助中国百姓，他主动留下来担任了南京国际安全区的主席。

当时，在拉贝等国际友好人士组织成立的南京国际安全区内，居然聚集了近

日军在南京烧杀抢掠期间，魏特琳女士等人组织成立的"南京安全区国际委员会"，尽力保护了很多中国百姓
图为魏特琳（左一）与红十字会施粥处工作人员合影

魏特琳（左二）1941年在美国圣路易斯与友人合影

三十万难民。为了帮助这些难民，他充分利用自己"纳粹党员"的身份与日本人交涉，阻止他们的种种暴行，并在此期间写下了著名的《拉贝日记》。可以说，在当时的南京城内，这位德国人绝对是数十万难民最大的"保护伞"，中国百姓纷纷称他是"活菩萨"。虽然在那样险恶的形势下，个别人的努力无异于杯水车薪，但拉贝却始终以自己的努力帮助中国人。直到 1938 年 2 月被西门子总部召回德国时，他还将躲在自己家养伤的中国飞行员王光汉安全护送到香港。回到德国后，尽管德国政府已经决定与日本结盟，但愤怒的拉贝仍在柏林作了五场报告，向广大德国民众揭露日军在南京的暴行。所有这一切，自然招致了纳粹当权者的不满，盖世太保曾对他进行审查与迫害。不过"二战"结束后，当拉贝因其纳粹党员的身份而陷入困境时，中国人民并没有忘记他的功绩。来自南京市民的捐助和国民政府的补贴经常被寄到德国，帮助这位国际友人渡过了一道又一道难关。

第三章 中国的抗争

生存还是死亡？这已不是问题。面对日寇的铁蹄和屠刀，无数中国人拿起武器走向战场，这是近代中国最伟大的一次抗争。在这次长达十四年的抗争中，尽管中华民族付出了沉重的代价，但在血与火的洗礼中，却播下了希望的种子。无怪乎后世历史学家往往将抗日战争视为中华民族"复兴的枢纽"。

一、东方的"敦刻尔克"

提起第二次世界大战，人们总会对一些经典的画面留下深刻印象。其中，号称创造了军事奇迹的"敦刻尔克大撤退"一直是西方军事史上津津乐道的话题。的确，在1940年5月的欧洲战场上，面对德国军队势如破竹的攻势，英国远征军和部分法国军队33万人一路溃退，最终被迫龟缩在法国北部海港城市敦刻尔克听天由命。为了拯救这支部队，英国人在危难之际没有放弃，而是全民动员，倾尽全力，以惊人的速度抢运回了大部分士兵。虽然他们失去了几乎全部武器和数万士兵的生命，但毕竟为日后保留了宝贵的命脉。然而又有多少人知道，其实早在两年前，已经率先与日本法西斯展开较量的中国人同样曾上演过类似的奇迹，而其不可思议的指数甚至更要超过"敦刻尔克大撤退"。

在全面抗战爆发后，鉴于东部沿海岌岌可危的形势，为了保存国家的经济命脉，南京国民政府开始着手实施工业撤退。1937年9月27日，国民政府军事委员会设立工矿调整委员会，开始全面负责战区工厂的内迁工作。在极其仓促的情形下，

1940年5月，欧洲战场上的"敦刻尔克大撤退"

大批沿海和临战地区的工厂，特别是兵工厂陆续内迁。然而在最初，由于南京方面对战争形势估计不足，将内迁工厂的首选目标定为长江中游的核心城市武汉。他们认为，离前线较远的武汉应该比较安全，因此下令由上海等地撤出的工厂集中在武汉。到1938年年初，大量的企业设备和内迁人员云集在这座华中最大的城市。不过就在此时，日军已准备对武汉发动大规模进攻了。在占领南京后，日军又马不停蹄地一路溯长江而上，矛头直指武汉。日本人非常清楚，只要攻下武汉，中国政府的抗战将遭受致命打击。4月，日军动用绝大部分侵华兵力沿长江和平汉线夹击武汉。

武汉会战开始，中日双方总共动用了上百万军队。尽管中国军队顽强抵抗，但战场上的形势日益危急。在这种情况下，蒋介石被迫改变最初的决定，提出要在平汉、粤汉线以西的地带建立新的工业中心，以西南、西北作为抗战救国的大后方，并明确指令工矿调整委员会迁移战时工业时，要以四川、贵州、湖南省西部为主，将各厂继续内迁，以保证后方生产的安全。于是国民政府经济部与在武汉的内迁厂方代表和单位商定，将所有已撤至武汉的工厂设备及机关、学校再次迁往长沙、宜昌、重庆等地。

显而易见，这次内迁任务能否完成，将直接决定民族的生死存亡。作为内迁至重庆的重要中转站，宜昌这座城市顿时成为举国关注的焦点。当时，国民政府紧急组织 10 万民工，昼夜奋战抢修了汉宜公路，最终保障了三千余辆汽车、四千余辆人力车和马车以及十多万难民顺利抵达宜昌。紧接着，日军又发动了著名的枣（阳）宜（昌）会战，妄图将中国最后的命脉扼杀在宜昌。于是国民政府一方面派重兵拦截日军的进攻，与敌人展开了殊死较量，而另一方面焦急地企盼着奇迹的上演。最终，这个奇迹出现了，这便是著名的"宜昌大撤退"。与欧洲的"敦刻尔克大撤退"相比，它的神奇程度毫不逊色，这两个奇迹之间唯一不同的是："敦

抗战初期，工业大规模内迁的情形

卢作孚，1936年

刻尔克大撤退"的主导者是英国政府，而"宜昌大撤退"的主导者却是一个人。这个人，就是近代著名实业家、民生公司的创始人卢作孚。

卢作孚（1893—1952），重庆合川人，近代爱国实业家、教育家、社会活动家，民生公司的创始人、中国航运业的先驱。他自幼天资聪颖而好学，虽因家境贫寒而小学毕业即辍学，但却凭着惊人的毅力自学成才，后来居然能开办补习学校讲授中学数学。民国初年，他在成都先后担任《群报》《川报》编辑、主笔和记者，1919年接任《川报》社长兼总编辑。为了实现"教育救国"的理想，他还于1924年在成都创办民众通俗教育馆，并建成各种陈列馆、博物馆、图书馆、运动场、音乐演奏室、游艺场。在这些教育实践归于失败后，卢作孚又走上了"实业救国"的道路。1925年秋，决心"弃学从商"的他回到合川创办民生实业公司。在友人的支持下，白手起家的卢作孚筹得8000元资本，亲赴上海订购载重70.6吨的浅水铁壳小船一艘，于1926年秋驶回重庆，取名"民生"，开辟了嘉陵江渝合航线。由于经营得当，服务一流，第一年就获利两万余元。接着他又联合中国航运同行与外国轮船竞争，迫使他们退出长江上游，而民生公司则在此过程中迅速壮大，到1935年已拥有轮船42艘、吨位16884吨、职工2836人、资产730万元，经营了川江航运业务的61%，并相继在上海、南京、武汉、宜昌等地设立分公司，成为当时中国最大的航运公司及实业集团之一。

据说在当年，民生公司船舱和职工宿舍的床单上都印着一句话："作息均有人群至乐，梦寐勿忘国家大难。"由此可见，卢作孚心忧天下的胸怀。后来的事实表明，这位志气不凡的实业家绝非空喊口号。

抗战爆发后，卢作孚先被任命为军事委员会水陆运输管理委员会主任，后又被任为交通部次长，坐镇武汉、宜昌等地指挥水上内迁。从1938年3月起，集中于武汉的数百家工厂便开始内迁。在短短数月间，民生公司就抢运了金陵兵工

卢作孚创立的民生公司重庆总公司办公楼

厂、巩县兵工厂、汉阳兵工厂、汉阳泸河沟铁厂的设备器材以及大量的民用物资。
1938 年 5 月，经与国内另一大航运巨头轮船招商局商定，后者承担由武汉到宜昌
的运输，而民生公司则承担了由宜昌到重庆的抢运任务。不久后，卢作孚飞抵宜昌，
然而呈现在面前的又是什么样的情景呢？

　　当时，由于国民党政府宣布迁都重庆，并确定西南为战时大后方，大批人员
和物资也随即涌向西南。特别是在武汉会战开始后，这股大撤退浪潮更加高涨。
而作为进出四川的主要水上枢纽，距离武汉仅 300 公里的宜昌便成为这些人员和
物资的聚集地。因为自宜昌而上，长江航线只能通行 1500 吨以下的船只，并且弯
曲复杂，滩多浪急，险象环生，有的地方仅容一船通过。这就意味着，所有撤退
人员和物资在抵达宜昌后，只能换乘大马力小船才能进川渝地区。随着大撤退浪
潮的不断涌入，小小的宜昌城顿时变得拥挤不堪。据记载，当时宜昌城内只有十
余万人口，但却被滚滚而来的难民和源源不断运来的战时物资撑得爆满，各种滞
留人员最多时达 3 万人。虽然所有人都焦急地盼望能尽快上船，但由于人多船少，

宜昌大撤退期间，民生公司的船只"民风"号与"民生"号

许多人为购买一张船票，往往一等就是半个月或一个月。那一段时间，宜昌城内几乎所有的旅店、客栈乃至学校都挤满了人，很多人甚至只能露宿街头。与此同时，宜昌江边各码头都被亟待转运的货物拥塞得水泄不通，而这些物资，可谓当时全国工业的家底。如果不及时转运，那么这些物资将遭到日军的轰炸。

　　幸运的是，民生公司还在，卢作孚还在。就在武汉沦陷之际，卢作孚还曾接到国民政府军事委员会的一道密令，要求他把所有的船都沉入江底，阻断航道，以此来遏制日军的进攻。事实上，当时包括招商局、大达公司等航运业巨头在内的许多船只都被迫炸沉了。然而在卢作孚的坚持下，民生公司的船只被保留下来了。卢作孚之所以这样做，并非是怀有私心，也并非是利用自己身为交通部次长的特权牟取私利，而是有着更长远的眼光。他认为，如果在危急时刻炸沉民生公司的船只，虽然可能暂时阻断敌人的进攻，但对于中国而言却无异于自绝后路。因为在接下来的大撤退中，只有民生公司的船才能在长江上游的宜昌到重庆段航行，如果把民生的船炸沉了，从宜昌到重庆的撤退与支援前线就基本没有希望了。权衡再三，卢作孚最终没有执行军事委员会的命令，而是将民生公司全部的力量投入到宜昌大撤退中。

　　1938 年 10 月 23 日，顶着巨大压力的卢作孚抵达宜昌。一下飞机，他便被眼前的景象震惊了：不足两平方公里的宜昌城内，几乎到处都是人。而在码头上，堆积如山的货物格外扎眼。正如卢作孚后来所回忆的：全中国的兵工工业、航空工业、重工业、轻工业的生命，完全交付在这里了，而整个航运却因忙于各种交涉而陷入停顿。放眼望去，江面上偶尔有几艘孤零零的船只在缓慢地前行，上面则挤满了乘客，就连船头烟囱上面都有几十个难童。当他来到民生公司宜昌分公司时，只见楼上楼下都是焦急盼望购船票的人和请客、交涉、请求安排货物上船的人，更有一些人为了争运货物，甚至有个别武装押运货物的军官，气势汹汹地掏出手枪威胁公司职员安排船只。目睹如此混乱的场面，据说当时卢作孚大喊一声："请回去，所有人都明天见。"紧接着，他便召开了招商局、三北轮埠公司、民生实业公司等航运单位及兵工署、经济部资源委员会等货运单位参加的抢运军工物资紧急会议，当即提出以迅速抢运人员物资为目的，并连夜做出一份紧急运输方案。10 月 24 日清晨，他亲自向各机构代表进行部署。

　　必须指出的是，当时的季节对宜昌大撤退也极为不利。因为通常从 10 月中旬开始，长江上游只剩下 40 天左右的中水位，此时吨位较大的轮船还能勉强航行，而在此后便是漫长的枯水期，届时装载大型设备的船只根本无法进行入川渝。这就意味着，所有的人和货都必须在 40 天内运走。与此同时，当时能走峡江的只有民生轮船公司的 22 艘轮船和 2 艘外轮，而民生公司单艘船运载量只有 200—600 吨。如果依当年运力简单计算，要想把聚集在宜昌的全部人员与货物运至重庆，将需要整整一年的时间。但是老天爷只给民生公司留了 40 天的时间，要在如此短的时间内完成如此大的运输量，除非出现奇迹。

　　然而卢作孚与他的民生公司硬是创造了奇迹！

　　尽管卢作孚原本只是一名实业家，但面对如此艰难的任务，他却显示了一名战略家的天赋与才华。首先他在人员与船只方面进行了紧急调度：调民生副总经理童少生兼任宜昌分公司经理，组织四十余名经验丰富的船长、领江到各轮领航；将民生公司可动用的船只 22 艘全部集中在宜昌使用，开足马力往返于宜昌至重庆之间，并在这段航线征用大小木船两千余只；在沿江各港口增设码头，并在三斗坪等沿三峡江岸城镇增设转运站，增加趸船，雇用搬运码头工达 3000 名。最为重要的是，他大胆提出了著名的"三段航行"方案，即宜昌以上分三段航行，船只按吃水深度和马力大小分段使用。方案具体步骤为：宜昌至重庆，去时溯江而上，要走 4 天，返回顺江而下需 2 天，来回一趟 6 天。为了缩短运载时间，整个运输划分为三段航行，即宜昌至三斗坪为第一段，三斗坪至万县为第二段，万县至重庆为第三段。每艘船以吃水深度、马力大小为基本依据，用一部分船只先运货物至三斗坪，当即返回，再由公司调船运至万县或直运重庆；对重要物资和大型货物则由宜昌直接运至重庆，并在重庆满载出川抗日的士兵，再顺江而下。在运输过程中，卢作孚对特殊群体进行了充分照顾。例如为了尽快抢送难民难童，他对客运舱实行"坐票制"，将二等舱铺位一律改为坐票，这就可以增加一倍以上的客运量。同时他降低收费，对公教人员实行半费，对战区难童免费，对货物运费只收平时的十分之一。

　　10 月 24 日，第一艘满载着物资和人员的轮船起航，驶离宜昌码头。在随后的 40 天里，几乎每天都有二十多艘轮船、八百五十多只木船不停地在峡江来回穿梭。为了解船只航行情况，卢作孚每天都要到宜昌各个码头视察，深夜还要到江边各个码头去检查装货情况。不几天，三峡纤夫的照片便刊登在美国报刊上，并在西方社会引起了强烈反响。

　　在那 40 天里，尽管上有敌机轰炸，下有惊涛骇浪，但由民生公司担当主力的

"宜昌大撤退"始终有条不紊地进行着。在卢作孚的周密部署和强有力的指挥下，抢运任务从未中断。事后，这位几乎以一己之力支撑了危局的实业家曾这样自豪地描写说，当时"每晨宜昌总得开出五只、六只、七只轮船，下午总得有几只轮船回来。当轮船要抵达码头的时候，舱口盖子早已揭开，窗门早已拉开，起重机的长臂，早已举起，两岸的器材，早已装在驳船上，拖头已靠近驳船。轮船刚抛了锚，驳船即已被拖到轮船边，开始紧张地装货了。两岸照耀着下货的灯光，船上照耀着装货的灯光，彻夜映在江上。岸上每数人或数十人一队，抬着沉重的机器，不断地歌唱，拖头往来的汽笛，不断地鸣叫，轮船上起重机牙齿不断地呼号，配合成了一支极其悲壮的交响曲，写出了中国人动员起来反抗敌人的力量"。

进入 11 月后，由于日本政府宣称要"彻底消灭国民政府"，建立"东亚新秩序"，所以加紧了对湖南、湖北的进攻，而宜昌则成为他们轰炸的主要目标。可想而知，在如此艰险的环境中，民生公司的运输船队几乎完全暴露在敌人的枪口之下。这种情形，与后来在敦刻尔克所发生的一幕是多么的相似！一方面，宜昌至重庆航程近千公里，十多个县，险滩多达数百处，同时高空还有敌机不间断地在峡江航线轰炸，以至于民生公司的船队每天都有损失的消息传来，每天都有员工献出生命。仅仅在这 40 天的大撤退运输中，民生公司就损失轮船 16 艘，116 名公司员工牺牲，61 人受伤致残。到宜昌沦陷前，民生公司运送部队、伤兵、难民等各类人员总计一百五十余万人，货物一百余万吨，其中包括 2 万吨空军器材和广东炮厂的物资。令人难以置信的是，此次宜昌抢运的物资、人员竟相当于民生公司 1936 年的总运量。在预定的 40 天内，他们奇迹般地运完了全部人员，运走了 2/3 的机器物资，当长江水位降到已经实在无法组织大规模运输时，宜昌沿江只剩下了一些零零星星的废铁。至此，"宜昌大撤退"奇迹般地胜利结束了！

对于当时正处于关键时刻的中国抗战而言，"宜昌大撤退"在工业、军事方面所发挥的作用是不言而喻的。据统计，当时仅从宜昌抢运出的部分单位就有：兵工署 22 厂、23 厂、24 厂、25 厂、金陵兵工厂、陕厂、巩县分厂、汴厂、湘桂兵工厂、南昌飞机厂、宜昌航空站、航委会无线电厂、航委会安庆站、扬州航空站、钢铁迁建委员会、申钢厂、大鑫钢铁厂、恒顺机器厂、天元电化厂、新民机器厂、中福煤矿、大成纺织厂、武汉被服厂、武昌制呢厂、武汉纱厂等。除此之外，还有国民政府机关、许多科研机构、学校设备、珍贵的历史文物等。在内迁的四百多家民营企业中，迁入四川的达 245 家。那些抢运入川的物资，分别在西南和西

全面抗战爆发后，中国沿海地区的工业开始紧急内迁，图为在长江上游拖船的纤夫，1938 年

卢作孚与两个儿子合影，1940 年左右

北建立了一系列新的工业区，尤为重要的是以重庆为中心的兵工、炼钢等行业的综合性工业区，构成了抗战时期中国的工业命脉。据史料记载，到 1940 年，中国的军火已能够自给，正是这些大后方的兵工厂，为前线的将士们提供了源源不断的杀敌枪弹。

后来当谈到这次生死抢运时，卢作孚充满感慨地说："这一年我们没有做生意，我们上前线去了，我们在前线冲锋，我们在同敌人拼命。"整个"宜昌大撤退"，民生公司的船只担负了 90% 以上的运输量，同时在经济上也遭受了巨大损失。民生公司为报效国家，收取极为低廉的运费，兵工器材每吨只收 30—37 元，其他公物 40 元，民间器材也只收 60—80 元一吨，而外国轮船要收 300—400 元。1939 年，民生公司航业部分的损失高达 400 万元，但卢作孚却对公司职工说："我们要以事业报效国家，我们要以身尽瘁事业。我们虽然不能到前方去执干戈以卫社稷，拿起武器打敌人，当就本身职责，努力去做一员战士，以增强抗战力量。"事后据经济部调查，这次抢运至西南的兵工厂和民营企业的机器设备，每月仅手榴弹就可以造 30 万枚，迫击炮弹 7 万枚，飞机炸弹 6000 枚，十字镐二十多万把。1939 年元旦，卢作孚获得了国民党政府颁发的一等一级奖章。2 月 7 日，国民政府军事委员会传令嘉奖参与"宜昌大撤退"的轮船。1940 年 10 月再次嘉奖民生公司。而在事后，当日本人了解到上海及沿海地区的工厂设备和物资通过宜昌运往重庆等内地的情况时，曾十分懊恼地说："假若在昭和十三年（1938 年）攻占武汉时同时攻占宜昌，其战略意义就更大了。"

"宜昌大撤退"结束后，民生公司又继续投身于内迁工作中，并且付出了极大牺牲。据统计，在整个抗战期间，民生船只运送出川的军队共计 270.5 万人，武器弹药等三十万吨。卢作孚不顾危险，常常亲临现场。1940 年 6 月，宜昌失守。敌机开始对重庆疯狂轰炸。由于宜昌抢运的成功，民生公司的船舶和码头设施成为日机轰炸的重点。自 1939 年以来，民生有 9 艘轮船被炸沉、6 艘被炸坏，包括最大的"民元轮"。此外，政府征用阻塞水道 5 艘，损失 2028 吨；自行凿沉和敌机炸毁等 16 艘，损失 11460 吨；军工运输受损失 5 艘，损失 4188 吨；被日寇劫持 5 艘，损失 2662 吨，仅损失的轮船就有 20338 吨，船员共牺牲 117 人，伤残 76 人。为此，冯玉祥曾称民生公司是"爱国的公司"，他在 1943 年 7 月 6 日给卢作孚的信中称赞后者"最爱国的，也是最有作为的人"，并表示"贵公司人才之多，事业之大，有功于抗战，均为其他公司所少有，敬佩万分"。

转移至大后方的军工企业在加紧生产

作为当年的亲历者，著名平民教育家晏阳初最早将"宜昌大撤退"与"敦刻尔克大撤退"作比较。他认为，"二战"中，英国海军调动所有的水上运输工具，用10天的时间将被围困在敦刻尔克的三十余万盟军从德国空军的狂轰滥炸中抢运回英国，此事件的确堪称军事史上的奇迹。但不要忘了，"敦刻尔克大撤退"依靠的是一个国家的力量，由一个军事部门指挥完成，而中国的"宜昌大撤退"则完全依靠的是卢作孚和他的民生公司。所以晏阳初充满感情地说："这是中国实业史上的'敦刻尔克'，在中外战争史上，这样的撤退只此一例。"而作为奇迹的创造者，卢作孚本人则说："我们比敦刻尔克还要艰巨得多。"值得一提的，直到20世纪50年代初，毛泽东还曾对黄炎培说：在中国近代历史上，有4个人是我们万万不可忘记的，他们是：搞重工业的张之洞、搞纺织工业的张謇、搞交通运输业的卢作孚、搞化学工业的范旭东。

二、昆明神话

就在"宜昌大撤退"悲壮上演的半年前，一所具有强烈战时特色的大学在云南昆明成立了，它便是由北大、清华及南开组建的西南联大。而在此后八年的时间里，这所历经了无数艰辛与痛苦的大学，却创造了近代中国文化教育史上的神话。回首往事，不禁让人唏嘘万分。

如果说"宜昌大撤退"是抗战期间中国工业界的"敦刻尔克"的话，那么高校南迁则堪称文化教育界的"敦刻尔克"。早在七七事变前夕，鉴于中日间的战争随时都有可能爆发，蒋介石特地邀请国内各界知名人士在庐山举行国是谈话会，其中就包括了北大、清华、南开三校的校长蒋梦麟、梅贻琦、张伯苓以及大批教授。就在会议期间，卢沟桥事变爆发，北方各校纷纷去电告急，要求三位校长赶紧返校，许多教授还联名致电庐山谈话会，要求国民政府守土抗战，并就维持今后教育事业及时做出安排。不久，国民政府决定将北大、清华、南开三校紧急迁往湖南长沙，组成国立长沙临时大学。8月28日，教育部指定张伯苓、梅贻琦、蒋梦麟为长沙

全面抗战爆发初期，遭到日军轰炸的南开大学

临时大学筹备委员会常务委员。杨振声为长沙临时大学筹备委员会秘书主任。接到任命后，梅贻琦立即赴长沙进行筹备工作。10月25日，国立长沙临时大学开学。

实际上，国立长沙临时大学的成立只是那个危难关头中国高校内迁的一个缩影，因为在日本帝国主义发动全面侵华战争后，为了保存国家的教育命脉，华北及沿海许多大城市的高等学校纷纷向内地迁移。统计显示，抗战前，中国共有高等院校108所，大部分集中在中心城市及沿江沿海一带。抗战爆发后，这些学校很快遭到极大的破坏。为了继续生存，各高校开始了史无前例的内迁。当时的高校内迁主要有三条路线：北方平津高校一路南下；华东地区高校沿长江或浙江西进；广东、福建高校主要向西、向北入粤西北和闽西北地区。在特殊的历史条件下，内迁高校多采取合并办学或联合办学的形式，其中最著名的有：以大夏大学、复旦大学为主的东南联大；以迁往西安的北平大学、北平师范大学、北洋工学院为主的西北联大；以及由北大、清华、南开合建的西南联大。

全面抗战爆发后，北大、清华、南开等高校师生辗转奔赴云南，在昆明建立了西南联大。图为一部分师生在步行途中

在仓促迁往长沙之后，北大、清华、南开组成的国立长沙临时大学并没有维持多久。1937 年年底南京陷落后，鉴于武汉的形势岌岌可危，国民政府决定将长沙临时大学迁往西南边陲城市昆明。1938 年 4 月 2 日，国防最高会议下令，国立长沙临时大学更名为国立西南联合大学。于是，数千名师生几乎是靠徒步辗转奔赴昆明。

西迁之路，困难重重，为了节省经费，学校设计了三条赴滇路线：一是组织旅行团步行，沿直线到昆明；一是乘车，经桂林到越南河内，再转往昆明；一是乘船，先下广州，到香港乘船到越南海防，再到昆明。大部分教职工和全体女学生选择了乘车或坐船。但也有 11 位自愿步行的教师，他们组成了步行团的辅导团队，其中包括南开大学教务长黄钰生及闻一多、曾昭抡等人。

1938 年 2 月初，全校师生整装待发，学校聘请了国民党中将黄师岳担任湘黔滇旅行团的团长，出发前，黄师岳发表了振奋士气的讲话："此次搬家，步行意义甚为重大，为保存国粹，为保留文化。"他甚至将此次西迁定义为中国"第四次的文化大迁移"——前三次分别为张骞通西域、唐三藏取经、郑和下西洋。

1938 年 2 月 18 日，闻一多为文学院的学生上最后一课，但他在课上高呼："中国不是法兰西，因为，中国永远没有最后一课！"第二天，旅行团的师生们召开誓师大会，正式出发。

西迁路上，旅行团采用了军事化管理，下设两个大队，大队长由学校的军训教官分任；每大队又设 3 个中队，每中队有 3 个小队，中队长、小队长均从体格健壮、认真负责的学生中遴选。

但这种长途行军，对师生们来说都是第一次。按黄师岳的想法，队伍应该采取正规行军方式，两队分列路两侧，保持一定距离，匀速前进，统一休息。几天后，这种美好的愿望便破灭了，生性自由的大学生纷纷抗议，最后竟自动散开，拦也拦不住。为此事，黄师岳感慨"带丘九跟带丘八（注：丘八指士兵，丘九指学生）就是不一样"。于是，他索性放手，每天早晨集合点名，然后大家一哄而散，团长负责殿后，只要当天能到目的地，随便你怎么走。有人戏称，西南联大的自由空气就是从旅行团开始形成的。

刚开始时，黄师岳还担心有人会"打游击"（掉队），但每到饭点，一点名，一个不少，他于是放心了。当然，学生们也有规矩的时候——每到一个城镇，学生们须集合列队，方可进城。各城镇的欢迎仪式相当隆重。一些县城大开城门、黄土垫道、净水泼街；贵州玉屏县政府还组织了小学生列队欢迎。

经过艰苦的跋山涉水，4月初，旅行团终于进入云南境内。4月28日，旅行团抵达距离昆明十多里处，先期到达的联大同学前来迎接，学校还准备了茶点，由蒋梦麟夫人陶曾谷女士带着几位教授夫人和女同学热情款待。午后，旅行团整队出发。接近城区时，街头已有举着横幅、呼着口号欢迎的男女同学。蒋梦麟和清华校长梅贻琦也等候多时。大队人马抵达市区的圆通公园，黄师岳一一点名，将花名册郑重交给蒋梦麟，圆满地完成了自己的任务。

当日，昆明举城出动。外国报刊评论称："中国文化已经西移。"

此时，闻一多的胡须已有近尺长，曾昭抡浑身爬满了虱子，所有学生犹如黑炭、疲惫不堪。

5月4日，西南联大在昆明新校区重新开课，共设文、理、法商、工、师范5个学院26个系、两个专修科和一个选修班。由于这些文化精英的相继到来，原本偏僻宁静的边城昆明顿时热闹起来，并在此后八年间成为战时中国的文化中心。

1938年年底，日军已侵占大半个中国，此时，他们把火力集中对准陪都重庆，以及中国的西南地区，时时进行空袭轰炸，以求摧毁中国人民的意志，快速灭亡中国。

每年11月至次年5月，重庆上空都会笼罩一层浓浓的雾气，客观上起到了阻止日军飞机来袭的屏蔽作用。而四季如春的昆明是没有这个条件的，昆明和西南联大在防空设施上比不上重庆，且没有天然的优良防空洞，人工建造的防空洞也极为有限。所以，日军把西南联大定为主要攻击目标。

敌机直接轰炸到西南联大校舍一共有两次。一次是1940年10月，另一次是1941年8月，这两次轰炸给西南联大的财产及人员造成了巨大的损失。

1940年10月13日下午2时左右，27架敌机飞入昆明市区，投弹百余枚。这次轰炸主要对象为西南联大和离西南联大较近的云大，俯冲投弹，西南联大师范学院的男生宿舍全部损毁，该院的办公处及教员宿舍大多也被震坏。所幸，西南联大全体教职工、眷属和学生均未伤亡，第二天即恢复上课。在这次轰炸中，清华在西仓坡设的办事处前后也遭到两枚落弹，幸而房屋建筑比较坚固，仅玻璃窗和屋顶遭到损坏。办事处后院荒园内筑有一个简易的防空洞，用来存储学校重要卷宗，一颗落弹紧逼洞口，将防空洞全部震塌。经发掘后，发现物件损失不大，卷宗保存完好。而不幸的是，躲避到防空洞里的两名工友，被埋在洞里，以身殉校。

为了坚持办学，西南联大部分师生组成"湘黔滇旅行团"步行抵达昆明。图为参加旅行团的部分教师合影（居中着长衫蹲者为闻一多）

　　而1941年8月14日的轰炸比前一次轰炸严重得多。这次轰炸使学校的图书馆、饭厅、教室和宿舍都有损坏，当时正值暑假期间，抗战时期来自沦陷区的学生们无家可归，一年四季都待在学校。为了解决住宿问题，学校把教室改造成宿舍暂用。一位学生描述当时的情况："联大同学当时是'床床雨漏无干处'，便在此时，在图书馆看书要打伞，在寝室睡觉也要张伞，真别致！"

　　1939年至1940年，昆明城区的空袭警报经常拉响，有时两三天一次，有时甚至一天两次，警报一响，大家就都往山沟或郊外跑，叫作"跑警报"。"跑"和"警报"连在一起，构成一个语词，成为当时的流行语。"跑警报"本是生死惊魂之事，却被师生解读得十分浪漫，当年在联大学习的汪曾祺在日记中写道："'躲'，太消极；'逃'又太狼狈。唯有这个'跑'字于紧张中透出从容，最有风度，也最能表达丰富生动的内容。"

　　日机轰炸给联大师生的学习和生活带来了很大的困苦。为了躲避敌机轰炸，许多教授迁到郊外农村居住，最远的住到了五十多里外的呈贡。进城讲课要坐小马车，或者步行，非常辛苦。遇到雨天，则泥泞路滑，赶到教室时已成落汤鸡。物理系教授周培源一家疏散得很远，在昆明城外的西山脚下，离西南联大新校舍约有四十多里。周培源只好自己养一匹马，每天骑马来到教室门前，把马一系，就进教室，保证了按时上课。吴大猷先生回忆当时的情形："从岗头村走到学校要一小时，我住在岗头村，早上五点就要起程，六点三刻左右到达，上完课又要赶回岗头村。累是不必讲了，穿皮鞋走石子路，一天两个来回共二十多里，用不了几天，皮鞋就要打掌。更费的是袜子，不知穿破了多少双。那时我有一条黄咔叽布裤子，膝盖上都补上了像大膏药一样的补丁。"

紧急疏散还会造成特殊的麻烦。1940年10月13日的轰炸毁坏了费孝通在文化巷的住所，他便搬迁到呈贡县古城李保长家租住，一住就是5年。条件非常艰苦，他租住了一间厢房，厢房下面一半是房东的厨房，一半是猪圈，由于中间层的楼板有着很大的裂缝，楼下的炊烟和猪圈里的气味时不时地会漫到上面的厢房来。于是费孝通希望房东能把猪圈搬到别的地方。交涉了半天，却没有任何进展。房东说养猪的收入比全部租金多好几倍，出租房子是为了交情，也是为了救济难民，并不是为赚钱，费孝通也就无话可说了。而他更大的麻烦还不止于此，没过多久，他的夫人怀孕了，到了快要临产的时候，房东却出乎意料地告诉他，孩子决不能在这里出生。房东倒不是有意为难他，而是因为当地有这样的风俗：据说一家人的住宅，若被别人家的孩子的血光一冲，则会殃及这家人的子子孙孙。无奈之下，费孝通不得已找到县城的一位广东太太家，以5元一天的价格，租了一间白天都伸手不见五指的小黑屋，孩子总算可以平安出世了。

面对日军的狂轰滥炸和嚣张气焰，西南联大的师生并不畏惧，他们在艰难的环境下坚持科研与教学工作。在很多"联大人"看来，这段岁月不仅激发了他们爱国的热情和求知的欲望，很多时候更是一段充满乐趣的生活，发生过很多令人啼笑皆非的故事。

1938年日军第一次轰炸昆明，让人们有很大的心理打击，便纷纷搬到乡下去住。杨振宁和华罗庚在那一次轰炸之后都搬到了一个叫作"大塘子"的村子里，两家人是邻居。当时谁也不会想到，这个叫"大塘子"的小村庄里，会住着两位日后知名全球的科学家。还有一次在"跑警报"的过程中，邓稼先和杨振宁躲进同一个山洞里，听见敌机俯冲扫射的尖啸声，炸弹在山头爆炸，洞壁因受震而尘土纷纷崩落，杨振宁即兴背起了南宋爱国诗人陆游的诗句："夜阑卧听风吹雨，铁马冰河入梦来。"而邓稼先则和了几句王维的诗句："明月松间照，清泉石上流。"两位同窗兼好友的爱国之情和浪漫情怀在自然之中流露出来。

有人在"跑警报"时还不忘夹一本书看，以打发无聊的时间。吴宓在日记中记录了他在"跑警报"过程中在野外读的书，有《维摩诘经》《涅经》《佛教史》等。金岳霖先生在抗战期间写完了自己的代表作《知识论》一书，有一次空袭警报时，他把书稿包好，跑到昆明北边的蛇山，自己就坐在稿子上，警报解除后，他站起来回去，把书稿忘在那里，等到记起来时再回去找，已经找不见了。后来，他只好把几十万字的书又重写了一遍。

当时在西南联大研究古典文化的刘文典一直瞧不起只有小学学历的教授沈从文。有一次"跑警报"，沈从文碰巧从刘文典身边擦肩而过。刘面露不悦之色，说："我跑是为了保存国粹，学生跑是为了保留下一代的希望，可是该死的，你干吗跑啊？"还有一种说法是，刘文典对擦肩而过的沈从文面露愠色，对同行的学生说："我刘某人是替庄子'跑警报'，他替谁跑？"

在"跑警报"特殊紧张的气氛下，有时反而创造了不少男女恋爱的机会。汪曾祺回忆说："'跑警报'是谈恋爱的绝佳机会。联大同学'跑警报'时，成双成对的很多。空袭警报一响，男的就在新校舍的路边等着，有时还提着一袋点心吃食，宝珠梨、花生米……他等的女同学来了，就欣然并肩走出新校舍的后门。'跑警报'说不上是同生死，共患难，但隐隐约约有那么一点危险感，和看电影、遛翠湖时不同。这一点危险感使双方的关系更加亲近了。女同学乐于有人侍候，男同学也正好殷勤照顾，表现一点骑士风度。"从这点来说，"跑警报"是颇为罗曼蒂克的。有恋爱，就有三角恋的，有失恋。"跑警报"时的"一对儿"并非总是固定的，有时一方被另一方"甩"了，两人"吹"了，"对儿"就要重新组合。

"跑警报"时能够不慌不忙、从容应对的，可能要西南数联大的校长梅贻琦了。据何兆武回忆，梅贻琦平时总是拄一把伞，安步当车；遇到"跑警报"时，他不是跟着人们拥挤在一起跑，而是疏导人群，很有绅士风度。令人称奇的是，当时还有很多人是不"跑警报"的。据何兆武先生记录说，他知道有一位姓杨的同学就不"跑警报"，有一次他正在喝茶，炸弹落在附近，震翻了茶杯，他不但没有害怕，还捡了一块弹片作为纪念。汪曾祺也记录了这样的情况："……一个是女同学，姓罗。一有警报，她就洗头。别人都走了，锅炉房的热水没人用，她可以敞开来洗，要多少水有多少水！另一个是一位广东同学，姓郑。他爱吃莲子。一有警报，他就用一个大漱口缸到锅炉火口上去煮莲子。警报解除了，他的莲子也烂了。有一次日本飞机炸了联大，昆明（清华）的北院、南院，都落了炸弹，这位郑老兄听着炸弹乒乒乓乓在不远的地方爆炸，依然在新校舍大图书馆旁的锅炉上神色不动地搅和他的冰糖莲子。"

虽然当时的条件极为艰苦，但西南联大的运转却出奇地顺利。与后来的高校合并形成巨大反差的是，当年的西南联大尽管由国内最显赫的三所大学组成，也没有什么正式的强力领导，但却没有出现任何利益之争，学校的管理者们更是将教授风范发挥到了极致。在这里，我们必须提到三个名字：张伯苓、蒋梦麟、梅贻琦。作为当时三校原本的校长，他们在危难时刻密切合作，完全以大局为重，终于造就了西南联大的辉煌。三位校长中，南开大学校长张伯苓和北大校长蒋梦麟年龄较大，而梅贻琦最年轻。为了支持校长负责制，张、蒋二人尽管同为校务委员会主席，却主动退居二线，公推梅贻琦主持校务，他们则留守重庆负责谋求国民政府对西南联大的支持，所以西南联大事务自始终至终都是由梅贻琦主持。而作为清华历史上唯一一位终身校长，梅贻琦也终于不负厚望，引领着西南联大一步步走向鼎盛。

梅贻琦（1889—1962），字月涵，出生于天津，自幼家境贫寒而聪慧好学。1909年考取第一批庚款留学生，成为清华的第一批学生，1915年回国到清华任教。1931年奉命出任清华大学校长，此后连续执掌清华17年，直到1948年12月离开大陆。正是在此次就职演说中，梅贻琦讲出了这段名言："一个大学之所以为大学，全在于有没有好教授。孟子说：'所谓故国者，非谓有乔木之谓也，有世臣之谓也'，我现在可以仿照说：'所谓大学者，非谓有大楼之谓也，有大师之谓也'。"作为清华大学的主要创建人，梅贻琦通过不懈的努力使这所以往没有什么学术地位的留美预备学校一跃跻于名牌大学之列。他提倡学术自由，科学民主，主张学与术分开，文与理通科，主张学生自学。他为人谦和、诚笃，外圆内方，谨言慎行，人称"寡言君子"。更值得钦佩的是，梅贻琦始终廉洁奉公。他就任校长后，率先放弃校长的特权，住进了清华园校长住宅，同时家里的工人自己付工资，电话费自己付，甚至不要学校供应的两吨煤。他在母校几十年，面对清华雄厚的基金，却绝不苟取分文。后来在西南联大期间，身为一名大学校长，他经常吃的是白饭拌辣椒，有时吃上一顿菠菜豆腐汤，全家就很满意了。

出任西南联大校长后，在战火纷飞、物质条件极度匮乏的岁月里，梅贻琦凭

北京大学校长蒋梦麟

清华大学校长梅贻琦

南开大学校长张伯苓在重庆演讲

借其个人魅力，使全体师生能够休戚与共，而西南联大也以名师云集、水平高、学风好而蜚声海外。在此期间，他坚持了两项措施，即保证学术自由和聘请学有专长的学者来校任教。当时西南联大的体制是这样的：学校行政有两个机构，一个是校务委员会，另一个是教授会。校务委员会是权力管理机构，校务委员会委员由教授会民主推荐，校长批准任命，校长为校务委员会主席，校务委员会通过

西南联大校长梅贻琦欢迎抵达昆明的师生

民主讨论和决议全面主管全校重大事务。校务委员会中主管管理的职能部门的负责人，全部都是知名教授，其中包括常设的校务委员会秘书长、教务长、总务长、训导长、建设长等，全部由教授担任，由教授会民主推荐，校务委员会讨论通过，报校长批准任命。教授会是一个校务咨询机构，虽不是权力机构，但很有威望，成员包括全校教授，工作经常由全校教授推选常委会主办。教授会是校长的得力参谋，也是办学校务得力骨干的资源库。各学院有院教授会，学系有系教授会。院教授会主席后来改称为院长，系教授会主席后改称为系主任，由相应院系教授会民主推选，校务委员会讨论备案，报校长批准任命。各院系教学及管理业务，统由教授会评议，由院长系主任执行实施。所以院系教授会实际上是院长、系主任领导下的民主办学权力机构。值得关注的是，西南联合大学时期，学校行政管理机构简约，从领导到职工，各尽所能，各司其职，工作效率高超。对不属于职能部门的临时性重要工作，则由校务委员会讨论研究，请教授会推荐适宜教授人选，组成各种临时工作委员会（推选主席）主持工作。工作任务完成后即行解散，保持主体常设机构精干灵活。被推选参加这些临时工作委员会的人员，也是兼职不兼薪，没有任何工作津贴，完全是义务工。

　　可以想象，正是在这样一种教授治校的体制下，西南联大全体师生才得以心无旁骛地把精力投入到学术研究中。

　　平心而论，西南联大的物质条件当属史上最差。刚抵达云南时，百废待兴，学校先租得蒙自海关、昆明大西门外昆华农业学校、拓东路迤西会馆等处为校舍，但仍不敷应用。据亲历者回忆，那时学校的房子都是泥坯做砖盖起来的，教室是铁皮，学生宿舍是草皮顶。下大雨时，雨水滴在教室的屋顶上当当当作响。有时候铁皮屋顶也漏雨，即使外面不下雨了，教室里面还在滴水。同学们坐的都是木头椅子，漏雨时就拉开个空。学生宿舍一间屋子里几乎要睡几十个人，床与床之间挨得很近。1938 年 7 月，学校以昆明市西北角城外荒地 124 亩为校址，修建新校舍，设计者则是鼎鼎大名的梁思成与林徽因夫妇。不过由于经费短缺，最终他们的设计并没有落实，一切都得因陋就简，设计稿上的高楼变成了矮楼，矮楼变成了平房，平房变成了茅草屋。即便如此，最后盖连茅草屋用的木料都不够。1939 年 4 月，西南联大新校舍落成，有学生宿舍 36 栋，全是土墙茅草顶结构；教室、办公室、实验室 56 栋，为土墙铁皮顶结构；食堂 2 栋，图书馆 1 栋，为砖木结构。

　　如果学校硬件条件的艰苦还能勉强克服，那么广大师生经济来源的匮乏则更加难熬。要知道，就在抗战前，由于政府对教育的重视，几乎所有的教授都过着较为优裕的生活。那时，在京津沪等大城市里，大学教授们的平均月薪都在 300银圆以上，这个数字大致相当于今天的一万多元，而当时国内消费水平又极低，因此他们基本都能维持较高的生活水平。而在抗战爆发后，颠沛流离之后的教授们突然发现，生活的剧变竟是如此之猛烈。战时，由于政府滥发钞票而造成物价飞涨，西南联大师生的生活也因此十分困难。在昆明，西南联大教职工的工资虽随生活指数有一定调整，但远远赶不上飞涨的物价。就在 1937 年上半年战争尚未爆发时，一位教授的平均月薪约为 350 元法币（即 350 银圆，约相当于今天的人民币一万一千元），而到了 1943 年下半年，西南联大教授的每月平均收入为3697 元法币。虽然表面上看工资增长了十倍有余，但物价却上涨了 405 倍，因此教授的 3697 元收入实际只等于 1937 年的 8.3 元！试想，仅靠这区区 8.3 元，如何维持一家老小的生活？

　　西南联大时期师生生活之艰难贫困是难以想象的，大多数学生家在沦陷区，经济来源断绝，只能靠政府发放贷金。而当时中国物价飞涨，不仅学生的贷金不

西南联大的校舍

足以糊口，教授们的工资也无法养活家人。学校食堂做饭用的是陈米，学生戏称为"八宝饭"："八宝者何？曰：谷、糠、秕、稗、石、砂、鼠屎及霉味也。"教授也跟学生一样吃不饱饭，金岳霖、朱自清等人组成种菜小组，推举植物学家李继侗当种菜组组长，生物系讲师沈同当"种菜助理"，所有教授出力、浇水、施肥，菜丰收了，吃起来格外香。"刚毅坚卓"的校训，在西南联大师生身上得到充分体现。

关于西南联大时期教授们的处境，著名学者闻一多无疑是最典型的例子。抗战爆发前，闻一多原本在清华大学过着舒适安逸的生活，一直潜心研究学问。但是在战争爆发后，

著名学者、西南联大教授闻一多

他平静的生活被打破了。1937年7月29日，北平沦陷，闻一多舍掉了房子和藏书，带着简单的行李前往已南迁长沙的清华大学任教。西南联大成立后，因教师紧缺而发愁的校长梅贻琦想到了闻一多。他向闻一多发出热情邀请，希望后者把休假推迟一年，先到西南联大教书。就在这年的除夕夜，闻一多毅然选择去昆明，而暂时把妻儿留在武汉。在奔赴昆明的途中，他目睹了战乱中百姓的疾苦，于是愤而蓄起了胡须，发誓抗战不胜利决不剃须。到西南联大任教后，闻一多很快就全身心投入到教学工作中，并以其极具魅力的学术人格赢得了广大师生的敬仰，成为西南联大一道独特的风景。据时人回忆，闻一多上课时，往往等到黄昏，点个香炉，拿个烟斗，然后开始念《楚辞》的名句。他坐下，掏出烟来，问同学们哪一位抽？同学们当然都不敢抽，就和他客气。然后，他就划上火柴，点着了烟，抽上一口，喷出烟雾，在朦胧的黄昏里，闭上眼睛给大家念"痛饮酒，熟读《离骚》，方为真名士"。

但是，再浪漫的文化也得有物质基础。不管是在什么时候，无论是学生还是教授，生存都是第一位的。随着战争的不断持续，战火不但蔓延到了昆明，西南联大师生们的生活条件也越来越艰苦了。到1942年，由于通货膨胀，物价飞涨，教授们的收入更加微薄了。为了生活下去，很多教授的家属不得不冒着严寒在昆明的街头卖起糕点。而此时，家中有八口人的闻一多也感到了空前的生活压力。

闻一多与亲友合影

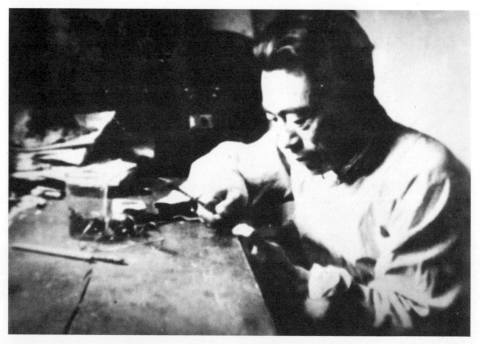

由于生计艰难，身为西南联大教授的闻一多被迫替人刻印补贴家用

在用尽了所有积蓄后，他甚至不得不靠典当为生，在寒冬腊月将唯一能御寒的大衣送进了典当行。最困难的时候，闻一多甚至将自己视为生命的藏书拿出来典卖，但即便这样，他也无法让一家八口得到长久的温饱，随时面临着断炊的困境。最终，闻一多不得不拿出最后的看家本领，靠挂牌治印来维持生活。于是在每天上午结束西南联大的授课后，他先是下午在中学兼课，晚上批改了学生作业后，半夜还得为别人刻图章卖钱。为了对他表示支持，西南联大的各位同事包括梅贻琦、蒋梦麟、熊庆来、冯友兰、杨振声、姜寅清（姜亮夫）、朱自清、罗常培、唐兰、潘光旦、陈雪屏、沈从文等人还联合替他作"广告"，写了一份"闻一多教授金石润例"："浠水闻一多教授，文坛先进，经学名家，辨文字于毫芒，几人知己；谈风雅之原始，海内推崇。轮老手，积习未除；占毕余闲，游心住东。唯是温摩古泽，仅激赏于知交；何当琬琰名章，共榷扬于艺苑。黄济叔之长髯飘洒，今见其人；程瑶田之铁笔恬愉，世尊其学。爰缀短言为引，公定薄润于后。"由于长时间刻图章，闻一多手上磨出了手茧，连写字时手都有点发抖。

闻一多如此，其他西南联大教授的处境也好不到哪里去。朱自清，前清华大学中文系主任，此时也被迫在中学兼职教员。吴晗，著名历史学家，由于妻子的医药费没有着落，曾于1946年4月写报告向学校借钱，后将自己珍藏的16大箱书籍变卖还债。费青，法律系教授，因长期患病而经济困难，最终被迫请求学校付法币3000元收购自己多年来的全部藏书。最令人惨伤的是，有一天晚上，当一名联大学生去昆明一家拍卖行闲逛时，居然见到了自己的法文老师拿了师母的游泳衣去卖！面临此种前所未有的经济困境，西南联大的教授们也曾向政府呼吁提高待遇。1941年12月，西南联大"教授会"曾写给当时的教育部这样一份报告："同人等昔已为涸泽之鱼，今更将入枯鱼之肆矣。……姑无论市井奸商操纵物价，转手之间便成巨富，即同为政府机关，而亦有司书录事之职，其薪津即多于教授者，至于自有收入之机关，其人员举动之豪奢尤骇听闻，一宴之资可为同人等数月之薪津！……同人等上不能执干戈以卫社稷，下亦不忍用国家之锱铢如泥沙，固不望如前线忠勇将士之多得实物，亦不愿如后方豪奢机关之滥耗国帑，唯望每月薪津得依生活指数及战前十分之一二。无论数目之多少，总期其购买力能及战前之五十元，俯仰事俯畜，免于饥寒。庶几风雨如晦，鸡鸣不已，以求国家最后之胜利。"虽然后来的事实表明教授们这样最起码的要求都无法得到满足，但这却丝毫不影响他们对于文化教育事业的热爱。更令后人感慨的是，1942年10月，当国民政府教育部发给西南联大冯友兰等25位兼任行政职务的教授特别办公费时，他们却联名致函校领导表示拒绝，信中写道："查常务委员会总揽校务，对内对外交际频繁，接受办公费谊属当然，唯同人等则有未便接受者。盖同人等献身教育，原以研究学术、启迪后进为天职，予教身之外兼负一部分行政责任，亦视为当然之义务，并不希冀任何权利。自北大、清华、南开独立时已各有此良好风气，五年来联合三校于一堂，仍秉此一贯之精神，未尝或异，此未便接受特别办公费之一也。且际此非常时期，从事教育者无不艰苦备尝，而以昆明一隅为尤甚，九姐十丐，薪水尤低于舆台，仰事俯畜，饔飧时虞其不给，捷以同尝甘苦，共体艰危，故虽啼饥号寒，尚不致因不均而滋怨。当局等师重道，应一视同仁，统筹维持，倘只瞻顾行政人员，恐失平均之谊，且今受之者无以对同事，此未便接受特别办公费之二也。"也就是说，这些教授宁愿继续过苦日子，也不愿多拿报酬，不愿享受特权。

就这样，在西南联大时期，许多教授在极度艰苦的情况下仍坚持不懈做学问，一时传为佳话。如著名哲学教授金岳霖，曾因躲避日本飞机的轰炸而丢失了《知识论》的手稿，可他不屈不挠，竟在艰苦的环境下再次写出了《知识论》。再如文学家闻一多，虽然不得不挂牌刻图章来贴补家用，但仍十分用功地做学问，除了上课，轻易不出门，就连饭后的散步也总是不去。由于大家总劝他"何妨一下楼"，渐渐地竟使闻一多多了一个雅号——"何妨一下楼主人"。

教授们如此，学生们又如何呢？

先说物质生活方面吧。虽然不用像各位教授一样承担养家糊口的重任，但战乱中的学子们同样日子不好过。由于物价飞涨，西南联大学生食堂不仅伙食质量极差，而且每天只能吃两顿饭，上午10点和下午4点各吃一餐。也就是说要在早晨8点至10点上两堂课后，再吃早饭。于是，经济情况较好的同学可以在7点多时到街上摊贩处买早点吃，而不少家境贫寒的学子则因无钱购买早点，肚子又太饿，无力气去上课，有时只好干脆不去上头两堂课，在床上睡觉。其次就是战争的直接影响。就在正式开学后不久的1938年9月28日，昆明就首次遭到日军的轰炸，而西南联大则成为日军重点轰炸的目标。但就是在敌机的轰炸声中，广大学子却丝毫没有气馁，而是怀揣救国思想用功读书，使这所学校保持了良好的学风。他们的精神状态，正像当时西南联大校歌中所唱的："千秋耻，终当雪；中兴业，须人杰。"与此同时，一大批出自西南联大的热血青年还投笔从戎，走上抗战前线，

著名学者、西南联大教授吴晗在演讲

梅贻琦（前排右三）与西南联大教授们的合影

尽管当时条件极为艰苦，但西南联大却培养出了一大批杰出人才。图为中文系师生合影，
1946年

其中就包括校长梅贻琦之子梅祖彦。

　　师生们的物质生活很艰苦，但精神生活却十分活跃丰富。教职员工兢兢业业，恪尽职守，西南联大的各位教授以自己的实际行动表明：即便生活是如此艰辛，教学照常进行，学术研究照常进行，而且所取得的成就足以震惊世界！

　　首先，西南联大开创了一种前所未有的大学联盟的办学模式。联大成立后，北大的蒋梦麟，南开的张伯苓，清华的梅贻琦组成常务委员会，共同管理学校事务，为减少摩擦，张伯苓和蒋梦麟采取"无为"策略，全身而退，让权给比他们年轻的梅贻琦。张伯苓对梅说："我的表，你戴着"，意思是"你代表我"。梅贻琦在天津读中学时张伯苓曾是他的老师，他尊重恩师的意见。后来张伯苓去重庆开办南开中学，蒋梦麟也去重庆另兼他职，梅贻琦成为西南联大实际的校长。

　　教育家傅任敢后来回忆说："联大成功的奥妙就在于梅校长的'大'，他心中只有联大，没有清华了。"清华有庚子赔款做后盾，设备、经费、师资都远胜过其他两校，为了平衡三校力量，梅贻琦没有把全部清华人员放在联大编制内。在昆明生活艰难，清华工学院利用暂时不用的仪器设备，建立服务社，面向美国军队承包工程、建设房屋、开办工厂，赚钱补贴清华教师，当时三所学校在财务上各有各的"房头"，这笔钱本来算是清华的"私房"收入，但梅贻琦顾念北大和南开教师没有开办服务社的条件，生活更加贫困，在年终送给大家相当于一个月工资的馈赠。

而且，在"寡言君子"梅贻琦的精心管理下，西南联大很快形成了学术自由、作风民主、教授治校的风气。

有一年联大校庆，师范学院院长黄钰生谈到，三校同人在一起工作和谐，应归功于三校具有"如云、如海、如山"的风度，即清华智慧如云，北大宽容如海，南开稳重如山。在梅贻琦的倡导下，三校的宝贵校风得以弘扬，"学术自由""作风民主"是西南联大的办学灵魂，教师尽情发挥各自的学术专长，真正达到了"百家争鸣、百花齐放"的境界。

三校原来各自开设的同一门课程，在联大可以同时讲授，学生可以自由选择，比如清华中文系教授闻一多和北大中文系教授罗庸都研究《楚辞》，研究的角度和观点截然不同，于是两人都讲《楚辞》，唱起"对台戏"；历史系的中国通史课程，雷海宗、吴晗、钱穆三人同时开，三大名师打擂，学生们大饱耳福。

名师主讲基础课，年轻教师开设选修课，这是当时西南联大的规矩，为的是给学生打下扎实基础，继承"通才教育"的传统。而多个名师同开一门基础课，一是保障学术自由，二是加强竞争，因为选择权在学生手里，教授会更加注重教学质量。北大哲学系教授黄枬森曾撰文回忆他在联大读书期间的课表，教师阵容令人惊叹：国文老师沈从文，英语老师李赋宁，物理老师吴有训（中华人民共和国成立后任中科院副院长），中国通史老师吴晗，公共伦理学老师冯友兰。他还选修了数论课，老师是华罗庚；《庄子》课，老师是闻一多。尤其是闻一多先生，不止学识高深，讲课的水平也是首屈一指。当时闻一多教授的古代神话课，非常"叫座"。不单是中文系的、文学院的学生来听讲，连理学院、工学院的同学也来听。工学院在拓东路，文学院在大西门，听一堂课得穿过整整一座昆明城。

西南联大时期专家大师云集，学术风气非常活跃。北大文科研究所罗常培教授积极组织了一系列学术报告会。联大许多学术社团组织，也经常开展各种学术活动。据任继愈先生回忆，他当时在联大经常聆听汤用彤、向达、冯友兰等老先生的课。尤其是向达先生讲"唐代俗讲考"，如果讲长篇故事，有连续性，十天半月讲不完。从甲地换到乙地接着讲，听讲者听得入迷，也从甲地跟到乙地。法学院一位教授在昆中北院作世界形势报告，分析德苏不会开战，提出四条根据，先讲了两条，中间休息 20 分钟。恰好这时街上有报童高声叫喊"号外、号外"，紧接着便是"德苏开战了，德苏开战了"。主讲人颇感尴尬，宣布下半讲不讲了，提前结束。其时，世界风云变幻莫测，教授仅仅根据报刊、文献提供的有限信息资料去做判断，结论有误完全可以理解，之后这位教授照常受到学生们的爱戴。

西南联大活跃的学术讲坛，也吸引了不少外省学者的兴趣，纷纷前来联大作研讨、讲座。到了抗战后半段，由于有了美国"飞虎队"的支援，日本空袭的次数明显减少，联大得以恢复相对宁静的学术环境，便时常邀请归国路过的名人讲演。其中，顾维钧、焦菊隐、徐悲鸿、林语堂、杜聿明等人，都曾来到联大作过演讲。

多年以后，一位美国历史学家在对西南联大进行了专门研究后曾这样感慨："西南联大是中国历史上最有意思的一所大学，在最艰苦的条件下，保存了最完好的教育方式，培养出了最优秀的人才，最值得人们研究。"事实的确如此。西南联大存在的八年间，就读学生不过 8000 人，而且条件简陋，生活艰苦，但这里却云集了当时国内最顶尖的一批学者，几乎囊括了各个学科领域。而在如此艰难的条件下，他们却培养培养出了一大批人才，其中包括两位诺贝尔奖获得者——杨振宁、李政道，三位国家最高科技奖获得者——黄昆、刘东生、叶笃正，六位"两弹一星"功勋奖章获得者——郭永怀、陈芳允、屠守锷、朱光亚、邓稼先、王希季，近百位中国科学院和中国工程院院士。

对于西南联大在昆明缔造的奇迹，曾在该校担任文学院院长的著名哲学家冯友兰后来在起草西南联大纪念碑文时充满深情地写道："联合大学以其兼容并包之精神，转移一时之风气，内树学术自由之规模，外来民主堡垒之称号，违千人之诺诺，作一士之谔谔……"

三、燃烧的城市

1913 年 6 月 18 日，在中国各大报纸的头条，纷纷报道着一则大新闻：在著名的保定陆军军官学校，居然发生了校长当众自杀的事件。这位校长，就是名重一时的军界奇才蒋百里。

蒋百里（1882—1938），原名方震，字百里，浙江海宁人。他 16 岁时即中秀才，1899 年入浙江求是书院。长大后，立志救国的蒋百里决心投笔从戎，并于 1901 年远赴日本，开始了为期五年的留学生涯。

到达日本后，蒋百里先在初级军事学堂学习，而后进入著名的日本陆军士官学校深造。1906 年，该校第九期步兵科毕业时，发生了一件震惊整个日本的事情：原来为表示对军事教育的重视，天皇通常会对那些成绩最突出的军校步兵科毕业生进行赏赐，而这些幸运儿基本上都是本国学生。这一年，在士官学校第九期步兵科毕业生中，有日本人三百余人，中国留学生四名，泰国等国留学生若干名。在毕业典礼上，当校方公布成绩时，发现排在第一名的竟是来自中国的留学生蒋方震，日本人不得不无奈地将天皇赏赐的宝刀授予他。

更令日本人颜面无光又吃惊的是，第二名居然还是一名中国学生——蔡锷。当校方宣布这一结果时，全场的日本士官顿时一片骚动。为保险起见，日本人在宣布第三名时，赶紧先检查一下，不料还是中国人——张孝淮。本来为了宣扬日本军威，天皇特地派伏见宫亲王作为发布贵宾，没想到却碰上如此尴尬的局面。由于深恐无法向天皇交代，校方竟公然弄虚作假，临时从后面换了一个日本学生荒木贞夫（后为日本陆军大将，陆相，被列为甲级战犯）做第三名。为了让日本人在前四名中占有半数，又增加了一个日本学生真崎甚三郎（后为陆军大将，同列甲级战犯）做第四名，而将张孝淮排在第五。值得一提的是，在同一期日本毕业生中，还有像小矶国昭、本庄繁、松井石根等一班后来的日本陆军主要力量。为了避免再次出现类似的情形，从此以后，日本陆军士官学校规定中国留学生必须与日本学生分开授课。

在以步兵科第一名毕业，获日本天皇所赐宝刀后，蒋百里声名大震。更令人称奇的是，当日本人请蒋百里发表留学感想时，他却评价说：中国从日本学了两件

蒋百里

东西最不可救药，一个是教育，另一个是陆军。回国后不久，他又赴德国学习军事，曾在后来成为德国总统的兴登堡将军麾下任连长，并因深受后者欣赏而名声大噪，一时成为德国社交界的名人。

1913 年，蒋百里因其威望而被民国政府任命为保定陆军军官学校首任校长。1913 年 6 月，蒋百里到陆军部请求改进校务并增加拨款，不料遭到拒绝。18 日清晨 5 时，性格刚烈的他召集全体师生两千余人紧急训话。只见他身着军服、佩指挥刀，站在尚武堂石阶上沉痛地说："我初到本校时，曾经教导你们，我要你们做的事，你们必须办到；你们希望我做的事，我也必须办到。你们办不到，我要责罚你们；我办不到，我也要责罚我自己。现在看来，你们一切都还好，没有对不起我的事，我自己却不能尽校长的责任，是我对不起你们。"话音刚落，蒋百里突然掏出手枪，朝自己胸部开了一枪，随即倒在血泊中。所幸的是，子弹未打中心脏，蒋百里被救活。后来，保定军校的学生每人洗了他的一张小照留为纪念。这件事一度震惊全国，连当时的大总统袁世凯也深感不安，赶紧延请日本医生全力抢救蒋百里。

在养病期间，蒋百里结识了负责照顾他的日本女护理佐藤屋登。后者比蒋百里小 8 岁，日本北海道人，毕业于日本护士助生专门学校，时为日本公使馆护士长。美丽而善解人意的佐藤小姐不但对蒋百里看护无微不至，而且鼓励他振作起来。她劝慰蒋百里说："要忍耐，忍是大勇者的精神支柱。如果不能忍耐，将来如何能立大功业呢？"佐藤小姐的一番话，深深打动了蒋百里，同时也使他萌生了对这位异国女子的爱情。经过一番波折，1914 年秋，蒋百里与佐藤小姐在天津德国饭店举行了隆重的婚礼，由此留下了一段爱情佳话。

婚后，蒋百里为他的夫人取了一个汉文名字"佐梅"。更为难得的是，佐梅夫人因深爱她的中国丈夫，婚后竟不再说日语。抗战时期，她还变卖了许多首饰，买来布匹、纱布，与女儿们一起，夜以继日地赶制军衣及绷带纱布，送往前线救

蒋百里家庭照

护中国伤病员。蒋百里与佐梅夫人育有五个女儿，其中三女蒋英于 1947 年与后来成为大科学家的钱学森结婚。后来，钱学森曾怀着深深的感情和敬意说："对我这一生影响和帮助最大的有两个人，一个是周恩来总理，一个是蒋百里先生。"

　　由于早年在日本的学习经历，加上后来曾多次赴日考察，蒋百里对日本的危险性有着深刻的认识。因此，他广泛从事宣传和著述活动，为中国后来的抗战事业作出了相当贡献。

　　1933 年，蒋百里以私人身份赴日考察。在日期间，他目睹了军国主义的猖獗，也了解到日本侵略中国的野心。回国后，他率先提出中日之战将不可避免，提请国民政府积极备战，并拟就了多项国防计划。1935 年，蒋百里任军事委员会高等顾问，随后奉命以特使身份到欧洲考察军事。据说当他在英属殖民地新加坡参观新落成的防御工事时，曾敏锐地向英国当局指出其在陆地防御中存在漏洞，但傲慢的英国人不予理睬。后来，日本果然取道陆地攻陷了新加坡。

　　针对抗战前国人的复杂心理，蒋百里提出了许多真知灼见。早在 1935 年，他就主张在将来的抗日战争中开展游击战。七七事变前夕，蒋百里曾对前来拜访的学者梁漱溟说："中国对日本，打不了，亦要打；打败了，就退；退了还是打。五年、八年、十年总坚持打下去；不论打到什么天地，穷尽输光不要紧，千千万万就是不要向日寇妥协，最后胜利定是我们的。你不相信，可以睁眼看着。我们都会看见的，除非你是个'短命鬼'。"

抗战爆发后，蒋百里又发表《抗战的基本观念》等文章，断定日本必败。他的一系列著述，充满了独到的见解，时人谓之"石破天惊之论"。正因如此，当蒋百里逝世时，有一副挽联称赞他：天生兵学家，亦是天生文学家，嗟君历尽尘海风波，其才略至战时始显；一个中国人，来写一篇日本人，留此最后结晶文字，有光芒使敌胆为寒。

全面抗战爆发后，中国在外交上也陷入了困境。当时，日本正极力破坏第三国对中国的支援，尤其发动其盟国德、意停止从军火和道义上援华。事实上，此前的德国及意大利还是比较重视与中国的关系的。特别是德国，之前就有大批的军事顾问在蒋介石的军队中供职。而经过日本的外交挑拨，德、意两国对中国的态度开始走向消极。

为了改善这种不利的外交局面，1937年9月，蒋介石曾派孔祥熙去柏林活动，但希特勒拒不接见，不久还下令停止向中国提供军用物资，并撤回驻华军事顾问团。情急之下，蒋介石想到了与德、意两国颇有渊源的蒋百里。临行前，他向蒋百里交代了一项重要使命：用尽一切办法破坏德、意、日三个法西斯国家的合作和联盟，至少要说服德、意不要支持日本侵略中国。

临危受命的蒋百里首先来到罗马，他通过各种关系，才得到墨索里尼的接见。会见一开始，蒋百里就单刀直入，把话题扯到最近的日、德、意三国签订的"反共产国际协定"的问题上。他说："最近国际舆论纷纷传言，说贵国参加德、日防共协定，我国人士对此深表忧虑。日本口头上高喊反苏反共，其目的是借德、意反共，而自己从中渔利，实际上日本一直偷偷摸摸与苏俄拉关系。"蒋百里进一步指出："中国是德、意两国在远东的忠实朋友，日本既和苏俄搞在一块，就不可能是你们的朋友，现在日本人进攻中国，破坏了中国的独立和统一。实际上是破坏了德、意两国在远东的利益。"蒋百里的一番话，使墨索里尼的看法有了很大转变。

在达到访问意大利的目的后，蒋百里又来到德国柏林，通过墨索里尼的引荐，会见了纳粹党重要头目戈林。蒋百里像在意大利那样，试图揭露日本军国主义政府的野心，但戈林却表示不相信。于是蒋百里又从纳粹党的"国家社会主义"路线入手，抨击日本不配作德国的盟友。另外，他还"揭露"日本在同德国签订"反共产国际协定"的同时，私下与苏俄结盟。听完蒋百里的一番话，戈林大为震惊，当即承诺"不干涉中国政府的自主抗战"。随后，蒋百里还走访了从中国撤回的德国顾问团的将军们。这些人纷纷表示对中国抗战的同情，并向中国政府保证绝不向日本泄露中国的军事机密。

蒋百里的欧洲之行，尽管没有达到预期目的，但起码延缓了德、意、日三国的军事结盟，为中国的抗战赢得了一些非常宝贵的时间。回国后，蒋百里曾担任陆军大学代校长，积极为抗战奔走。1938 年 11 月 4 日，积劳成疾的蒋百里病逝于广西宜山，享年 57 岁，国民政府追赠其为陆军上将。

蒋百里先生可谓壮志未酬，但他所倡导的抗日方针却在中国产生了深远影响，并激励着许多抗战官兵在战场上英勇不屈，血战到底。

"弹尽，援绝，人无，城已破。职率副师长、指挥官、师副、政治部主任、参谋主任等固守中央银行，各团长划分区域，扼守一屋，作最后抵抗，誓死为止，以报国恩，并祝胜利。第七十四军万岁，蒋委员长万岁，中华民国万岁。"

1943 年 12 月 3 日凌晨，第六战区司令长官孙连仲收到这样一份电报，电报出自第 74 军第 57 师师长余程万之手。自 11 月 18 日以来，该师官兵共 8315 人一直死守孤城常德，阻击日军十万余人不分昼夜地进攻。此时，常德城内已是一片焦土，余程万身边仅剩三百余名官兵，而援军却迟迟无法抵达。当读到这则电文时，孙连仲不禁热泪横流。是啊，自从全面抗战爆发以来，这样的悲壮场面难道还少吗？实际上，在整个抗战中，类似常德会战这样惨烈的故事实在太多太多了。

我们首先把镜头对准 1937 年 10 月的上海。卢沟桥事变爆发后，日本侵略者很快对当时中国第一大城市上海发动了进攻，中日双方随即展开了长达三个多月的淞沪会战。令日本人恼羞成怒的是，原本他们叫嚣着"三个月即亡中国"，却不料在上海就花费了三个多月的时间。看来，他们是严重低估了中国军民抵抗的勇气与决心。不可思议的是，在这场大规模的会战中，一个小小的仓库及其数百名守卫者居然成为日本人最大的难题。

那是在淞沪会战进行到尾声时，10 月 26 日，日军攻陷大场、江湾、闸北、庙行等地区，中国守军腹背受敌。鉴于败局已定，国民政府决定将主力撤至苏州河以南阵地。危难之际，第 88 师第 524 团中校副团长谢晋元奉命率领一营兵力四百五十余人死守四行仓库进行掩护，对外则仍用团番号，号称八百人。据说在接受任务后，谢晋元对手下全体官兵说："国家兴亡，匹夫有责。我们是中国人，要有中国人的志气。现在我们四面被日军包围，这个仓库就是我们的最后阵地，也可能是我们的坟墓，只要我们还有一个人，就要同敌人拼到底！"当年，位于苏州河北岸西藏路附近的四行仓库原本是大陆、金城、盐业、中南四家银行的储备仓库，钢筋水泥结构，楼高墙厚。由于第88师曾将司令部设在这里，因此仓库中储备了不少弹药和粮食。值得一提的是，这座大楼虽然并不起眼，其地理位置却十分有利于中国军队防守。因为在仓库的西面和北面是中国地界，而东面和南面苏州河南岸则属于公共租界。

谢晋元率部进入四行仓库后，迅速加强防御工事，部署兵力。从27日开始，面对日军一波又一波的猛烈进攻，谢晋元部始终沉着应战，重创敌军，而四行仓库阵地却巍然屹立。一时之间，八百壮士抗击日寇的消息不胫而走，迅速传遍全国，甚至引起了国际媒体的高度关注。那一段时间，在隆隆的枪炮声中，"四行仓库阵地"几乎成为上海滩最热门的话题。要知道，自中日开战以来，民众看到的几乎全是敌军势如破竹、国军节节败退的消息。而今，固守四行仓库的八百壮士竟使得日军束手无策，怎能不使人热血沸腾？听到消息后，成千上万的当地民众纷纷冒着生命危险来到现场，以各种方式为壮士们打气助威。通过当时留下的历史影像，我们可以清楚地看到，在苏州河南岸公共租界的大楼上，聚集了无数群众。每当壮士们击毙一名日军，他们便拍手称快，挥动着帽子、手巾向壮士们欢呼致意。而在苏州河岸边，聚集的群众还把日军集结地点、行动情况写在黑板上报告给守军。另外，上海各界群众募集的慰问信、食品和药物源源不断地送入四行仓库。最令壮士们感动的是，28日午夜，一位名叫杨惠敏（1915—1992）的女童子军，把一面中华民国国旗裹在身上，冒着生命危险冲过火线，献给八百壮士。杨惠敏时年仅13岁，

谢晋元团长

淞沪会战期间，小小的四行仓库成为日军难以逾越的障碍

抗战爆发后加入上海童子军战地服务团。目睹四行仓库的激烈战况，为了鼓舞中国守军士气，10 月 28 日夜间，这位少女将一面中华民国国旗裹在身上所穿着的童子军服底下，冒着战火危险自公共租界出发成功游过苏州河，将中华民国国旗送至四行仓库。返回公共租界时，她还携带了一份四行仓库守军人员的名单，由于当时名单上共有八百个人名，因此"八百壮士"的英名随即传遍全国。事实上，这份名单只是为了战时需要而夸大的，而仓库中实际只有四百多名守军。由于这一壮举，杨惠敏与谢晋元的事迹后来被一同编入历史教科书中，著名的张治中将军还曾认其为义女。当接过浸透了汗水的民国国旗时，壮士们无不激动得热泪盈眶。第二天凌晨，这面民国国旗便被绑在两根竹竿上，随即飘扬在四行仓库大楼顶上。看到冉冉升起的民国国旗，隔河的群众顿时欢声雷动，在场的外国人也无不为之动容。很快，这一激动人心的场面由路透社传遍全世界。在四行仓库英雄们的感召下，中国文化界迅速行动起来。在武汉，分别来自云南和湖北的热血青年桂涛声与夏之秋一起创作了歌曲《歌八百壮士》："中国不会亡，中国不会亡，你看那民族英雄谢团长；中国不会亡，中国不会亡，你看那八百壮士孤军奋守东战场。四面都是炮火，四面都是豺狼，宁愿死，不退让，宁愿死，不投降，我们的国旗

在炮火中飘扬！飘扬！八百壮士一条心，十万强敌不敢当，我们的行动伟烈，我们的气节豪壮。同胞们，起来！同胞们，起来！快快上那战场，拿八百壮士做榜样，中国不会亡！中国不会亡！"短短几天后，这首歌颂八百壮士孤军奋战的歌曲便被广泛传唱，而其沉雄豪迈、坚定激昂的气势也成了中华民族抗击外侮的最强音。

四行仓库守军在顽强抗敌

当年冒着生命危险将中华民国国旗送到四行仓库阵地上的杨惠敏

　　由于当时日本尚未对英美宣战，因此四行仓库紧邻公共租界的有利地形也起到了重要作用。30 日，日军向四行仓库发起总攻。战斗从上午 7 时开始，一直持续到午夜。但是面对早已将生死于置之度外的壮士们，日军始终无可奈何。因为它们虽然准备好飞机大炮，却因担心炮弹落入租界引发国际争端而不敢贸然使用。就这样，凭着一座孤楼，八百壮士硬是与日军血战四昼夜，歼敌两百余名，而自己仅伤亡三十余人，胜利完成掩护大部队撤退的任务。

　　31 日凌晨，在上海公共租界当局的压力下，考虑到预定作战任务已经完成，中国军事当局下令谢晋元部撤退至租界内。在各方的协调下，八百壮士顺利撤出四行仓库，退入租界。然而慑于日军的压力，租界当局竟下令收缴了中国军队的武器。随后，八百壮士被押送至胶州路的一处临时军营。孤军营占地数十亩，住房简陋，四周铁丝网高架，由白俄士兵把守，壮士们只能在铁丝网内活动，形同俘虏。即便在如此艰苦的条件下，谢晋元仍率领部下过着严格的部队生活，准备随时报效祖国。没想到，就在这种貌似安全的条件下，谢团长却遭遇了不幸。自从进入租界以来，日本就多次派出汉奸对谢晋元进行拉拢，但均遭到严词拒绝，最终恼羞成怒的他们竟使出了卑鄙的手段。1941 年 4 月 24 日清晨，当谢晋元率部早操时，突然遭到内部叛徒郝某等 4 人的袭击，不幸蒙难。令人感慨的是，八百壮士在四行仓库的生死绝境中能够同仇敌忾，而在风平浪静后却有个别人沦为了金钱的俘虏。噩耗传来，上海民众震惊万分。4 月 25 日，超过 10 万民众前去吊唁谢团长的英灵。为了表彰谢晋元抗击敌寇的壮举，远在重庆的国民政府特地追授其为陆军少将。更不幸的是，半年后，随着太平洋战争的爆发，日军占领了租界，滞留在租界内的八百壮士随即沦为日军的俘虏。为防万一，日军仍将八百壮士分散看管，并将其中一部分押往杭州和南洋群岛做苦工，直至抗战胜利后，为数不多的幸存者才恢复自由。

　　继上海之后，在整个抗日战争期间，无数中国城市及其守卫者同日军展开了殊死较量。虽然经历的血与火的洗礼，但这些英雄城市的名字却格外闪耀，而当年的那些守卫者，后人同样不应忘却。我们在这里无法一一列举，但以下几座城市却不得不提：长沙、常德、衡阳、重庆。

　　如果要问，抗战期间最令日本人苦恼的城市是哪一座？那答案毫无疑问是长沙。因为从 1939 年至 1942 年短短三年内，中日双方就曾在这里进行过三次会战，投入兵力之多，伤亡之惨重，影响之深远，实非三言两语能说得清楚。而提到长沙会战，就不得不提到薛岳，号称"歼灭日军数量最多"的中国战将。

作为抗日名将，薛岳（1896—1998）的军事履历可谓无比辉煌。特别是在抗战期间，他先后参加了淞沪会战，指挥了武汉会战、徐州会战、长沙会战等著名会战，并以其著名的"天炉"战法消灭了大量日军。薛岳是广东韶关客家人，绰号"老虎仔"，13岁便加入中国同盟会，曾担任孙中山警卫团的营长，1922年陈炯明叛乱时曾冒着生命危险救护宋庆龄逃离虎口，后成为蒋介石的得力干将，1937年被任命为贵州省政府主席。抗战爆发后，薛岳主动要求奔赴前线对日作战。从淞沪会战起，他参与并指挥了许多次大规模战役，立下了赫赫战功。纵观整个抗日战争，薛岳是歼灭日军最多的中国将领，仅三次长沙会战就歼灭日军十万余人。可以毫不夸张地说，薛岳的军事生涯与长沙这座城市有着密切的关系。

1938年年底，薛岳被任命为第九战区代司令长官，不久兼任湖南省政府主席。而在此后的三年间，他指挥了三次长沙会战，与日军展开了殊死搏杀。1939年8月起，为打击第九战区主力，挫败国民党军队的抗日意志，并从军事上配合汪伪政权成立，日军开始调兵遣将，总共集中了步兵10万，陆军航空兵团约100架飞机及一部分海军，目标直指当时中国大后方的门户长沙，这也是欧战爆发后日军对中国正面战场的第一次大攻势。中国方面，第九战区最高指挥官薛岳随之加紧部署，严阵以待。鉴于长沙地区的地势却不利防御作战，他大胆改变以前层层设防、逐次防线地与日军进行阵地防御战的战术，转为只以部分部队坚守正面既设阵地，逐次予敌消耗，主动转移至敌之侧翼，继之以伏击、侧击、尾击等各种手段逐次消耗敌兵力，待敌进入预定决战区域，集中使用绝对优势兵力，将敌一举围歼。

9月14日，第一次长沙会战开始。日军采取其传统的"分进合击，正面突破、两翼包抄"的战术，分别从赣西、鄂南、湘北三个方向会攻长沙。在会战中，中国官兵表现出了空前高涨的意志，与日军进行了异常激烈的战斗。在中国军队的顽强打击下，日军尽管集中了10万兵力，但此次进攻却未能达到歼灭第九战区主力的作战目的，反而遭受惨重损失，伤亡达两万余人，被迫于10月1日放弃攻势退却。

1941年9月，日军再次对长沙发动进攻，目的仍是打击第九战区中国军队。虽然由于作战电报被破译而陷于被动，但薛岳麾下军队仍在苦战后逼使日军退却。也正是在第二次长沙会战后，薛岳总结出著名的"天炉"战法，即在日军进攻的

撤入租界的四行仓库守军

谢晋元团长遇害后，重庆各界的悼念情形

抗战前线上的薛岳（中），1941年左右

地区内彻底破坏道路，实施"空室清野"，设置纵深伏击阵地，诱敌深入，以尾击、邀击、侧击、夹击，使这一地区成为一个"天然熔炉"，将日军围歼于内。同年年 12 月 23 日，日军发动了第三次长沙会战。此次会战，中国军队先是展开防御作战。第九战区一线兵团依托各阵地逐次抵抗，给日军相当的损耗，使之迟滞。待敌深入长沙预定决战地区，长沙守军顽强坚守核心阵地，连续挫败日军进攻。同时第二线反击兵团周密协同，对日军进行合围。日军屡攻长沙不下，周围中国军队又不断压缩包围圈。日军弹药将尽而补给线已被切断，只能空投补给。等他们展开退却时，我军合围部队立即转为向敌阻击、截击、尾击作战，穷追不舍，在多处予敌重大打击。至 1942 年 1 月 15 日，日军被迫撤退，恢复战前态势。第三次长沙会战，薛岳部获得大捷，共毙伤日军五万余人，俘虏 139 人，更重要的是引起了较为强烈的国际反响，获得了英、美等国政府和舆论的高度赞扬和评价。

当时，日军携太平洋战争初期屡战屡胜的气势，在东南亚各地不可一世。而唯独中国在长沙会战中获得了重大胜利。英国著名的《泰晤士报》评论称："12月 7 日以来，同盟国唯一决定性之胜利，系华军之长沙大捷。"而美军陆军总参谋长马歇尔将军也致电蒋介石："对于阁下之部队在长沙周围策动抵抗日军时，其精神与有效之动态，表示庆贺。"正是在此次长沙大捷的鼓舞下，1942 年 2 月7 日，美国国会参众两院一致通过向中国提供 5 亿美元的财政援助，同时英国也提

长沙会战时的情形

常德会战中国守将余程万

供 5000 万英镑的贷款，这两笔钱超过了国民政府的全部预算。在得到国际大力援助的同时，中国也立即成为抵抗法西斯轴心的主要盟国。由于薛岳在抗战期间的杰出功勋，后世许多人将其誉为"抗日第一战将"。第二次世界大战结束后，美国总统杜鲁门特地在 1946 年 10 月 10 日中华民国国庆日这天授予薛岳一枚自由勋章，以表彰他在抗战中的功绩。

如果说薛岳在长沙指挥的作战还带有几分捷报，那么 1943 年秋的常德会战则将"悲壮"二字演绎到了极致。相信很多人都曾看过一部名为《喋血孤城》的电影吧，实际上，电影的情节绝非虚构。

1943 年秋，为了牵制中国军队对云南的反攻，掠夺战略物资，同时打击中国军队的士气，日军对第六战区和第九战区结合部发动了一场战役。当时，日军出动 45 个步兵大队约九万人，冲破了第六战区右翼的第 10、第 29 集团军防线，在外围中国军队 30 个师的围攻下攻克常德，随后又重创了前来解围的第 10 军等部队。虽然中国军队最终收复常德，但战役的进程却一度令远在埃及参加开罗会议的蒋介石颜面大失，并让守将余程万因此长时间身背"弃城逃跑"的骂名。

说起来，在当年国民党将领中，余程万（1902—1955）不但"根红苗正"，而且属于知识型人才。他是广东台山人，又是黄埔一期毕业生，25 岁就成为少将，后又毕业于中山大学政治系，还曾在陆军大学研究系深造，这样的文武全才实属罕见。1940 年，余程万出任国民党五大王牌军之一 74 军 57 师师长，该师因其精锐程度而享有"虎贲之师"的美誉。1943 年，日本为策应太平洋战场，发动了常德会战。作为军事重镇，常德历来是兵家必争之地。接到防守常德的命令后，余程万即率 57 师官兵积极备战，誓与常德共存亡。11 月 18 日，日军第六方面军第 11 军主力 5 个师团约十余万人，其中攻城部队四万余人，在飞机的掩护下全线进攻常德。令日军指挥官震惊的是，尽管孤守常德的"虎贲之师"只有 8315 人，但却顽强抵抗了半个月。战事进行得极其惨烈。到 12 月 3 日凌晨，57 师官兵仅剩三百余人。当时，蒋介石正在埃及参加开罗会议。当常德的战况传来时，美国总统罗斯福特意向蒋介石询问守城部队的番号和主将姓名，并将余程万的名字记在备忘手册上。可以想象，那时蒋委员长的面子是多么大呀。然而没多久，国内又传来了常德失陷、余程万率军突围的消息。这一来一去，确实令蒋委员长颜面无光，恼怒的他扬言回国后要枪决这位不争气的黄埔门生。那么，事情的真相又如何呢？

就在中外各界一致为常德守军大唱赞歌之际，殊不知城内却是另外一番景象。很少有人知道，当时的常德城已是一片焦土，日军不分日夜狂投燃烧弹，城内大火蔽天，而师长余程万仍率残部踞守城西南一角与敌殊死搏斗。苦守多日，眼看援军无法如期抵达，决意战死常德的他怀着复杂的心情给第六战区司令长官孙连仲发了一则电文："弹尽，援绝，人无，城已破。职率副师长、指挥官、师副、政治部主任、参谋主任等固守中央银行，各团长划分区域，扼守一屋，作最后抵抗，誓死为止，以报国恩，并祝胜利。第七十四军万岁，蒋委员长万岁，中华民国万岁。"但或许是不忍仅存的部下再去送死，余程万最终没有选择以身殉国。就在12月3日凌晨，他留下一百余人守城，自己则率领两百余人渡江突围，向德山方向移动，以图与增援友军会合。最终，这支"虎贲之师"仅83人生还。

关于对余程万的评价，当年在常德血战后即有人这样称赞道："虎视群倭意难平，贲威飒飒震乾坤。"然而对于蒋介石来说，弃城潜逃简直罪不容诛。要不是众多黄埔门生求情，他还真差点枪毙余程万。实际上，一直以来都有人为余程万鸣不平。因为常德一战，余程万已尽最大努力。著名历史学家黄仁宇也曾说："事实上他已将全师官兵牺牲于常德城内，在作战效率上讲，除了他自身一死之外，已替统帅尽了最大职责，常德能及时收复，主要由于第57师的强韧抵抗，要是蒋介石再惩罚余，以后谁肯替他认真作战？"

对余程万而言，常德会战似乎成为他人生的绝唱。虽然后来他又先后担任74军副军长、26军军长及云南绥靖公署主任等职，但牺牲在常德的八千英灵似乎成为他永远的心结。正是在这种心结的驱使下，余程万又演绎了战场之外的另一段佳话。

原来在常德会战结束后，为了使更多的人了解"虎贲之师"的壮烈事迹，余程万找到了当时的畅销作家张恨水，希望后者能据此创作一部小说。起初，张恨水以"不懂军事、没有上过战场"为托词拒绝了。但是心意已决的余程万却干

常德会战的情形

衡阳会战的情形

脆搬到张恨水居所附近住下来，并常常登门拜访。久而久之，两人竟成为好友。1945 年春，张恨水在阅读了余程万提供的部分材料后，被当年那场血战深深震撼了，随即便创作了小说《虎贲万岁》。在自序中，作家这样写道："我写小说，向来暴露多于颂扬，这部书却有个例外，暴露之处很少。常德之战，守军不能说毫无弱点，但我们知道，这八千人实在已尽了他们可能的力量。一师人守城，战死得只剩下八十三人，这是中日战争史上难找的一件事，我愿意这书借着五十七师烈士的英灵，流传下去，不再让下一代及后代人稍有不良的印象，所以改变了

方先觉

我的作风。"以张恨水在文坛的号召力，小说自然引起巨大轰动，而57师乃至余程万也随即名扬全国。感激之余，余程万特地送去一笔巨款，但张恨水却婉言谢绝，只是在抗战胜利后接受了前者赠送的一把日本战刀。更值得一提的是，在《虎贲万岁》面世后，苏州一位漂亮的大家闺秀出于对英雄的敬仰，竟成了余程万的夫人！这也算是血腥战场之外的一段风流佳话吧。

　　纵观整个抗日战争，敌我双方围绕着一城一地展开的殊死搏杀几乎不胜枚举。若论惨烈程度，能够与常德会战相比的也不在少数，衡阳会战无疑是最具代表性的。衡阳会战虽然发生在抗战即将结束的1944年，但却是中国抗战史上敌我双方伤亡最多、交战时间最长的城市攻防战。当年，面对着数倍于己的日军，中国第10军在衡阳与敌血战整整47天。战况一度震动了日本朝野，甚至导致近卫内阁下台。

　　同余程万类似，衡阳守将、第10军中将军长方先觉（1905—1983）也是黄埔军校毕业，是蒋介石的嫡系门生。1944年2月，为了打通从马来亚经中国到朝鲜的大陆交通线，日军发动了豫湘桂大会战。在后世，此次会战因国民党军队的大面积溃败而备受指责，但在衡阳这座城市，中国守军却创造了军事奇迹——以1.7万人对抗敌军9万人达47天，而上级当初给他们的命令是坚守衡阳城10—15天！

1944年6月23日拂晓，日军第68、第116师团扑向衡阳。双方激战至6月27日，日军在付出巨大伤亡的代价后，攻占了衡阳外围阵地，阵地上的中国守军连伙夫在内，无一人逃跑、投降，全部战死。此后10天，尽管日军动用了飞机、重炮甚至施放了毒气，但仍不得不在7月2日停止第一次总攻。7月11日，得到增援的日军攻城部队开始对衡阳发起第二次总攻。经过连续9昼夜的血战，日军第68、第116师团以伤亡8000人、阵亡联队长1名、大队长6名、几乎所有中队长的代价，只攻占了衡阳防线的一线阵地，中国守军也伤亡4000余人，连失守的阵地都打到最后一人。遗憾的是，由于缺乏协调，中国方面前来支援衡阳的第79军、第62军却被打退。由于衡阳久攻不下，日本天皇和日军大本营都为之震惊。在遭到严厉斥责后，日军又调派了第58师团、第13师团两个主力师团增援，而此时守城的中国第10军的有生力量已经基本消耗殆尽，轻伤员、马夫、伙夫统统上了火线。8月4日凌晨，日军合四个师团之力对衡阳进行了第三次总攻。激战至8月5日，第10军伤员已过8000人。眼看援军迟迟不到，一些绝望的将领向军长方先觉提议突围，后者起初严词拒绝。然而到8月7日，守军与外界的通信已全部中断，伤兵满营。8月8日，面对败局已定的情形，方先觉向军委会发出最后一则电文，随即准备拔枪自杀，不料一旁的副官眼明手快，将其手枪打落。后经众部下苦劝，方先觉无奈同意投降，并向日方提出保证官兵生命安全，收容治疗伤兵，郑重埋葬阵亡官兵及保留第10军建制，就地驻防等条件。出人意料的是，正是出于对第10军官兵的敬意，一向残忍的日军居然同意了所有条件，最终第10军共13000余人放下了武器，其中约9000人是伤员，历时47天的衡阳会战至此宣告结束。后来，日军承认在这场战役中的伤亡就达3.9万人。

在方先觉部投降后，日军随即又强迫他们组建"先和军"，并任命方为军长，其部下周庆祥、葛先才、容有略、饶少伟等分任第1、第2、第3、第4师师长。11月19日，被囚禁达三个月之久的方先觉终于在伪衡阳县自卫司令王伟能等人的帮助下逃出日军控制，随后辗转抵达重庆。抵达重庆后，他受到了各界人士的热烈欢迎，并被任命为第36集团军中将副总司令。为了方先觉的功绩，军事委员会还于1945年2月19日授予其青天白日勋章。然而事情并没那么简单，由于毕竟曾做过俘虏，方先觉实际上扮演了悲剧人物的角色。而作为抗战中唯一投降过的黄埔将领，他后来再也没有得到蒋介石的重用。甚至在 1968 年于台湾退役后，仍有人拿衡阳之事抨击他。

纵观整个抗日战争期间，大半个中国的无数城市都曾经历了血与火的洗礼。与上述在战争前线与敌人面对面较量的城市不同，有些城市尽管因地处大后方而远离了炮火与搏杀，但同样没有获得安宁。其中，作为战时陪都的重庆无疑是最典型的。

重庆，原本只是一座地处中国西南、位于长江上游的城市，工业经济与文化并不算非常发达。然而，随着抗战爆发后国内形势的急剧变化，这座城市却骤然间变得至关重要。由于其独特的地理位置，1937 年 11 月，重庆被定为中华民国的"战时首都"，这种状况一直持续到 1946 年 5 月国民政府宣布"还都"为止。毫无疑问，能够成为战时中国的首都、国民政府众多中央机关的驻扎地以及对日抗战的最高指挥核心，重庆是幸运的。然而这种幸运同时也不可避免地招致了灾难，或许，这就是战争。

尽管由于各种原因的限制，横行无阻的日军面对长江上游的天险止步了，他们没有直接出兵进攻重庆。但在战争期间，为了摧垮中国军民的抵抗意志，日军又多次通过空中轰炸的方式对这座城市肆意蹂躏，从而制造了一系列骇人听闻的惨案。

据不完全统计，自 1938 年至 1943 年，日军对重庆进行了 218 次轰炸，出动飞机九千多架次，投弹 11500 枚以上，导致这座城市一万多人死于轰炸，超过 17600 幢房屋被毁，市区大部分繁华地区被破坏。由于实行的是战略轰炸政策，因此日军毫无顾忌。在 1939 年 5 月初的连续轰炸中，他们居然大量使用燃烧弹。重庆市中心因此连日大火，大片商业街道被烧成废墟。值得一提的是，虽然当时太平洋战争尚未爆发，但设于重庆的外国教会及英、法等国的驻华使馆同样遭到轰炸，就连挂有纳粹党旗的德国大使馆也未能幸免。特别是 1941 年 6 月 5 日那次震惊世界的隧道惨案，更是在重庆市民心头留下巨大的创伤。当天晚上，日军出动飞机对重庆进行了持续时间达五个多小时的轰炸。轰炸中，由于一个主要防空洞——较场口大隧道部分通风口被炸塌，从而导致洞内通风不足，结果造成踩踏事件，数以千计的难民因此窒息而亡，这也是第二次世界大战中间接死于轰炸人数最多的一次惨案。据目击者声称，惨案发生后，现场景象

重庆大轰炸，1941 年

重庆大轰炸后的人们在清理废墟

空袭时公共防空洞里一瞥，1941 年

孩子们为来访的美国军事调查员唱爱国歌曲

极其恐怖。即便多年以后，每当我们目睹当时的照片时，仍能依稀嗅到战争的血腥。

日军之所以实行如此惨无人道的战略轰炸，其目的无非是希望通过制造大量平民伤亡来瓦解中国抵抗的士气。但是作为战时首都，重庆并没有屈服。面对敌人疯狂的轰炸，重庆当时的街道上随处可见"愈炸愈勇"这样的标语。在敌机的轰鸣声中，重庆始终屹立不倒，在大后方激励着中国的抗战。

四、滇缅奇迹

　　1990 年 7 月 1 日，地处北京天安门广场东侧的中国革命博物馆（现中国国家博物馆前身）推出了一个特殊的展览。步入展厅，观众纷纷被三枚特殊的奖章吸引——国民党军事委员会颁发的陆海空一级奖章、国民政府颁发的抗日胜利勋章以及美国自由勋章。这三枚奖章的主人名叫李温平，而追忆他所获得的这些殊荣，还得从抗战期间的滇缅公路说起。

　　在抗日战争中，曾有一条生命线，长期支撑着中国战场战备物资以及大后方的经济供应，它就是由滇缅公路、中印公路等组成的西南运输大通道。在抗战初期，中国从西方购买了大量汽车、石油和军火，海外华侨也筹集了大批药品、棉纱、汽车等物资。然而当时沿海交通尽被日军控制，于是在云南另外修建一条通往印度洋的交通线成为当务之急。早在 1937 年 8 月，时任云南省政府主席龙云到南京参加国防会议时就向蒋介石建议把云南作为抗战后方，由地方出资加上中央补助，修筑一条由昆明经滇西到缅甸的公路，连通仰光港和印度洋，开辟一条新的国际通道，使在缅甸仰光上岸的海外援华物资通过公路和铁路运往中国大西南后方基地。在得到蒋介石的赞同后，修筑滇缅公路一事便提上了议事日程。随即，国民政府与英国政府商定，以缅甸腊戌与中国畹町作为滇缅公路衔接点，缅甸境内与中国境内各自负责承建。滇缅公路的东段，由昆明到下关，当时叫滇西公路，原系云南滇西省道干线，全长 400 公里，已于 1935 年开通。而当务之急是修通滇缅公路的西段，即从下关至

美国政府颁发给李温平的自由勋章，原件藏于中国国家博物馆

畹町进入缅甸。这一段路全长四百五十余公里，但是由于途中地势险峻、环境恶劣，需穿越高黎贡山等 6 座大山，跨越怒江、澜沧江等 5 条深谷急流，穿越悬崖峭壁 8 处。因此许多外国专家估计，修通这条路至少也要三年的时间。然而面对抗战前线急迫的需求，如何能等得了三年的时间？最终，龙云向国民政府立下了军令状：一年内修通这条公路！

下面我们就看看，云南人当年是如何创造奇迹的。

尽管时间紧、任务重、气候环境恶劣、施工条件极差，但为了完成这项艰巨而浩大的工程，国民政府仍于 1937 年 10 月下令征调云南民工 20 万人，并要求以最快的速度完成。接过任务后，龙云亲自兼任滇缅公路总工程处的督办。很快，公路沿途各地政府人员也纷纷动员起来。据说，当时龙陵县县长王锡光就接到了来自云南省政府的一封"鸡毛信"和一副手铐，信中写道：该县工程土石方限期完成，否则县长自戴手铐来昆明听候处分。随后王县长又拿着"鸡毛信"和手铐去找当地的土司，将其带到怒江边的悬崖峭壁上然后说，如果不按期完工，我就拉着你，我们两个就从这个地方一起跳下去。就这样，仅有四万多人口的龙陵县竟有一万多人投入到公路修建上。

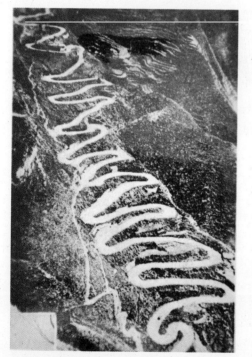

滇缅公路局部影像

1937 年年底，在资金、人力、技术、设备等都极为缺乏的情况下，滇缅公路全线开工。令人唏嘘的是，当时云南的许多青壮年都已奔赴前线，因此滇缅公路沿途几十个县虽然号称调集了 20 万民工，但实际上很大一部分是老人、妇女和小孩。正如当年曾在这里实地采访的作家萧乾所记述的："筑路的人老到七八十，小到六七岁，没牙老媪，花裤脚的闺女。当洋人的娃娃正在幼儿园玩耍时，这些小罗汉们却赤了小脚板，滴着汗粒，吃力地抱了只畚箕往这些国防大道的公路上添土。"据记载，滇缅公路的修建分为两个阶段，首先挖出毛路，然后再铺砂石碾压。由于缺乏现代化机械，劳工们用最古老的工具搬来采集的石料，附近河里能搬动的石头几乎被捞光，而每一块石头都是用双手一锤一锤敲出来的。因当时没有压路机，工人们就使用自制石碾子压路。石碾子一般高近两米，重达3—5吨，往往要数十甚至上百人才能推上坡。而在下坡的时候，失控的石碾子有时会因失去控制而伤人无数。就这样，从1937年11月到1938年7月短短9个月的时间里，二十多万来自滇西边境的各民族民工，自带干粮、工具，在没有任何先进机械设备的情况下，靠着简单的工具，敲碎石、挖土石方，一寸一寸地将公路向前延伸。据不完全统计，滇缅公路西段仅下关至畹町，土石方就达1233万立方米，建成大中型桥梁7座，小桥522座，涵洞1143个。民工投入的劳动量极其巨大，死亡1667人，伤残3334人。当滇缅公路竣工时，西方人惊奇地发现，中国人几乎是靠血肉之躯完成了这项艰巨的工程，而仅用时287天。消息传出后，西方舆论顿时为之震惊，他们纷纷惊呼，这是一条"用手指抠出来的公路"。英国《泰晤士报》发表文章赞叹道："这只有中国人才能在这样短的时间内做得到！"有趣的是，美国总统罗斯福最初竟然不相信这是真的，遂命驻华大使詹森前往实地考察。面对铁一般的事实，詹森不禁充满感慨地说："滇缅公路工程浩大，全赖沿途人民的艰辛耐劳精神，这种精神是全世界任何民族所不及的。"1940年8月4日，《云南日报》曾充满自豪地发表文章评论说："滇缅公路是继长城、运河以后唯一的巨大工程，是历史上的奇迹，她将永远是中华民族生存力量的纪念碑。"至于时任滇缅公路运输管理局局长的谭伯英，则直接称滇缅公路为"血路"。

1938年11月初，第一批军用物资——苏联援华的6000吨军火由英国轮船"斯坦霍尔"号从敖德萨运至仰光港上岸，再经铁路和滇缅公路运往中国境内。可以说，建成的滇缅公路，发挥了战时国际运输通道的重要作用。据统计，从1938年到1945年抗战结束，经这条公路运入中国的物资共约四十九万余吨，包括油料、武器弹药、药品、交通通信器材等。

在滇缅公路修筑过程中，劳工们的双手创造了奇迹，也涌现出一批令世界刮目相看的中国高级技术人才，李温平就是其中的杰出代表。

李温平（1912-2010），福建惠安人，1935年赴美国攻读运输工程硕士和博士学位。抗战开始后他回国效力，1938年1月，滇缅公路总工程处紧急成立，李温平担任了修建滇缅公路的总设计师。作为近代中国第一位高级爆破工程师，他将自己的专长献给了抗战事业。

滇缅公路的施工情形

滇缅公路著名难点工程——惠通桥

时任美国驻华大使的詹森

美国工程人员在滇缅公路沿线铺设输油管

滇缅公路这条"生命线"打通后，无数的军用物资与战斗人员通过这里

　　到达滇缅公路施工现场后，李温平发现，公路经过的 80% 路段都是崇山峻岭。由于抗战形势日益紧迫，滇缅公路的很多路段只好边勘测边施工。有经验的工程技术人员在战前就十分缺乏，抗战开始后，这个问题就更加尖锐了。无奈之下，滇缅公路总工程处只能对流落到昆明的一些有文化的年轻人进行培训，让他们在短时间内学习地理和地质方面的知识，学习如何加快公路工程进度、用沙砾平整路面、把一条曲线慢慢拉成一条直线、减少急弯和陡坡、改良排水系统以及如何修建载重量不能小于 10 吨的桥梁等一些课程。尽管这绝对是一种速成性质的培训，但在那个刻不容缓的年代，抗战激情高涨的年轻人却取得了惊人的学习效率，很快就在滇缅公路建设中磨炼成为技术骨干。也正是由于众多像李温平一样技术人员的努力，加上广大劳工任劳任怨地挥洒着汗水，滇缅公路的奇迹才得以诞生。

　　滇缅公路修成后的几年中，随着运输压力的增强，碎石路面、坎坷不平、雨季不能通车等问题，使该公路逐渐不能承担繁重物资的运送任务。1941 年秋，在李温平的直接指挥下，工程队开始给滇缅公路铺设沥青，这是中国第一段沥青路面的铺设工程。他带领工程队顶风冒雨，夜以继日地苦干，在工具非常落后的情

修建中印公路期间，中美工程技术人员在一起，左三为李温平

况下，完成了许多重要路段的沥青铺设，使滇缅公路的运输能力大为提高。过去每天只能通过300辆汽车的土路，铺上沥青后，每天可通过2000辆，运输周期大大缩短。

不久，为了配合中缅战场上对日军的反攻，盟军总部决定赶修一条从印度利多经缅甸至中国云南昆明的保密公路（即中印公路）。李温平担任保密公路第一工程处副处长，配合美军上校薛德乐率领的工兵团，负责打通公路的中国段工程。在该公路的修筑中，李温平再次显露了杰出的攻关才能。当公路穿过一片沼泽时，因筑路机械与工具无法施展，薛德乐上校一筹莫展，这时李温平设计了一种"沉筏换土"的方法，终于将这一段路修成；当公路被一座高大的峭壁挡住时，又是李温平经过对石层纹理的仔细分析，实施钻孔爆破，解决了难题。中国工程队仅用两个多月的时间，就打通了300公里长的复杂路段，堪称人类筑路史上的奇迹。1945年1月20日，总长1730公里的中印公路全线通车，此后半年里，就有五万余吨援华物资由此源源不断地运送到中国。

由于在一系列工程中的卓越贡献，抗战胜利后，国民政府颁发给李温平一枚抗日勋章，盟军总部也奖给他一面锦旗，上面绣着中印公路路线及开通日期。1946 年 12 月，美国总统杜鲁门发布命令，授予李温平等四名中方工程技术人员铜质"自由勋章"，这是美国政府向民间人士所颁发的最高勋章。由于历史原因，直到 38 年后，美国政府才专门为李温平举行了授勋典礼。1986 年，李温平先生将这枚"自由勋章"和锦旗捐赠给中国国家博物馆收藏。

如今，在经历了六十多年的风雨后，当年的"抗战生命线"只剩下龙陵县境内七十多公里的旧路了。但是对于这段血与泪书写的往事，历史永远也不应忘记，因为滇缅公路是一条诞生于抗日战争烽火中的国际通道，是滇西各族人民用血肉筑成的。放眼全世界，恐怕没有哪条公路能像滇缅公路这样，与一个国家、一个民族的命运联系得如此紧密。在最艰苦的年代，这条穿过了中国最险峻的山区、跨越了中国最湍急的河流、蜿蜒上千公里的运输干道，对于中华民族的生存来说是一条不折不扣的生命线。与此同时，滇缅公路还间接改变了战争的进程——它使得日军放弃了原来的计划，改为从越南沿海、西北和缅甸来封锁中国的对外通道，从而给疲惫的中国有了喘息的机会。

有了路，还得有车；有了车，还得有司机。滇缅公路修成后，为了将大量战略物资及时运往国内，另外一个创造奇迹的群体又涌现出来，他们就是著名的南洋华侨机工。

近代以来，海外华侨的爱国情怀从未沉寂。特别是抗日战争全面爆发后，他们纷纷成立"服务""救济""筹赈会"等民间组织，以慈善社团名义抗日救国。滇缅公路修通后，由美国、英国等国家援送的军火、汽车、汽油等抗日物资堆集在缅甸仰光，急需送往中国抗日战场。从 1939 年到 1942 年的三年间，滇缅公路上一共抢运回国一万三千多辆汽车。但是有了汽车之后，司机严重缺乏的问题又凸显出来。由于滇缅公路迂回于崇山峻岭中，十分险峻，为完成艰巨运输任务，需要大量技术娴熟的汽车驾驶员和修理工，而当时国内这类熟练的人员大多已开赴前线参战。为此，国民政府请求华侨领袖陈嘉庚先生在南洋代为招募华侨司机和修理工。很快，陈嘉庚和他领导的南洋华侨筹赈会就发出了《征募汽车修机、驶机人员回国服务》的通告："凡吾侨具有此技能之一，愿回国以尽其国民天职者，可向各处华侨筹赈会或分支各会接洽。"

通告发出后，迅即在南洋引起震动，成千上万的华侨青年怀着"天下兴亡，匹夫有责"的民族责任感纷纷报名。许多青年为了获取批准，不惜虚报年龄，甚至有几名女性竟女扮男装。为了回国参战，不少机工自愿放弃优裕的生活。从1939年2月至8月，南侨筹赈总会和所属支会、分会，从众多的志愿报名者中选拔了3192名南侨机工，远远超出政府要求的550个名额，其中还有4名乔装成男性的巾帼英雄。他们分别来自马来亚、新加坡、北婆罗洲、荷属东印度群岛（印度尼西亚）、仰光、泰国、缅甸、菲律宾等地，先后分为九批经安南（越南）、仰光、香港三条路线回国，服务于中国国民军事委员会西南进出口物资运输总经理处。

抵达昆明后，机工们经过短暂的军事训练，根据需要进行编队，大多数人被编在第11、第12、第13、第14队四个运输大队。在南洋侨胞捐献300辆汽车后，又组建了"华侨先锋运输队"第1队和第2队。其余的混编到第1、第3、第5、第9、第15大队。修理工除部分随队从事修理外，其余分配到芒市、保山、下关、昆明、贵阳、重庆的修理厂工作。从1939年四五月至1942年5月，南侨机工主要从事滇缅公路上的军运工作。为完成繁重的任务，他们不分昼夜，克服种种困难，冒着生命危险把战略物资源源不断地从缅甸腊戍等地运回国内。由于路途险恶、气候恶劣，加上瘟疫及日军的轰炸等原因，许多机工在运输过程中献出了生命。

随着战场形势的变化，华侨机工还要经常接受一些临时性的紧急任务。1940年夏，当英国被迫封闭滇缅公路时，华侨机工便全力以赴投入抢运军用物资的工作中。他们早上从腊戍装车出发，晚上到中国芒市卸车，当夜又赶回腊戍。如此昼夜不休，终于把三个月被封锁的运货量提前抢运了回来。1942年2月，当日军逼近曼德勒，腊戍也危在旦夕时，华侨机工先锋一大队二中队奉命赶到瑞丽雷允机场，装运高射机枪子弹、通信器材和药品到腊戍。当车队进入缅甸境内不久后，英缅军和远征军已开始溃退，但为了前线的需要，机工们仍不顾个人安危，冒着极大的危险继续驱车前进，直到完成任务。在运输过程中，还有些机工因道路被阻而遭到日军杀害。

由于战时条件所限，华侨机工的生活极为艰难，微薄的生活费经常入不敷出，许多人甚至因饥寒体弱疲乏而突然晕倒。尽管如此，他们仍无怨无悔地奋战在滇缅公路这条生命线上。据史料统计，在华侨机工参加运输前的1939年1月至5月，通过滇缅公路运入中国的武器和其他军用物资每月仅一千多吨。而自从大批华侨机工参加军运后，每月运量猛增。从1939年11月至1940年6月，每月运量增

滇缅公路打通后，成千上万的华侨机工义无反顾地回国服务

华侨机工工作时的情形

至一万吨左右。到 1942 年 5 月滇缅公路被日军切断前，华侨机工共将 45 万吨以上的军火物资抢运至昆明，日均运输量超过 300 吨，支撑着中国抗日的各个战场，为抗战的最终胜利发挥了关键作用。与此同时，华侨机工们也为此付出了沉重的代价。据有关史料统计，抗战期间，在全长 1146.1 公里的滇缅公路上，直接牺牲的南侨机工达 1028 人。也就是说，平均一公里滇缅公路上就有一名机工牺牲！

广大南洋华侨机工服务于滇缅公路的壮举，开启华侨史上一次最集中、最有组织、影响最为深远的爱国主义行动。而他们的卓著贡献，也受到了国内外人民的广泛称颂。1946 年 5 月 5 日，在华侨机工回国七周年的纪念日那天，云南省国民政府主席卢汉题词："墨翟善守，公输善攻，利其器，克壮军容，扩而克之，唯南侨之功！"

五、愤怒的镜头

"什么地方燃烧，就去什么地方拍摄。"这句话向来被奉为职业新闻摄影师的最高准则。

作为新闻报道中最特殊的一种手段，新闻摄影曾在许多历史时期产生过重大影响。一些经典的新闻镜头，甚至在时过多年后依然萦绕在人们的脑海中。而在众多的新闻镜头中，战地摄影无疑是最具震撼力的。毫不夸张地讲，有些经典照片在引起人们强烈的反响之外，甚至能在某种程度上对战争本身产生影响。在九十多年前的抗日战争中，就曾涌现出这样一批产生了强烈震撼力的经典照片。当日本侵略者肆无忌惮地蹂躏中国的土地时，当无数热血中华儿女奋起浴血抵抗时，一些身份为"战地摄影师"的人也拿起他们的武器——照相机。他们冒着枪林弹雨，穿行在各条火线上，将镜头对准了抗争者，也对准了侵略者。而他们留下的众多经典镜头，所传递出的愤怒与悲壮至今以人难以忘怀。

1937 年 10 月，一位名叫方大曾的年轻摄影师失踪了，永远失踪了。对于家人和朋友而言，他就像谜一样消失在了战争的硝烟中。直到多年后，人们才通过他留下的数百张照片了解到：在抗日战争爆发前后，曾经有这样一位年轻人，拿着他的照相机奔波在最前线。

方大曾（1912—1937），又名方德曾，笔名小方，1912 年生于北京协和胡同一个四合院里。方大曾的父亲当时在外交部任职，有着较为丰厚的薪俸，优裕的家庭条件为他的摄影爱好打下了坚实的经济基础。在母亲用 7 块大洋给他买了一架相机后，方大曾就开始迷上了摄影。17 岁时，他就发起成立了少年摄影团体"少年影社"，

战地摄影师方大曾，1936 年 12 月，绥远抗战前线

其宣言称："现在摄影技术一天天地发达，进步。摄影人才也能在艺术上占了重要地位……所以我们有组织少年摄影团的必要。做少年摄影界的先进队何等伟大！何等的有趣呀！" 1934 年，方大曾从中法大学毕业后就职于北平基督教青年会，后来又到天津基督教青年会任干事，其间和志同道合者组织了摄影学会。1935—1937 年，他到天津、唐山、山西、内蒙古等地拍摄了大批反映当地民众生活状况的照片，发表在《良友》《申报》《世界知识》等报纸杂志上，获得好评。特别是 1936 年绥远的抗战爆发后，他当即到前线采访，活跃于长城内外，写下多篇附有摄影作品的通讯，陆续发表于《世界知识》上。1937 年卢沟桥事变爆发后，他只身前往卢沟桥前线采访拍摄，并发表了反映中国军队抵抗日军侵略的长篇报道《卢沟桥抗战记》。由于他表现优秀，得到了著名记者范长江等人的欣赏。在范长江的举荐下，他以《大公报》特派记者的身份来到前线，报道抗日前线的最新战况。1937 年 7 月 28 日，方大曾和其他三位记者从保定出发再次前往卢沟桥前线采访。在完成采访计划后准备绕道门头沟回北平，由于道路阻断只好回撤至长辛店，再沿平汉线于 30 日返回保定。范长江后来回忆道："随着平汉战局的恶化，保定失守。我们就不知道他的消息，汇款时也不知给哪儿汇去。问他的亲戚，回信说小方到保定时，正值保定失守。他被迫退到保定东南的蠡县。在蠡县曾发出一信。以后就没有了下文……" 1937 年 9 月 30 日，人们还在《大公报》上看到了方大曾的署名文章《平汉北段的变化》。据说有人声称，曾在当年太原举行的"九一八纪念大会"上见到过方大曾，而这也可能是人们最后一次见到他了，从此之后，他就杳无音讯。新闻史界一般认为，方大曾作为一名失踪的战地记者，很可能是在 1937 年至 1938 年间牺牲于抗日前线，时年仅 25 岁。有关方大曾及其作品的情况，可参见 1935—1937 年间《良友》《申报》《世界知识》《大公报》等报纸杂志；另有台湾地区的《摄影杂志》、《寻找方大曾——一个失踪的摄影师》《中国摄影史》（陈申等编著，中国摄影出版社）、《范长江新闻文集·忆小方》（沈谱编，中国新闻出版社）等。

　　方大曾失踪后，他所拍摄的大批底片留在北平的家里，由他母亲保存。根据方大曾的妹妹方澄敏女士回忆，她哥哥留下来的所有底片装在两个同样大小的木箱中，北平被日军占领期间，由于底片中有涉及中国政府抗战的题材，为了防止日伪的搜查，她母亲将一批底片烧掉，只剩下一箱。1947 年，方澄敏女士从重庆回到北平，开始保存这批底片。"文革"期间，红卫兵到处破"四旧"。由于底片当中有一些国民党方面的内容，她怕受到牵连，将底片交给了单位当时的红卫兵组织。退休后，方澄敏一直惦记着她哥哥留下的这批底片的下落。1975 年的一天她去单位时，发现用报纸包着的底片在原红卫兵组织办公室的一个角落里与一些杂物堆在一起，散落在地上。她向单位说明情况，将底片要了回来。在单位食堂里，她又发现用来装底片的小木箱被当作收饭票的工具，于是向食堂解释说小木箱是她哥哥的遗物，希望能拿回去留作纪念。在征得食堂的同意后，她自己做了一个新箱子，将装底片的木箱换了回来。取回底片后，方澄敏开始整理这批底片，希望有朝一日能很好地加以利用，以此来纪念她那失踪的哥哥。20 世纪 80 年代，台湾的《摄影家》杂志记者通过介绍，登门拜访了住在北京协和胡同 10 号院的方澄敏女士。他看了底片后，认为很有价值，因此挑选了一部分拿到台湾，发表在《摄影杂志》上。至此，在湮没了五十多年后，方大曾拍摄的这批底片又重见天日，呈现在世人面前。1989 年，方澄敏女士认为自己年事已高，精力有限，无法很好地处置这批底片，因此将其交给中国摄影出版社的陈申先生保管。陈申得到底片后进行研究和利用，他所在的中国摄影出版社编写出版了《寻找方大曾——一个失踪的摄影师》一书。约在 1996 年，方澄敏女士从陈申先生处取回照片，并于 1997 年托人将底片从北京带到四川，交给在《四川日报》当摄影记者的外甥张在璇先生。张在璇先生对底片进行整理研究，并于 2002 年在四川成都举办了方大曾摄影作品展，以示纪念。2006 年年初，在有关方面热心人士的帮助下，张在璇先生将这批底片无偿捐赠给中国国家博物馆收藏。3 月 16 日，方大曾摄影遗作捐赠仪式在中国国家博物馆举行。

方大曾拍摄的这批底片图像清晰，画面质量很高，照片内容不仅有绥远抗战前线的情景，还有北京、天津、内蒙古、山西、河北等地的民风民俗，对研究抗战时期的历史、展示中华民族的抗战精神、反映当时劳苦大众的生活都有很高的史料价值。

作为七七事变爆发前夕中日之间一次大规模的局部战争，绥远抗战堪称 1936 年中国最轰动性的事件。原来，自从九一八事变以来相继侵占东北、热河与冀东等地区后，日本侵略者又将目光瞄向了察哈尔、绥远两省，妄图建立一个类似伪满洲国的傀儡政权。从地理位置上看，当时地处内蒙古西部的绥远省，北联外蒙古，南靠晋、陕两省，东临察哈尔，西接宁夏、甘肃，具有极为重要的军事意义。在对时任绥远省政府主席傅作义进行威逼利诱失败后，日本关东军决定发动武装进攻以达到目的。5月，日本人操纵德王、李守信等地方势力成立了"蒙古军政府"，同时又纠集土匪头子王英拼凑成立"大汉义军"，由日军供给军费和武器并配备顾问。11月中旬，日本关东军详细制订了进攻绥远的计划，准备对百灵庙、红格尔图、归绥、集宁及包头等战略要地分别攻击。战前，狂妄自大的日本特务头子田中隆吉曾吹嘘说："1931年，东北军一打就跑，我们没费多大力量，就占领了东北三省……而绥远军更是不中用的，可能一吓就跑，很快就能拿下绥远。"日本人不会想到，此时的中国军队已不是九一八事变时任人宰割的羔羊了，为了尊严与国土，他们随时准备奋起抵抗。

当时，一方面由于全国民众的舆论压力，另一方面也由于对日军侵略行径的容忍趋于极限，南京国民政府的对日立场已发生了很大变化。在了解到日本的军事动向后，蒋介石紧急下令当时中央直属部队5个师进入山西，准备支援阎锡山的晋绥军，抵抗入侵绥远的日伪军。与此同时，时任绥远省主席兼第35军军长的傅作义以"不惹事，不怕事，不说硬话，不做软事"的原则同日伪进行坚决斗争，在军事上也做了相应的准备。10月30日，阎锡山、傅作义面见蒋介石，共同研究了兵力部署及作战等问题。11月11日，阎锡山以军事委员会副委员长、太原绥靖公署主任的身份发布关于绥远作战序列的命令，参战部队的主力则由傅作义的第35军及赵承绶的骑兵军组成。11月15日，在日本军事顾问的指使下，王英所部伪军进抵兴和县红格尔图附近，与驻绥军前哨部队接触，绥远抗战正式打响。

绥远抗战进行期间，全国舆论高度关注。不过由于通信手段的落后以及交通的不便，只有少数新闻记者有机会亲赴前线进行采访，其中最著名的当属范长江。1936年11月16日，当绥远抗战即将打响之际，范长江便以天津《大公报》特约通讯员的身份来到集宁前线考察采访。11月23日，津版《大公报》专门配发了范长江的长篇报道《绥东战役中五个民族英雄》，表彰晋绥军将领彭毓斌、董其武、张培勋、苏开元、张著等人。然而在当时信息极度闭塞的情况下，除了这些零星的文字报道之外，广大民众渴望了解更多这场战事的详情。正是在此背景下，身为"中外新闻学社"摄影记者的方大曾来到绥远前线。

在绥远前线采访的43天时间里，方大曾冒着严寒奔波于各个战场之间，沿途用手中的相机留下了一个个震撼历史的镜头。尽管条件极为艰苦，但方大曾仍凭借超人的毅力圆满完成了在绥远前线的战地采访，其行程大致为：12月4日乘火车从北平出发，12月5日上午抵达集宁，下午搭乘军用运输车经黄家村到达大六号；

6 日上午再次搭乘军用运输车由大六号到达贲红；到达贲红后徒步北行，黄昏时到达 40 里外的高家地，在此停留了一晚上和一上午，对驻地官兵和团长进行了采访；7 日下午，由当地驻军派出 30 人的骑兵队伍护送至红格尔图，在这里走访了参与战役的军官、士兵和百姓，之后返回集宁，于 12 月 14 日完成报道《绥东前线视察记》，12 月 17 日上午，与范长江、王华灼等记者一同随骑兵七师师长门炳岳乘汽车离开集宁，在隆盛庄、兴和、红茂营子等地采访视察后于 12 月 19 日返回平地泉，1937 年 1 月 5 日在这里完成通讯《兴和之行》；1937 年 1 月 6 日，向王万龄师长借了两匹骏马，在一名卫兵的随从下，冒着可怕的严寒翻越大青山赶赴陶林县采访。返回北平后，于 1 月 17 日补记战地通讯《从集宁到陶林》。方大曾的妹妹方澄敏后来回忆道："绥远抗战的炮声打响后，小方带着他的武器，一支秃笔，和一部照相机，到战地采访，所写通讯一篇接一篇地在《世界知识》上发表。"而"通过他留下的数百张照片，我们看到了中国军民面对侵略奋起抗争的动人景象：身穿棉服的军人在皑皑白雪中修筑城防工事，士兵带着防毒面具进行军事演习，全副武装的官兵积极操练随时迎击来犯之敌，负伤士兵深情坚毅，后方百姓踊跃支前，爱国学生进行集会宣传……"

1936 年 12 月 4 日，方大曾毅然告别家人动身前往绥远前线实地采访和拍摄，力图将最真实、最生动的报道传递到后方来。关于这段行程的起始，他后来在《绥东前线视察记》中追述道："为了把绥远抗敌的情形，可给读者一个实际的准确的认识，所以记者乃有前线之行。12 月 4 日晚，自北平起程，平绥道上的火车在冽风中挣扎了一个整夜。经过张家口大同等处，记者均从睡梦中惊醒，听到车窗外面咆哮的大风，就觉到冷栗，而体会到战壕中守卫国土的将士之身境。啊，冷！冻得死人的冷！5 日晨，到集宁县，这是绥东的军事重镇，记者即在此下车。"

据统计，1936 年 12 月至 1937 年 3 月间，方大曾在各类报刊上所发表的反映绥远抗战的摄影作品有五十余幅。与此同时，方大曾也撰写篇幅较长的战地通讯，力求以图文并茂的形式向后方民众介绍绥远前线的情形。

就具体过程而言，绥远抗战的规模其实并不很大，持续时间也较短，但却是全面抗战爆发前夕战况最为激烈的战争之一。这场战争大致可分为红格尔图战役、百灵庙战役和锡拉木伦庙战役三个阶段：11 月 18 日，处于守势的晋绥军在成功抵挡住"大汉义军"对红格尔图的进攻之后开始发动反攻，随即于 11 月 24 日夺回被伪蒙古军控制的百灵庙并击退敌人的反扑，最后于 12 月 9 日在锡拉木伦庙附近全歼"大汉义军"，从而大获全胜。12月19日，伪军头目王英带着残部逃回张北，随即被日军全部缴械，"大汉义军"彻底覆灭，轰动全国的绥远抗战至此以晋绥军的全面胜利告终。

方大曾抵达绥远前线时，红格尔图战役已于11月18日结束，即便如此，如果能将那里交战后的景象拍摄下来，同时通过对参战将士们进行采访，仍能获得极其珍贵的画面和报道。于是在集宁稍事休息后，方大曾便怀着急切的心情赶赴红格尔图。而沿途的所见所闻，果然没有令他失望。通过对参战将士们的采访，方大曾为后方的读者生动地还原了红格尔图战役的简要经过。

在绥远前线采访期间，方大曾通过对各个战场的实地采访，为后方读者描述了广大参战将士大无畏的勇气，尤其是我军高级指挥官沉着的指挥和艰苦的处境，足以引起后方读者的敬意。尽管条件恶劣，装备落后，但我军将士仍在这场战争中取得了一次又一次胜利，而他们所要求的回报却很少很少。或许对于他们而言，从后方赶来前线采访的记者手中的照相机，算是最令他们兴奋的"福利"了。当方大曾采访沿途经过一个小村庄时，碰巧401团的步兵驻守在那里。当记者向正在修建工事的士兵们提出为他们拍照留念时，这些可爱的士兵"都欢喜极了"。

尽管绥远抗战的规模并不大，但依然对战区民众造成了极大创伤。关于这一点，恐怕只有身临其境者才能真切地体会到。因此在方大曾采访的过程中，他不但将镜头对准了浴血奋战的军人和沿途那些奇异的风景，对受到战争影响的普通百姓也给予了关注。透过他的镜头我们看到，那些原本庄严神圣的寺庙遭到战火的破坏，那些原本远离尘世的喇嘛、神父也被迫卷入到战争中，而那些原本安居乐业的平民百姓甚至不得不流离失所。至于被侵略者裹挟至战场上充当炮灰的伪军士兵们，更是沦为大草原上的孤魂野鬼……凡此种种，无不凸显了日本帝国主义发动侵略战争的罪行。

在《绥东前线视察记》中，方大曾在热烈讴歌我军前线将士之余，也对那些普通百姓的遭遇表达了自己的担忧："出集宁县城，往南行三十五里，至老平地泉，七十里至苏木海子，这是一片周围一百里长的小内海，现在已经结成了坚固的冰。海子的沿岸长满着牧草，矗立在南面背上的，是一带起伏的雪山，此外，更衬上那些成百的牧群，这幅塞北风光的画景，使我们这些'到前线去'的人感到无限的怅意。穷困的牧民，生活在这荒原的一角，又哪知世界是这样的纷乱，又哪预料到自己的跟前会摆着'邻人'的侵略？"于是在从前线返回集宁短暂休整之后，他再度奔赴战场，希望用自己的镜头记录下战区百姓的生活："年末年初的这些日子，绥东平静，大家闲得要命。我本来早预备着回北平去了，但又忽然想到为什么不借着这机会到绥北去一趟呢？检察一下箱子里的照相材料，看看还剩着二三百张未照的片子，我决定把它消耗在往内蒙古去的路上。我计划着越过集宁与陶林间的大青山，经乌蓝花大庙百灵庙等处，横穿一段所谓'后草地'地带。这路程所经过的地方，大部分是蒙汉杂处，同时又是王英伪匪曾经陷落过的地方，自战争平定后，还没有新闻记者到那里去视察过被匪蹂躏后的惨状。"

在绥远抗战中，关键的百灵庙战役和锡拉木伦庙战役都是以喇嘛庙为中心展开的，纷乱的战火自然殃及这些历史悠久的建筑和广大僧侣们的正常生活。尽管这些寺庙在当地民众心目中拥有很神圣的地位，但在日本帝国主义侵略者面前，为了维护国家的独立和民族的尊严，又有谁能真正置身事外呢？著名战地记者范长江当年也曾在绥远前线跟踪采访，他在战后凭吊战场时，就对遭到战火侵袭的百灵庙表达了复杂的心情。

毫无疑问，随着我军在绥远各个战场上节节胜利，发动战争的侵略者也得到了应有的惩罚。直至方大曾赶赴战场采访时，途中依然能时常遇到日伪军丢弃的尸体。目睹此种景象，恐怕任何旁观者都会发自内心地谴责战争。方大曾亲眼看到："现在死于东山坡上的匪尸，大部已被野狗吃食，只留着几副可怕的头连着那架光杆的骨骼。有些完整的尸体，穷困的老百姓，还正在剥他们身上的军衣。等衣服剥光了之后，就立刻跑来几只狗，它们又发现了新的美餐，战争是这样的残酷，然而疯狂的侵略者，则拼命地在制造战争。"

虽然战争是如此惨烈，但既然野心勃勃的日本侵略者执意要发动侵略战争，中国人民就别无选择，只有奋起反击，直至将其彻底赶出中国！关于这一点，方大曾当年就意味深长地总结道："最近的一个半月来，绥远边境上的抗战，虽然得到了胜利，但谁敢相信从此就会平安无事了呢？除非日本帝国主义的满蒙政策自动取消了，或者是它内部发生了政治上的变革，再不然，就是我们继续着反攻，把察北热河以至于东三省完全收复，那么这里才能真的太平。否则，绥远的安全问题——其实就是中华民族的生存问题，也就得不到保障，那么，一切的事业、经营、建设……根本亦无从谈起。没有保障的建设，是给敌人预备好了的美肴。说一个小小的比喻，假若日本帝国主义果真侵占了绥远——这西北的门户，那么他就可以独占这里的羊毛，也就是占有了全中国羊毛产量的百分之八十。说一句没有出息

257

开赴绥远前线的将士

绥远前线积极备战的将士（一）

绥远前线积极备战的将士（二）

的孩子话，到了那时，别人如果不把羊皮、羊毛卖给我们，那可真有点不好办了。"

在当时中日双方全面战争一触即发的情形下，绥远抗战的胜利沉重打击了日伪军的嚣张气焰，粉碎了日本帝国主义侵吞绥远的阴谋。自九一八事变后，中国虽然先后进行过淞沪抗战与长城抗战，但每次战后却均以签订丧权辱国的和约告终。而此次绥远抗战，中国方面既收复了失地，又没有签订任何条约，堪称九一八事变以来绝无仅有的局部胜利。更重要的是，绥远抗战激发了全国人民空前的抗战热忱。战事进行期间，全国各地纷纷组织救国团体，援助物资和捐助款项源源不断地发往绥远抗战前线，给前线将士以极大的鼓舞。而在绥远战争结束后，社会各界进行反思和总结时，几乎无一例外地将民众的支持视为我军获胜最重要的因素之一。

战争进行期间，绥远各地蒙汉民众纷纷行动起来，或提供情报，或提供住宿，或参与运输，甚至直接拿起武器与政府军并肩作战。在前往绥东前线进行采访期间，方大曾也对民众的这种热情有了全面了解。

特别值得一提的是，在绥远抗战交战最为激烈的红格尔图，当地最大的天主教堂也曾发挥了重要作用。红格尔图教堂规模宏大，有礼堂及土堡、校院等设备，并有自卫团丁二三十名，堡上筑炮墩 6 座，外围有壕堑以资自卫。这些设备原本是为了防范绥远地区猖獗的匪患的，却不料在 1936 年抗击日伪军的战争中发挥了重大作用。红格尔图战役打响后，该天主教堂成为我军的临时据点。大敌当前，广大神职人员和教民毅然拿起武器，与政府军队一道英勇奋战抗击来犯之敌。在教堂司铎易世芳等人的率领下，他们购买枪支弹药，修堡筑垒，配合政府军守土抗战，最终大败"大汉义军"。

实际上，方大曾的战地报道只是当年广大民众声援绥远抗战的一个缩影。当绥远抗战爆发后，全国各地民众无不为之振奋，纷纷自动组织救国团体与武装力量，如救国会、后援会、义勇军、宣传队、救护队、慰劳队、募捐队等，迅速掀起援绥抗日的热潮。当年曾赴绥远前线采访的《大公报》记者陆诒，就曾在 1937 年 1 月 20 日目睹了感人的一幕。面对全国各地民众的抗战热情，身为绥远抗战总指挥的傅作义非常感动。他在接受北平青年学生劳军团的献旗时曾动情地说："诸位代表：这次诸位不远千里来至绥慰军，牺牲了宝贵的时间，受尽了寒冷的痛苦，这种大无畏的精神，实在使本人佩服。我相信只要全国的青年人都有这种勇气，中国是不会亡的。今天诸位来省府对本人行献旗礼，本人实不敢当，因这次的收复百灵庙、大庙子、红格尔图等地，不过是我国民族复兴的起点，也可以说是民族复兴过程中许多伟业中的千万分之一，此次接受锦旗，实属惶恐。这样，只有鼓励我更为国家努力服务，以报答后方同学对我献旗的意义。"

就在方大曾奔波于北方抗战前线的同时，他的另一位同行也在上海用镜头记录着日本侵略者的罪行，他就是20世纪二三十年代鼎鼎大名的战地记者王小亭。

颇为巧合的是，王小亭（1900—1981）同样出生于北京。他原名王海升，早年任职于英美公司电影部，做了两年摄影师，是中国人投身于新闻电影界的鼻祖。1923年，他随美洲探险团赴内蒙古、新疆、西藏等地考察，历时两年多。返沪后即受万国新闻通讯社的聘请，任该社摄影记者，做美国摄影师范济时的助手和中文秘书。此后十年间，他先后拍摄了反映北伐战争、奉安大典、中原大战以及九一八事变等重大事件的照片。由于工作出色，《申报》聘其为新闻摄影部主任。王小亭的摄影作品很多，散见于《良友画报》《申报》《世界画报》《时代画报》《北晨画刊》《战事画刊》等多种刊物。这些高水准的摄影作品，也为他赢得了较高的声誉。而他人生的顶点，也与一张特殊的战地照片息息相关。

原来在抗战爆发后，鉴于战地图片报道的直观极具震撼力，当时国内各大报纸纷纷推出画刊报道抗日战场的最新消息，例如上海最著名的《良友》公司旗下的《良友画报》《电影画报》《妇人画报》均被迫停刊，遂集中精力推出《良友战事画刊》，十六开本，五天一期，以最快的编印将最新的南北战况向上海市民报道。而王小亭每天拍摄的图片便成为这些画刊的主打内容，他所拍摄的图片几乎每张都在《申报》《新闻报》《立报》等各大报纸推出的画刊上刊登。此外，人们今天能看到的当年淞沪会战的电影资料，也大都出自王小亭之手。在著名的谢晋元团长固守四行仓库时，王小亭便曾冒着枪林弹雨手提摄影机前往现场拍摄。

淞沪会战期间，日军先后出动一百余架飞机对上海狂轰滥炸，一片片房屋成为断壁残垣，无数百姓流离失所。由于上海北站陷入战火中，南站就成了主要的交通枢纽，中外慈善团体连日救济遣送难民，每天数千人，车站内外挤满了逃难人群。1937年8月28日，日军宣称中国军队聚集南市，所以将对这一地区进行轰炸。下午2时10分，由2架侦察机引导，6架轰炸机窜至南站上空，当时有一千八百余人在南站候车。丧心病狂的日机不顾国际公约，不断向这片平民区俯冲轰炸，总共投弹二十余枚，当即炸死难民二百五十余人，炸伤五百余人，沪杭铁路交通枢纽毁于一旦。当时上海的报纸是这样报道的："站屋、天桥及水塔、车房当场被炸毁，同时在站台候车离沪难马均罹于难，死伤达六七百人。死者倒卧于地，伤者转侧呼号，残肢头颅，触目皆是，血流成渠……景象之惨，无以复加。"

　　目睹亲历者的遭遇和日军的暴行，身为职业摄影师的王小亭义愤填膺。为了在第一时间揭露日军的残暴，他每天扛着电影摄影机，身上还挂四五部照相机，奔走于火线上。当时王小亭的身份是供职于美国赫斯特新闻社的电影摄影师，为了能够进入淞沪抗战的前线，他化装成一名菲律宾司机，奇迹般地驱车穿过几道日军防线。1937 年 8 月 28 日轰炸发生时，他正在黄浦江旁的巴特菲尔德大楼上。爆炸声传来后，冒着冲天火光和滚滚浓烟，他立即扛着电影摄影机前往现场。到达南站后，只见铁轨上、月台上到处是炸死炸伤的人，断肢残体处处皆是。穿过铁轨，他发现一名男子从轨道上抱起一个小孩放在月台上后，又回去抱另一个受重伤的孩子，而孩子的母亲已经死在铁轨上。这时空中又传来飞机的轰鸣声，他便迅速对着那个孩子拍完了剩下的几尺胶片，然后向孩子跑去，想把他带到安全的地方去，这时孩子的父亲回来了。回到家后，王小亭发现，由于当时胶片所剩无几，因此只拍摄到了十几秒的画面。尽管如此，他仍然从中截取了一个镜头洗

战地摄影师王小亭等人在采访途中

印成照片。随后，他托一艘美国海军军舰将这张照片送往马尼拉，再由飞机转送至纽约。10 月 4 日，美国最有影响的《生活》杂志在"海外照片"栏目发表了这张从电影胶片中截取的照片，取名为《日机轰炸下上海南站的儿童》。画面中，一个满身鲜血的幼儿坐在火车站废墟的铁轨上惶恐地号啕大哭。据《生活》杂志称，有 1.36 亿美国人目睹了这一画面。不久，美国政府将该照片印在红十字会和国家公债的海报上广为宣传，并制成明信片散发到世界的各个角落。由于上海南站远离战区，没有任何军事设施，日本的轰炸完全针对无辜平民，美国总统罗斯福据此向日本提出抗议，其他各国也纷纷谴责日本的行径。正是因为巨大的影响力，王小亭所拍摄的这张照片在国内外新闻界和摄影界受到高度推崇，被誉为战争题材的经典之作，甚至被认为是美国在 1855 年至 1960 年间发表的最优秀的新闻照片之一。

令日本人意外的是，中国摄影师的一张照片居然会产生如此重大的影响。面对强大的国际舆论压力，日本方面百般狡辩，诡称当时飞行员误以为站台上是调动中的中国军队，所以发生"误炸"。另一方面，恼羞成怒的日本人悬赏捉拿王小亭。无奈之下，后者只能在租界当局的帮助下逃往香港。实际上，王小亭当时还从摄影胶片中截取了另外两张照片，画面的背景都是火车站废墟中的天桥和铁轨。其中一张照片上有三个人，除了哭号的幼儿，还有一个大人和一个头部受伤的男孩，可能是幼儿的父亲和哥哥。这组后来被取名为《中国娃娃》的照片，同样出现在了美国的报纸上，并迅速传遍世界。后来，出于对王小亭的赏识，蒋介石和宋美龄特地任命其为私人摄影师。1981 年 3 月 9 日，王小亭在台北平静地去世，终年 81 岁。由于他的后半生都在美国及台湾地区度过，因此虽然我们对那张经典照片极为熟悉，但对于身为摄影者的他本人却非常陌生。

当中国的摄影师奋战在抗日最前线时，其实他们并不孤单。不管是方大曾还是王小亭，他们并不是一个人在战斗。因为抗战爆发后不久，来自世界各地的众多战地摄影师就纷纷来到中国，以他们的镜头为中国呐喊助威，对侵略者无情地揭露。在这方面，最著名的代表当属罗伯特·卡帕和尤里斯·伊文思。

罗伯特·卡帕（Robert Capa，1913—1954）是匈牙利人，生于布达佩斯。与方大曾类似，他 17 岁时就立志要当摄影家。先在柏林一家通讯社做暗房工作，后到巴黎当记者。由于摄影作品受到一家摄影杂志社的重视，他便被委派到战地进行采访，从此开始了传奇般的战地摄影记者生涯。

淞沪会战期间，日军轰炸上海时的情形

名为《日机轰炸下上海南站的儿童》的照片当年引起了全世界的关注，王小亭摄，1937年
8月28日

与《日机轰炸下上海南站的儿童》同组的一张照片

　　1936 年西班牙内战期间，卡帕在战场拍摄了一个战士中弹后将要倒下那一瞬间的照片。这幅使人有身临其境之感的作品先后以《西班牙战士》《战场的殉难者》《阵亡的一瞬间》等标题发表，随即便震动了当时的摄影界，成为战争摄影的不朽之作，也成为卡帕的传世之作。在战场上无所畏惧的卡帕曾有一句名言："如果你的照片拍得不够好，那是因为你靠得不够近。"然而，卡帕却对战争本身深恶痛绝。虽然他一生的摄影创作多取材于战争，但他只是把照相机作为揭露战争的武器。他说："照相机本身并不能阻止战争，但照相机拍出的照片可以揭露战争，阻止战争的发展。"

　　事实的确如此。西班牙内战结束之后，卡帕又把目光转向了中国。1938 年，为了声援中国人民的抗战，揭露日本法西斯的暴行，他不远万里来到中国。他原本计划与《西行漫记》的作者埃德加·斯诺一同赴延安采访，但是到西安后却受到国民党方面的阻挠，于是便留在抗战前线。作为当时唯一能在中国战区采访的盟军战地记者，他在上海等地拍摄了许多揭露日本侵略军罪行的新闻照片。其中影响最广泛的照片，便是遭日军空袭后中国百姓的生活场面。

伊文思（右二）在华期间留影

    与卡帕一起来到中国的战地摄影师还有被称为"纪录电影先驱"的尤里斯·伊文思（Joris Ivens，1898—1989）。伊文思出生于荷兰的尼梅格城，后因遭到放逐而被称为"飞翔的荷兰人"，而在其一生中，这位荷兰人倒是有着难以割舍的中国情结。抗日战争全面爆发后，伊文思表示坚决支持中国人民的抗战。1938年，在"当代历史电影公司"及一些华侨的资助下，他邀请卡帕等著名摄影师一同来到中国，开始筹备拍摄记述中国人民抗战的纪录片《四万万人民》。

    1938年4月初，在抵达中国不久，伊文思与卡帕二人便奔赴前线拍摄了台儿庄战役的战况。遗憾的是，中国政府出于安全考虑没有允许他们在第一线拍摄。尽管最终未能拍到决战的场面，但他们还是抓住机会在台儿庄附近的小树林中拍摄了这场战斗。关于这次拍摄，伊文思后来回忆说："我不是一个作家，我通过画面能够更好地表达自己，我一定要表达死亡对我意味着什么，不仅仅是拍几个尸体，而是拍摄整个一段，死亡牵连到的往往是许多人。我触到了中国，中国也触到了我，我拍了战争，拍了一个在战争中瓦解，又在战火中形成的国家，我看到了勇敢！"

伊文思与卡帕等人曾对台儿庄战役进行了拍摄，图为台儿庄战役的情形

　　离开台儿庄后，与卡帕的想法类似，伊文思也曾试图前往延安拍摄。但是在到达西安后，由于国民党方面的阻拦最终没有成行。不过在此期间，伊文思却与周恩来等高层有了密切接触，这也为后来双方近四十年的交往奠定了基础。此后，伊文思又率领着他的摄制组辗转于抗日各个战场进行采访拍摄，最终完成了纪录片《四万万人民》的制作。该影片后来成为关于中国抗日战争的真实写照，也成为后世中国抗战影片的重要素材。1939 年，《四万万人民》在美国及法国上映。《四万万人民》一经推出，便立刻起到了声援中国人民的抗日战争的积极作用，而伊文思也因此成为少数亲历东方战场以及第一个用电影记录中国反法西斯斗争的西方人。关于这部纪录片，伊文思后来曾说：“我觉得十分欣慰和骄傲的是，早在十多年前我就在《四万万人民》的影片中，预告了中国人民一定能获得自由！”

　　值得一提的是，伊文思在中国短暂的停留还促成了“红色电影”的开端。原来在离开中国之前，为表示对中国人民的敬意，伊文思通过周恩来、叶剑英等人的安排，将自用的那架“埃姆”摄影机及一部分胶片赠给中共方面的电影工作者。1938 年秋，吴印咸和袁牧之两人带着这架摄影机和从香港购得的全套电影器材到达延安，在八路军总政治部下成立了“延安电影团”。中华人民共和国成立后，

伊文思赠给延安方面的摄影机，现藏于中国国家博物馆

卡帕在中国抗战前线拍摄的照片

伊文思转赠的"埃姆"摄影机被存放于今天的中国国家博物馆。

实际上在当时，在共产党领导的敌后抗日根据地，同样活跃着一批中国本土的战地摄影师。他们不畏艰险，将生死置之度外，用简陋的镜头留下了一个个震撼历史的瞬间，而沙飞（1912—1950）便是其中最杰出的代表。

在中国现代摄影史上，沙飞无疑是充满了传奇色彩的人物。他原名司徒传，广东开平人。1926年，年仅14岁的沙飞从无线电学校毕业后便投入到大革命的洪流中，在北伐军中当电台报务员，先后随军到过上海、宁波、济南、北京等地。毫无疑问，这五年的军旅生涯对他以后的人生之路产生了很大影响。

1932年年初，沙飞到汕头电台当特级报务员。尽管工作稳定、生活舒适，但受鲁迅文学作品的强烈影响，沙飞没有沉溺于个人的安逸，而是决心对不公平、不合理的社会"呐喊"。面对外敌入侵、民不聊生的社会现状，他将目光投向了国家、民族的命运。正是在蜜月旅行期间，拥有了第一台照相机的沙飞，开始对摄影产生浓厚的兴趣。1936年年初，当在一本外国画报上看到1914年6月萨拉热窝事件的有关历史照片时，深为震动的沙飞毅然决定放弃之前的职业，转而选择将摄影作为自己终生的事业。正如他说"我要当摄影记者，要用照相机记录历史""假如我不认真地拍摄，一定终生遗憾，也有负于历史"。从此，这位时代的弄潮儿踏上了一条充满挑战的道路。

1936年秋，沙飞来到上海，幸运地结识了自己的精神导师鲁迅先生，拍摄了有关鲁迅先生的多幅照片，包括鲁迅与青年艺术家在一起的留影、鲁迅遗容及其葬礼等摄影作品。这些作品一经发表，立刻在社会上引起广泛震动，同时也奠定了沙飞本人在摄影界的独特地位。

1936年12月3日至5日，沙飞在广州长堤青年会举办了第一次个人影展，共展出作品114幅。内容包括"纪念鲁迅先生""国防前线南澳岛""风景、静物图案"等。此次影展当时即在舆论界引起强烈反响，《广州民国日报》和《南国青年周刊》等报刊曾发表文章予以赞扬。媒体认为，它"与一向的摄影展览在质上略为不同，这是摄影界的一个新动向"。1937年6月25日至27日，沙飞又在桂林初中举办了第二次个人影展。此次展览上的作品给人印象深刻，受到当地进步文化界人士的高度重视，在同步出版的《沙飞摄影展览专刊》中，进步文化人士千家驹、陈望道、洪雪邨等人都写了评论，高度评价沙飞作品的时代意义。

可以说，在抗日战争爆发前夕，沙飞摄影生涯达到了第一个高峰。

就在桂林影展闭幕后不久，卢沟桥事变爆发了。面对民族危亡的紧急关头，沙飞毅然选择奔赴抗战前线，用自己的镜头来记录历史，承担一名摄影记者神圣的使命。抵达山西后，他曾担任全民通讯社摄影记者，并赴八路军 115 师采访刚刚结束的平型关大捷。随即，于 1937 年年底参加八路军，先后担任晋察冀军区新闻摄影科科长、《晋察冀画报》社主任、《华北画报》社主任等职。由此，开创了他摄影生涯的第二个高峰。

如前所述，当罗伯特·卡帕等西方摄影师来到中国进行战地采访时，中国本土已经有一批摄影师活跃在抗战第一线了。实际上，早在 20 世纪 30 年代初，受"九一八""一·二八"等事件的刺激，中国的摄影界正悄然改变。正如当时一篇名为《献给爱好摄影的年轻人们》的文章所号召的："你们应当知道现在的时代……九一八，一·二八；甚至以往的五卅、五九事件的发生，明白地告诉你，资本主义的枪口对准了你的心堂，你想，这是什么时代？……许多血淋淋的事件在我们面前流来，……摄影家要用直观来把时代的一切的事实包括在他的作品里。"当时，面对民族生死存亡的关头，面对民众关心国事的需求，中国摄影界通过摄影图片、画报、影集对日本帝国主义者的阴谋和军事侵略进行报道和揭露，留下了日本侵略者残暴罪恶的铁证。而当卢沟桥事变爆发后，许多摄影人更是积极投身于抗日救亡运动的新高潮，从而涌现出了许多杰出的摄影家。例如，著名的王小亭和方大曾，前者因在淞沪会战期间拍摄了《南站空袭下的儿童》《南京空战》等经典照片而产生了国际性的影响，他本人甚至为此被日本人通缉；后者则在华北抗战前线拍摄了大量珍贵照片，后神秘失踪，成为抗战时期第一个为国捐躯的摄影记者。另外，由沈逸千、俞创硕、顾延鹏三人组成的"战时摄影服务团"、曾编著了《中国抗战画史》等画册的舒宗侨以及著名华侨女记者黄薇等人，都堪称抗战摄影史上的杰出代表。这些"在反法西斯战壕里出生入死的摄影战士，他们敢于深入火线，运用自己手中的照相机记录珍贵的历史一瞬"。

与当时的许多同行一样，沙飞也是在第一时间投入到抗战摄影事业当中，并且将这项事业推向了别人难以企及的高峰。

战地摄影界有句"什么地方燃烧，就去什么地方拍摄"的名言。沙飞真正做到了这一点。尽管他的生命到 1950 年戛然而止，但他却冒着枪林弹雨，用照相机完整地记录了中国人民浴血抗敌的活生生的历史，其所取得的成就在同时代的摄影家中首屈一指。

　　尽管由于历史的原因，沙飞曾一度沉寂，但人们从未忘记他在中国现代摄影史和抗战史上的不朽贡献。就像有关研究者所评论的："当人们重新审视中国摄影发展历史的时候，无可辩驳的事实告诉后人：沙飞是中国摄影史上第一个提出"摄影武器论"的人，沙飞是中国革命军队第一位专职摄影记者，沙飞是中国共产党领导的第一个新闻摄影机构的第一任领导者，沙飞和他的战友们创办了中国共产党领导的第一份新闻摄影画报（《晋察冀画报》），沙飞和他的战友们拍摄和保存了中国革命战争时期最完整的照片档案，沙飞和他的战友们建立和发展了中国革命摄影队伍……"

　　提到沙飞，后人往往会想到这样一句话："我要像一粒小小的沙子，在祖国的天空中自由飞舞。"沙飞的一生证明，这句话既是他对自己名字的诠释，更是对其人生追求的诠释。透过他所留下的数千幅作品，我们会发现，无论在人生的哪个阶段，沙飞始终走在时代的最前列。

　　当最初对摄影产生兴趣时，作为一名"城市小资产阶级知识分子"的沙飞还没有真正意义上的摄影理念。而在 20 世纪 30 年代中期，中国摄影界仍盛行文人式的绘画主义，偏重于个人娱乐和消遣，对更高层次的社会责任缺乏认识。作为一名入门者，沙飞本人早期的一些作品也难免受到这种风气的影响。无论是纯属业余拍摄的蜜月照还是艺术性较强的《渔光曲》，都带有明显的时代特色。不过与此同时，在进步社会思潮的影响下，沙飞"开始探索和扩展摄影的潜在功能，企图把它与现实世界联系"。关于这种思想的转变，他曾在自述中这样总结道："我是爱学习、爱追求光明与真理的，但这时期我所学习的都是新文学。当时，鲁迅、茅盾、郭沫若等的作品对于我的革命思想的启发起了极大作用，当时我想做一个革命的文学青年。'九一八''一二·九'以后，我又爱看新的杂志。如《大众生活》《现世界》等，并间或看一些社会科学入门的小丛书。但毕竟文学艺术给予我的影响较大些。我又爱上电影和木刻了。将来是做一个革命的木刻工作者、电影的编导呢？还是文学青年呢？我徘徊在三岔路口了。不久之后、我在外国画报上看到了几张好的新闻照片，使我十分感动。但当时国内出版的画报却是无聊帮闲的甚至是反动的。我认为摄影比木刻来得真实，电影虽好，但必须有大的资本和后台老板。从事文学的人是很不少的，而摄影虽非常重要，但却没看到过有一两个进步的摄影家。社会上一切的人们都把这一工作看成是消闲娱乐的玩意儿。我不满于当时的摄影和画报工作，更不满于当时的社会制度。因此我决定站在革命的前进立场上，为民族的解放、人类的解放而牺牲一己，与黑暗的旧势力奋战到底，并决心做一个前进的摄影记者，用摄影作为斗争的武器，通过画报的发表和展览方式去改造社会，改造旧画报，同时改造自己。"

在初步树立自己的目标后，沙飞便在努力钻研摄影技巧的同时，更多地把目光转向社会底层，开始拍摄富有人道主义的照片。如《生命的叫喊》《人力车夫》《辛苦为谁忙》《乌云遮不住太阳》《码头工人》等作品，无不反映出一个爱国青年强烈的使命感。另一方面，他又通过摄影来暴露和抨击社会的不公平和虚伪，如将《小姐的闲情》《上帝的女儿》等照片和《为了活命》《女佣的生活》《生命的叫喊》等照片并列对比，形成强烈的反差。

更重要的是，随着日本侵略者的步步紧逼，在左翼文艺思想的影响下，沙飞迅速转变摄影观念，从"把摄影看作高雅艺术"转变到"将其列入救国救亡的媒体工具"之列，将自己的创作与民族的命运紧紧联系起来。早在1936年，他所拍摄的南澳岛系列照片就明显反映出从绘画主义摄影到政治警示的转变。对于这种转变，当时许多文艺界人士都表示出了欣喜与赞赏，《沙飞摄影作品展览会专刊》上的众多评论文章便很好地说明了这一点。而在专门为个人影展所撰写的文章《写在展出之前》中，沙飞也明确宣称："我学习摄影还未满两年，在这短促的期间中，常常被恶劣的环境所阻，以致中断，不过无论环境怎样恶劣，终不能磨灭我的志愿。因为我觉得摄影是暴露现实的一种最有力的武器，我总想利用它来做描写现实诸象的工具。摄影是造型艺术的一部分，然而多数人还把它作为一种纪念、娱乐、消闲的玩意儿。这根本忽略了艺术的意义，而使摄影陷入无聊帮闲的唯美主义的深渊里，堕落到逃避现实，醉生梦死的大海中。这是一件多么可怕和可惜的事啊！现实世界中，多数人正给疯狂的侵略主义者所淫杀、践踏、奴役！这个不合理的社会，是人类最大的耻辱，而艺术的任务，就是要帮助人类去理解自己，改造社会，恢复自由。因此，从事艺术的工作者——尤其是摄影的人，就不应该再自囚于玻璃棚里，自我陶醉，而必须深入社会各个阶层，各个角落，去寻找现实的题材。"毋庸置疑，这篇宣言正是沙飞此后摄影实践的起点。也正是由于这种伟大的实践，"与'左翼'文学、美术、电影一道，沙飞终于历史性地成为'左翼'文艺在摄影艺术领域的杰出代表人物"。

参加八路军之后，身处抗战第一线的沙飞更是"在理论和实践上、在思想深度和艺术技巧上都达到了相当的高度"。整个抗日战争时期，他用自己大量的作品诠释了自己的人生理想，即以完美的艺术为抗战救亡服务。1939 年，沙飞在为吴印咸所编《摄影常识》撰写的序言中明确写到了这一点，这也标志着其摄影艺术理论的成熟。

早在 1936 年年底于广州举办第一次个人影展时，沙飞的一组作品《国防前线的南澳岛》便显示出他对日本侵略行径的高度关注。此时的他，已经树立起这样一种信念：在民族危亡的时刻，用照相机记录历史是摄影记者的使命。正如他稍后发表在《桂林日报》（1937 年 1 月 18 日）上的诗作《我有二只拳头就要抵抗》中所宣言的："我有二只拳头就要抵抗，不怕你有锋利的武器、凶狠与猖狂，我决不再忍辱、退让，虽然头颅已被你打伤。虽然头颅已被你打伤，但我决不像那无耻的、在屠刀下呻吟的牛羊，我要为争取生存而流出最后的一滴热血，我决奋斗到底、誓不妥协、宁愿战死沙场……" 1937 年 8 月 15 日，他又在《广西日报》上发表文章，其中写道："摄影在救亡运动上既是这么重要，摄影作者就应该自觉起来，义不容辞地担负起这重大的任务。把所有的精力、时间和金钱都用到处理有意义的题材上——将敌人侵略我国的暴行、我们前线将士英勇杀敌的情景以及各地同胞起来参加救亡运动等各种场面反映暴露出来，以激发民族自救的意识。同时并要严密地组织起来，与政府及出版界切实合作，务使多张有意义的照片，能够迅速地呈现在全国同胞的眼前，以达到唤醒同胞共赴国难的目的。这就是我们摄影界当前所应负的使命。"沙飞是这样说的，也是这样做的。在此后十余年的摄影生涯中，他始终将自己全部的创造力投入到民族解放事业中，用镜头记录下了一个个珍贵的瞬间：日寇的种种暴行、百团大战、聂荣臻与日本小姑娘、国际反法西斯战士白求恩、抗日根据地的八路军将士、根据地人民的生产生活、青年踊跃参军、国际友人参观与工作、抗战胜利后的恢复生产……

沙飞当年的战友，另一位在抗战摄影史上有重要地位的人物石少华曾总结说："沙飞同志是中国摄影史上功绩卓著的摄影记者、摄影艺术家和革命家。尽管他一生坎坷、英年早逝，尽管历史只给了他 15 年的时间施展才华，但他所创立的业绩却与天地长存，铭刻在新中国摄影事业的基石上。"

"延安电影团"全名"八路军总政治部延安电影团"，是中国共产党领导下的第一个新闻电影机构，1938 年秋成立于延安。主要人员有袁牧之、吴印咸、徐肖冰、李肃、魏起、叶仓林、马似友、吴本立、周从初、钱筱璋、程默等人。延安电影团从成立之时，就始终坚持党的文艺方向，紧密结合现实斗争，把"团结人民、鼓舞人民、打击敌人"作为制片的主要目的。1938—1946 年，电影团克服物质上、技术上和生活上的各种困难，摄制了《延安与八路军》《陕甘宁边区二届参议会》《十月革命节》《南泥湾》《红军是不可战胜的力量》等新闻纪录片，并拍摄了《白求恩大夫》《延安各界纪念抗战五周年》等新闻素材；拍摄出数以万计的反映陕甘宁边区和延安的政治、军事、经济、社会等各方面活动的照片；放映队则巡回放映了十几部苏联早期优秀故事片。电影团为积累重要的革命史料，开拓和发展人民电影事业作出了贡献。1945 年 8 月，随着抗日战争的胜利，延安电影团全体人员被分配到东北解放区接收"满映"。1946 年 10 月，东北电影制片厂成立，延安电影团成员继续奋战在各条战线上，创造了众多经典作品。

现考证资料，当时电影团的全部家当包括：一架伊文思所赠的 35 毫米"埃姆"摄影机，一架 16 毫米"菲尔姆"摄影机；三台相机，其中一台是徐肖冰的，另外两台是吴印咸拿自己的积蓄购置的；另有 1.8 万英尺 35 毫米胶片及一些洗印药品。在抗战期间，延安电影团作为延安唯一的官方摄影部门，便是基于有限的器材设备，发挥无穷的创造力，不仅完成了抗敌过程的报道拍摄，也拍摄了涵盖政治、经济、文教卫生、文学艺术等各方面的很多重要活动和事件，为表现当时的延安留下了宝贵的影像素材。

沙飞的战地摄影作品

第四章 抉择在十字路口

　　去，还是留？1949年的春天，仿佛有无数的中国人必须回答这个问题。面对着历史的十字路口如何抉择？不禁让人想起1927年的那一幕。历史总是充满了巧合，南京政权在选择中开始，又在选择中结束。此时，所有的荣耀都已成为过去，所有的努力都已化为泡影。

一、"四巨头"的荣耀

  1943年1月12日，陪都重庆到处张灯结彩，洋溢着一派节日的气氛。原来，为了庆祝前一天与美、英两国签订新约，国民政府通令全国，要求各地举行庆祝集会、化装讲演、提灯游行及各种艺术宣传。虽然正值抗战的紧要关头，但既然战场上久已没有捷报传来，而这外交上的一点胜利也算值得国人庆贺了罢。于是在一片赞歌声中，大后方各机关学校宣布放假三天以资庆祝，而列位党政大员也纷纷出面，或发表广播讲话，或出席庆祝集会，或接受专访。就连不常在公众面前露面的蒋介石，也在这天兴奋地在电台发表了《告全国军民书》。他说："美国与英国自动声明放弃他们在华不平等条约的特权……这不仅是我们中华民族在历史上起死回生最重要的一页，而亦是英美各友邦，对世界对人类的平等自由，建立了一座最光明的灯塔。……这实在是英美的政府和人民最光明最正大的举动。"言语之中，处处流露出对美英两大盟国的感激之情。

日本宣布无条件投降后，蒋介石在重庆与民众同庆

　　不过在明眼人看来，蒋介石似乎大可不必对盟友感恩戴德。因为这两份所谓的新约，实在是中国人民早就应得的。再者，这所谓的完全平等条约，实在掺杂了不少水分呢。

　　不可否认，美英两国这次在外交上主动宣布放弃以前不平等条约所规定的在华特权，着实令国民政府有些意外。不过话又说回来，世界上从来就没有免费的午餐。既然已经在同一战壕里与德、意、日三个法西斯轴心国作战，那中国随着大形势也必然加入盟军一边。要知道，自1939年第二次世界大战爆发后，德、意、日三个法西斯轴心国起初一度处于攻势。德国在欧洲先后攻占波兰、挪威、荷兰、比利时、法国等，几乎战无不胜。到1941年6月，希特勒又下令突袭苏联，德军曾一直打到苏联首都莫斯科城下。而在这年12月，日本海空军偷袭珍珠港，使美国太平洋舰队遭受重大损失。接着日军又进攻马来半岛、菲律宾、印度尼西亚等地。直到1942年冬，欧洲战场和太平洋战场上的形势才出现了有利于同盟国的变化。不管西方盟国曾经多么傲慢，此时他们都不得不将钦佩的目光投向中国。令他们惭愧的是，当欧战爆发时，中国已经抵抗日本的侵略达八年之久了。九一八事变

中美新约签订时的情形（一）

中英新约签订时的情形（二）

爆发时，力求自保的西方各国纷纷作壁上观。直到太平洋战争爆发，他们才选择
与中国站在一起。只有在受到日本人冒犯之后，他们才真正体会到中国人民坚持
抗战的不易。而在随后的联合作战中，中国人民的勇气与毅力进一步改变了他们
往日的成见。可以毫不夸张地说，中国人是以自己的鲜血赢得了盟国的尊敬。正
是在此背景下，罗斯福、丘吉尔等美英领导人开始考虑送一份厚礼给并肩作战的
盟友，这份厚礼便是主动废除以往强加于中国身上的不平等条约，返还在华租界，
废除治外法权。

经过协商后，1942 年 10 月 9 日下午，美国副国务卿威尔斯与英国外相艾登，
分别正式通告中国驻美大使和驻英代办，宣布英美两国政府决定迅即放弃在华治
外法权及其他有关权益，并表示将于最近期内向中国政府提出草约以备考虑。10
月 24 日，国民政府外交部接驻美大使馆来电，报告美方所提中美条约草案。10
月 30 日，英国驻华大使薛穆爵士也向国民政府外交部递送中英条约草案。随后，
三方经谈判商定约稿，并拟于 1943 年 1 月 11 日正式签订。这两份所谓的新约，
其主要内容就是废除 1900 年八国联军进占北京时强迫中国签订的《辛丑条约》。

令人哭笑不得的是，当探听到美英两国对华外交的新动向后，日本政府却抢
先下手了。为了标榜"中日友好""共荣共存"，就在中英、中美新约签订前两天，
也就是 1943 年 1 月 9 日，日本政府率先与汪精卫伪政府签订一个日本向中国归还

1943 年 1 月，重庆各界庆祝中美、中英新约签订

租界和废除治外法权的协定。稍后，另一个轴心国意大利也宣布返还在华租界并
废除治外法权。对于日本与汪伪政府间签订的条约，国民政府外交部部长宋子文
曾在记者招待会上辛辣地讽刺说：　"汪伪组织与日本，尤犬猫之于主人，犬猫绝
不能指望与其主子平等，此事实不值予以评论。"

　　尽管日本人横插了这么一杠子，但国民政府仍按计划完成了签约事宜。1943
年 1 月 11 日上午 10 时 15 分，中美条约在华盛顿美国国务院签署。中方全权代
表是中国驻美大使魏道明，美国全权代表是国务卿赫尔。魏道明致辞说："中美
两国俱为太平洋上之民主国，现正为自由而共同作战。今日在华盛顿签订新约，
意义极为重大，两大民族间悠久之睦谊，必将因之增加。余代表中华民国签订此
约深感荣幸。"当天下午 4 时，中英条约在重庆外交部新厦签署。中方全权代表
是外交部部长宋子文，英方全权代表是英国驻华大使薛穆和印度驻华专员公署一
等秘书代理署务黎吉生。至此，中国近百年外交史上颇不寻常的一幕总算画上了

蒋介石在开罗会议上与罗斯福、丘吉尔在一起

圆满的句号。

对于中美、中英新约，国民党方面自然是兴高采烈。除了动员社会各界进行庆祝活动外，几乎所有的党政大员也都出来参加了活动。就连孙中山夫人宋庆龄也发表了讲话。她不无感触地说："废除不平等条约，原是总理毕生致力的一大目标，到了现在，这个目标开始实现了。"不过她紧接着又指出："美英历来享受的不平等权利，虽从此废除，但在实际上这种权利尚沦陷在日寇之手，故非将敌人驱出国境，则不唯特权无法收回，而沦陷区同胞呻吟于敌伪双重压迫之下，仍将不获享受此等新约所予我们平等解放的保证。"一些国内媒体也表现出与宋庆龄类似的冷静："这无疑是国人快慰的一件大事，但不宜作太过轻率的乐观。美国英国虽把平等交还了中国，唯交还的精神重于物质，形式多于内容。"

实际上，蒋介石大可不必对这些评论在意。如果说1943年这次外交上的胜利还带有一些水分的话，那么稍后的开罗会议将再次使他笼罩在炫目的光环中。可能蒋介石做梦也不会想到，他本人竟能有一天与西方世界的政治领袖并肩坐在一起，并一跃成为身份显赫的"四巨头"之一。

或许1943年注定是蒋介石人生当中的丰收之年。该年年初，他收到了盟国的外交厚礼。而到年底，他再度收到一份更有分量的厚礼。10月28日，一份发自美国总统罗斯福的电报被送到蒋介石手中。在电报开头，罗斯福特地注明："祈极守秘密"。究竟有什么事如此神秘呢？当精通英文的宋美龄亲自把电文翻译给蒋介石听后，后者不禁心花怒放。原来罗斯福在电报中说："莫斯科会议，至今进行甚速，极望其会议结果能有裨于各方，我正促成中、英、苏、美同盟之团结。我尚不知斯大林能否与我相晤，但在任何情况下，我极望与阁下及丘吉尔能及早会晤于某处，时间为十一月二十日至二十五日之间。我想亚历山大当为一良好地点……会议日期为三日。"这就是说，罗斯福要邀请蒋介石出席有中、英、苏、美领导人参加的"四巨头"会议。要知道，当时中国正处于抗战最关键的时刻，大部分依然是沦陷区，国民政府还偏安于西南山区中的重庆。即便如此，罗斯福总统仍将中国视为强国，不遗余力地拔高蒋介石，使其跻身"四巨头"之列，这能不让蒋介石高兴吗？因此在收到罗斯福的邀请电后，喜出望外的蒋介石立即答应远赴埃及。虽然傲慢的斯大林最终因不愿与蒋介石坐在一起开会而拒绝出席，但这并没有影响后者的心情。

1943年11月9日，罗斯福致电蒋介石，告知他将在两三天内去北非，并表

开罗会议归来后，蒋介石可谓春风得意

示希望蒋介石 11 月 22 日抵达开罗与他和丘吉尔会晤。接到电报后，蒋介石立即要求手下官员拟订会谈方案。其中涉及中国利益方面的方案包括：战后将东北三省、台湾及澎湖列岛交还中国，并无偿接收南满铁路与中东铁路等。11 月 18 日上午，蒋介石携夫人宋美龄以及国防最高委员会秘书长王宠惠、美国驻华军事指挥官史迪威、"飞虎队"司令官陈纳德等二十余人，分乘两架飞机从重庆飞往埃及。

抵达开罗后，蒋介石与罗斯福、丘吉尔一同入住米那赫斯饭店。该饭店位于开罗西南郊，从窗口便可远眺著名的胡夫金字塔。为了接待三国领袖，英国方面做足了功夫，饭店周围戒备森严。令蒋介石满意的是，虽然英国首相丘吉尔常常在他面前表现出傲慢与无礼，但作为"三巨头"之一，他仍享受到了极高的礼遇。在各路记者频频闪烁的镁光灯下，他与罗斯福、丘吉尔并排而坐，对国际形势侃侃而谈。特别是他的夫人宋美龄，更是以干练的才华、优雅的风姿、娴熟的英语，周旋于巨头之间。时隔多年，我们依然能透过当时留下的一些经典影像看出蒋介石那时的春风得意。特别是那张著名的合影：罗斯福穿着深色西装，却敞着衬衫领子，没有系领带；丘吉尔一身白西装，脚穿一双白皮鞋，领带系得整整齐齐；蒋介石一身戎装，戴白手套，拿着大盖帽；宋美龄则一身黑旗袍，加一件白色短外套。四人谈笑风生，想必当时的会场也格外融洽。虽然开罗会议仅仅举行了四天，但在 11 月 26 日会议结束时，蒋介石完全有理由感到满意。因为在三国领导人最终签署的《开罗宣言》中，中国的利益与尊严得到了最大限度的照顾。在会谈中，罗斯福认为，战后的中国应该和美国、苏联、英国一样，是四大强国之一，平等地参加四强机构，平等地参与制定该机构的一切决定。蒋介石对此自是"欣然"接受。第二天，中国代表团就向美国代表团递交照会，要求成立四国委员会，负责战后新国际机构即联合国的组织事宜。因此从开罗归来后，蒋介石俨然登上了个人政治生涯的顶峰。的确，开罗之行不仅提高了蒋介石的国际地位，而且也提高了中国的国际地位。中国由此争得"四强"之一的地位，为后来中国成为联合国安全理事会常任理事国打下了基础。关于这一点，美国人看得十分清楚。会后不久，美国的舆论界就指出："现在应把国民党中国看作是大国之一。"而著名的《纽约时报》也强调说，在美国的支持下，国民党中国在战后将起到东方领导者的作用。毫无疑问，开罗会议是中国自鸦片战争以来第一次以"世界大国"身份参加的会议。而作为此次会议最大的受益者，蒋介石终于是公认的同丘吉尔、罗斯福、斯大林有同等地位的人物了。

不过令蒋介石颇为不爽的是，苏联领导人斯大林似乎总存心跟他过不去。不知是看不起蒋介石，还是由于其他的原因，反正斯大林就是不愿与蒋介石坐在一起。眼看斯大林拒不出席开罗会议，为了协调盟国内部的关系，罗斯福又煞费苦心地采取了特殊又巧妙的办法：罗斯福、丘吉尔先和蒋介石在开罗会谈，然后再由罗斯福、丘吉尔和斯大林在德黑兰会谈。这样一来，就等于把"四巨头"会谈拆成两次不同的"三巨头"会谈，既避免了斯大林和蒋介石坐在一起，又讨论了所有问题。但是正当蒋介石还沉浸在开罗会议带来的喜悦中时，一记重拳却猛然将他打醒。因为在不久后举行的雅尔塔会议上，在中国政府缺席的情况下，斯大林和罗斯福竟背着蒋介石达成了《雅尔塔协定》，其主要内容便是以"外蒙古维持现状""大连租借苏联"等为条件换取苏联出兵东北。如此看来，如果自身没有足够的硬实力，那么再"仗义"的朋友都是不可靠的。一旦需要妥协，最先被牺牲的仍是中国。据说在遭到这记当头棒喝之后，深感羞辱的蒋介石竟像幼儿一样抱头号啕痛哭，而这一年，蒋委员长已经58岁了。在收到消息的当天，蒋介石在日记中写道："实为余平生最大之耻辱也。"

幸运的是，虽然在走向荣耀巅峰的过程中总有一些不和谐的音符，但中国抗战胜利的乐章毕竟在一步步进入最高潮。而蒋介石屡遭伤害的自尊心，也必将在胜利日到来时得到安慰。

1945年8月15日以后的一段日子，一定是蒋介石毕生最难忘、最激动、最甜蜜的片段。8月15日，日本宣布无条件投降。9月2日，在停泊于东京湾的美军主力舰"密苏里"号上，麦克阿瑟代表盟国太平洋战区接受日本首席代表重光葵和梅津美治郎的投降。随后，中国战区即举行分区受降典礼，9月9日，何应钦奉命以"国民政府军委会参谋总长兼中国陆军总司令"之名义，代表中国战区最高统帅部在南京主持接受日本投降的签字仪式。这天上午9时，由日本投降代表冈村宁次向中国战区最高统帅蒋介石之代表、中国战区陆军总司令何应钦签订降

开罗会议归来后，美国政府代表向蒋介石授勋

雅尔塔会议上，罗斯福、丘吉尔、斯大林在一起

书。第二天，在重庆举行的国民党中央"纪念孙中山先生第一次广州起义"典礼上，日本投降书呈递国民政府主席蒋介石查阅。与会者目睹日本降书到达现场，纷纷起立热烈鼓掌。

当日本宣布无条件投降的消息传来后，中国沸腾了，重庆沸腾了，蒋介石的内心也沸腾了。随即，蒋介石在重庆怀着激动的心情发表了著名的宣告抗战胜利的演说。为了体会他当时的心境，我们不妨占用一些篇幅，重温这篇《抗战胜利告全国军民及全世界人士书》：

全国军民同胞们、全世界爱好和平的人士们：

我们的抗战，今天是胜利了，"正义必然胜过强权"的真理，终于得到了他最后的证明，这亦就是表示了我们国民革命历史使命的成功。我们中国在黑暗和绝望的时期中，八年奋斗的信念，今天才得到了实现。我们对于显现在我们面前的世界和平，要感谢我们全国抗战以来忠勇牺牲的军民先烈，要感谢我们为正义和平而共同作战的盟友，尤须感谢我们国父辛苦艰难领导我们革命正确的途径，使我们得有今日胜利的一天，而全世界的基督徒更要一致感谢公正而仁慈的上帝。

我全国同胞们自抗战以来，八年间所受的痛苦与牺牲虽是一年一年的增加，可是抗战必胜的信念，亦是一天一天的增强；尤其是我们沦陷区的同胞们，受尽了无穷摧残与奴辱的黑暗，今天是得到了完全解放，而重见青天白日了。这几天以来，各地军民的欢呼与快慰的情绪，其主要意义亦就是为了被占领区同胞获得了解放。

现在我们抗战是胜利了，但是还不能算是最后的胜利。须知我们战胜的含义决不只是在世界公理力量又打了一次胜仗的一点上，我相信全世界人类与我全国同胞们都一定在希望：这一次战争是世界文明国家所参加的最末一次的战争。

如果这一次战争是人类历史上最后一次的战争，那么我们同胞们虽然曾经受了忍痛到无可形容的残酷与凌辱，然而我们相信我们大家决不会计较这个代价的大小和收获的迟早的。我们中国人民在黑暗和绝望的时代，都秉持我们民族一贯的忠勇仁爱，伟大坚忍的传统精神，深知一切为正义和人道而奋斗的牺牲，必能得到应得的报偿。全世界因战争而联合起来的民族，相互之间所发生的尊重与信念，这就是此次战争给我们的最大报偿。我们联合国以青年血肉所建筑的这道反侵略的长堤，凡是每一个参加的人，他们不仅是临时结合的盟友，简直是为人类尊严的共同信仰而永久的团结了起来。这是我们联合国共同胜利最重要的基础，绝对

1945 年 9 月 2 日，在停泊于东京湾的美军主力舰"密苏里"号上，麦克阿瑟代表盟国太平洋战区接受日本首席代表重光葵和梅津美治郎的投降

1945 年 9 月 9 日，何应钦奉命以"国民政府军委会参谋总长兼中国陆军总司令"之名义，代表中国战区最高统帅部在南京主持接受日本投降的签字仪式

不是敌人任何挑拨离间的阴谋所能破坏。我相信今后地无分东西，人无论肤色，凡是人类都会一天一天加速的密切联合，不啻成为家人手足。此次战争发扬了我们人类互谅互敬的精神，建立了我们互相信任的关系，而且证明了世界战争与世界和平皆是不可分的，这更足以使今后战争的发生势不可能。我说到这里，又想到基督宝训上所说的"待人如己"与"要爱敌人"两句话，实在令我发生无限的感想。

我中国同胞们必知"不念旧恶"及"与人为善"为我民族传统至高至贵的德性。我们一贯声言，只认日本黩武的军阀为敌，不以日本的人民为敌；今天敌军已被我们盟邦共同打倒了，我们当然要严密责成他忠实执行所有的投降条款，但是我们并不要报复，更不可对敌国无辜人民加以污辱，我们只有对他们为他的纳粹军阀所愚弄所驱迫而表示怜悯，使他们能自拔于错误与罪恶。要知道如果以暴行答复敌人从前的暴行，以奴辱来答复他们从前错误的优越感，则冤冤相报，永无终止，决不是我们仁义之师的目的。这是我们每一个军民同胞今天所应该特别注意的。

同胞们！敌人侵略中国的帝国主义，现在是被我们打败了，但是我们还没有达到真正胜利的目的，我们必须彻底消灭他侵略的野心与侵略武力，我们更要知道胜利的报偿决不是骄矜与懈怠。战争确实停止以后的和平，必将昭示我们，正有艰巨的工作，要我们以战时同样的痛苦，和比战时更巨大的力量，去改造，去建设。或许在某一个时期，遇到某一种问题，会使我们觉得比战时，更加艰苦，更加困难，随时随地可以临到我们的头上。我说这句话，首先想到了一件最难的工作，就是那些法西斯纳粹军阀国家受过错误领导的人们，我们怎样能使他们不只是承认他自己的错误和失败，并且也能心悦诚服地接受我们的三民主义，承认公平正义的竞争，较之他们武力掠夺与强权恐怖的竞争，更合乎真理和人道要求的一点，这就是我们中国与联盟国今后一件最艰巨的工作。我确实相信全世界永久和平是建筑在人类平等自由的民主精神和博爱互助的合作基础之上，我们要向民主与合作的大道上迈进，来共同拥护全世界永久的和平。

我请全世界盟邦的人士，以及我全国的同胞们！相信我们武装之下所获得的和平，并不一定是永久和平的完全实现，一直要做到我们的敌人在理性的战场上为我们所征服，使他们能彻底忏悔，都成为世界上爱好和平的分子，像我们一样之后，才算达到了我们全体人类企求和平及此次世界大战最后的目的。

日本投降后，与外宾一起庆祝胜利的蒋介石

通过这篇演讲，我们不难看出，这时的蒋介石，已经完全进入了一名"胜利者"的角色。实际上，蒋介石还有机会将这种荣耀进一步发扬光大，只可惜他又主动放弃了。

这是一段鲜为人知的往事：二战"结束后，中国曾有支夭折的"驻日占领军"。

原来在日本投降后，美、苏、中、英等 11 个同盟国在华盛顿召开会议，决定由美国全权统一办理对日军事占领和日本的重建工作。同时，作为对日作战时间最长、付出代价最大的国家，中国被明确认定为应当派兵参与占领日本的国家之一。当时的国民政府，为了战胜国的尊严和地位，在国内外舆论的密切关注下，也曾积极准备派兵进占日本以雪国耻。在蒋介石的命令下，国民党政府立即派出以朱世明为团长的"中国军事代表团"作为先遣队率先赴日熟悉情况。10 月，美国以公文形式致电中国政府，约请中国派一支 5 万人的军队协助盟国占领日本，并希望由参加过印缅远征作战的孙立人统领的新 1 军去。然而当时蒋介石正忙于指挥国民党军队抢占抗战的胜利果实，已经把最精锐的新 1 军派往东北，根本没有太多的兵力派到国外，因此只想派出一支 5000 人的部队象征性地去日本。可是美国一再要求中国至少要派遣一个师。最后，蒋介石决定派由曾在越南河内担任接受日本投降任务的荣誉 1 师和荣誉 2 师合编成的第 67 师前往。

当时荣誉 2 师正在卢汉的指挥下执行北纬 16°以北地区日本侵略者的受降任务，他接到国民政府的驻日占领任务后，立即把荣誉 2 师与荣誉 1 师整编成第 67 师共计 14500 人。该师建制完整，兵员充足，有精良的美式装备，是当时较为理想的赴日部队。1946 年 2 月得到命令后，67 师立即海运至上海江湾驻扎，等待坐飞机到日本。按照计划，他们抵达日本后将负责占领爱知县，必要时再扩大到三重县和静冈县，先遣队当时甚至已经在名古屋腾出了营房。在此期间，该师进行了严格整训，淘汰老、弱、矮、丑的官兵，并从其他部队中选调五官端正、身高 1.70 米以上、具有小学以上文化程度的兵员进行补充。整训待命期间，部队特别进行了军容仪表和国际交往礼节的课目训练，连以上军官甚至还进行了吃西餐和跳交谊舞方面的训练。

与此同时，朱世明率领的驻日先遣队准备工作已基本完成，随后朱世明电告南京政府，请调"中国驻日占领军"出发正式进驻日本。然而自电报发出之后，国民党政府应拨给驻日占领军的后勤物资依然迟迟不能到位，这令朱世明焦急万分，经去信确认才知道这些物资早已分发至内战战场。几天后，朱世明突然接到国民政府来电，要求除部分人员外，先遣人员大部立即返回，而驻扎在上海的 67 师也已奉命开往苏鲁豫解放区。国民政府还告知朱世明，国军只要在鲁南或江苏泰兴地区一得手，即可将第 67 师调回并按原计划进驻日本。第 67 师到达苏中之后，被收编到第一绥靖区司令官汤恩伯手下。出人意料的是，在随后的战役中，中共华中野战军在粟裕指挥下一举击溃国民党的进攻，而第 67 师也遭到重创，一支原本准备派到日本的驻日占领军就这样覆灭在内战战场上。

眼看第 67 师无法到达日本，国民政府只好保留了先遣的驻日军事代表团。中国驻日代表团机构有办公厅，下设 4 个组、7 个处，此外还有宪兵 40 人。代表团总部设在日本东京都，团长最初为朱世明。虽然地位还比不上美国，但中国驻日代表团仍在日本国土得到了作为战胜国的荣耀。可惜的是，中国军队没有按计划进驻日本，丧失了一次特殊的扬眉吐气的机会。

二、失败从胜利开始

那些珍贵的文物，应该由合适的人来收藏，那个奸商他懂什么呀！

眼下是"大换妻"的时代，抗战太太换成胜利夫人是很时髦的。

八年的浴血奋战过去了，我们现在要抓紧时间享受生活，体会党国给予的恩惠。

蒋宋孔陈家里有多少钱啊，所以他们愿意革命。咱革命是为什么呀？

满满两大车赃物啊！你没仔细参观参观吗？明天就运往南京了，怪可惜的。

在余则成的眼中，军统天津站的吴敬中站长可真是个聪明人。这不，抗战的硝烟刚刚散去，老吴便充分体会到了作为胜利者的诸多好处，因此才在与各位手下的谈话中说出以上这些"雷人"的台词。若干年前热播的谍战经典剧《潜伏》虽然已过去多时了，但其中的一些经典剧情却颇值得我们玩味。其中，抗战胜利后利用"接收大员"的身份对汉奸进行敲诈一段更是有真实的历史凭据。正如剧中所揭露的，当年抗战胜利后，国民党各路"接收大员"纷纷利用天赐良机展开了"圈钱"行动。结果在很短的时间内，便将一个原本被国民寄予厚望的政府折腾得分崩离析。回首往事，当"蒋家王朝"在1949年倾覆时，用这样一句话总结恐怕最合适不过了罢——"失败从胜利开始"。

是啊，回想起来，抗战刚刚胜利之际，蒋介石和他的国民党政权是多么得春风得意啊！那时，国内民众拥护国民党、拥护国民政府、拥护领袖，国外舆论界也一致看好"四强"之一的中国。不过就在一片歌舞升平之中，也有一些冷静的观察家发现了危险的苗头，并怀着诚意向政府进言。1945年9月27日，老牌媒体《大公报》（重庆）发表了著名报人王芸生撰写的社评《莫失尽人心》。王在文中说："客有自京沪来者，说了许多京沪同胞的兴奋情况，也说了一些他们的苦情。京沪的情况兴奋极了，也乱极了。在热哄哄、乱嚷嚷中，这二十几天时间，几乎把京沪一带的人心丢光了。有早已埋伏在那里的，也有由后方去的，只要人人有来头，就人人捷手先抢。一部汽车有几十个人抢，一所房子有许多机关争；而长长的铁路，大大的矿场，却很少人过问。尽管是一部分，或仅少数人，但八年长夜，一旦天亮，国旗飘扬，爆竹声喧，这些人也在被欢迎之列吗？尤其因为

抗战胜利后，重庆民众举行庆祝活动

抗战胜利之初，蒋介石曾一度享有很高声望

币制迟迟无规定办法，更形成了收复区之乱，更加重了收复区人民的苦。由后方去的人，满箱的金券法币，成了武器，成了法宝。伪币与法币的比价无定，物价一日三迁，大大地苦了收复区同胞，大大地发了后方去的人。可怜收复区同胞，他们盼到天亮，望见了祖国的旌旗，他们喜极如狂，但睡了几夜觉之后，发觉他们多已破家荡产，手上所仅有的财产筹码——伪币，差不多已分文不值。卖房子吧，卖财产吧，累世的财富转移到握有金法币的人手中。"文章最后，他近乎悲壮地呼吁："莫失尽人心了！"

　　王芸生绝非危言耸听。实际上，他所揭露的正是当年国民党开始进行"接收"工作时的情形，而正如他所担心的，仅用了不到一年的时间，国民党就"失尽人心了"。下面，我们不妨就还原一下当时的历史现场，看看国民党是如何"接收"的。

　　1945 年 8 月 15 日，日本宣布无条件投降，中国人民经历十四年艰苦抗战后终于迎来了胜利的一天。不过实话实说，抗战胜利的迅速到来，多少出乎国民党的意料。因为如果不是第二次世界大战总体战局的变化，特别是美国投下两颗原子弹以及苏联的对日宣战，中国的抗战说不定还要持续一段时间。无怪乎对国民党颇为了解的王芸生当时曾尖锐地指出：抗战八年，"有不少人实在是'混'胜了的，国家既在抗战，无可奈何，混吧！混了八年，居然混胜了。且有不少人在混浑的水里摸着了大鱼"。不管怎么说，既然胜利了，就得马上扮演其胜利者的角色。因为在原敌占区，还有大量的事情亟待处理，用后来我们评价国民党的话就是赶紧去"摘桃子"。就在日本宣布投降的当月，国民政府制定了《行政院各部会署局派遣收复区接收人员办法》，根据这一办法，国民党向各大城市派出特派员或接收委员去接收敌伪资产，而这些人便称为"接收大员"。然而与此同时，由于国民党方面对接收问题缺乏充分而周密的准备，导致接收事务从一开始就弊端百出。接收之初，蒋介石命令陆军总部指导监督并全权处理收复区内一切党政各事务，而实际上则是由各战区接收机关为主、由行政院各部会特派员和各省市政府成员组成的接收委员会负责接收，这就难免造成接收中各自为政的混乱局面，这种情形在一些"油水"肥厚的城市更是明显。例如，当时上海的接收机关多达89个，杭州有28个，天津至少有23个，北平至少有29个。如此众多的接收机关，虽说分工、职权不同，但最终的目的只有一个。于是便出现了对于同一接收对象，"一接再接，甚至三接四接"的荒唐现象。在上海，据说为了争夺一艘轮船，竟有六个单位抢着接收。对于此种现象，当时受蒋介石委派随陆总参加接收的侍从室秘书邵毓麟曾汇报说："陆总对于全国收复地区的一般政务，无权亦无力处理，军与政，既不能配合，党也未曾发生作用，而我行政院各部会对伪组织中央各部会的机构与事业的接收，不但事前没有'敌情观念'，而且也没有一张蓝图，可供我各部会间彼此分工合作的参考。"为了解决没有统一的接收机关所带来的一连串问题，1945年10月中旬，行政院院长宋子文在上海设立了行政院院长驻沪办事处，以统一接收工作。10月下旬，行政院又正式成立了收复区全国性事业接收委员会，将经济、交通、金融方面的全国性事业，交由该会统筹接收，并在上海、北平等重点城市设立敌伪产业处理局。虽然舆论界一再告诫说："我们现在不但去收复失土，而且去抚慰受创的心。收复失土，千万不要失去人心。那些同胞多年来在敌人的铁蹄魔爪下过着黑暗的生活，眼睁睁地盼天亮，好不容易才望到今天，只有光明才可以满足他们的渴望。如同大旱望云霓，落下来必须是甘雨。……收复失土，接收敌伪所攫取的财产，迎接我们受苦的同胞，把他们从水深火热中拯起，登之衽席，这是抗战的一项任务，既庄严，又神圣。肮脏的手，漆黑的心，都请远远离开，不要污染这一庄严神圣的任务。"可惜为时已晚，这场声势浩大的接收运动早就被"接收大员"们改成了一场"圈钱"运动。

都说财富是罪恶的温床，这话一点儿不假。面对从天而降的巨额财富，已在大后方过了八年苦日子的"接收大员"们再也把持不住了。1946年的一项统计表明，单在富庶的苏浙皖区，国民党需要接收的财产总值就达法币12648亿元，仅金银首饰价即达1650亿元，房地产1348亿元。可想而知，既然领了"尚方宝剑"，拥有绝对处置权的"接收大员"们如何能不下水？于是乎，以胜利者姿态被派到原沦陷区的国民党"接收大员"们，到那里后不是首先安定社会秩序、恢复和发展生产、解决广大群众的苦难，反而贪婪地搜刮民财，巧取豪夺，把原沦陷区搞得乌烟瘴气、怨声载道。由于没有权力的约束，他们纷纷利用各种便利牟取私利，从而在极短

抗战胜利后，国民党政权在各地展开了所谓的接收

的时间内成为一部分最先富起来的人。既然上面的政策如此利好，还有什么理由不抓紧时机大干一番呢？那一段时间，这些"接收大员"纷纷发挥自己的聪明才智，真可谓八仙过海，各显神通：或抢，或占，或偷，或漏，最终成功将无数财产据为己有。据一位当时负责对接收工作进行调查的国民党监察委员揭发，在接收过程中，仅上海一地的八千五百多幢敌伪房产中，被公开抢占的就有五千多幢；南京两千多幢敌伪房屋几乎全由各单位以各种名义占据，后来干脆只要是敌伪财产，贴上封条就可据为己有；大汉奸周佛海据称有房屋 16 所，瓦房 100 间，黄金 95 条，法币现款 6535 万元，家具 850 件，古玩、名画价值法币 1224 万元，大多落入了接收官员的私囊。作为国民党系统中权势显赫的机构，军统当仁不让地在接收工作中扮演了重要角色，而其所获得好处也可想而知。事隔多年后，时任北平行营主任的李宗仁曾回忆道："当时在北平的所谓'接收'，确如民间报纸所讥讽的，实在是'劫收'。这批接收人员吃尽了抗战八年之苦，一旦飞入纸醉金迷的平、津地区，真如饿虎扑羊，贪赃枉法的程度简直骇人听闻。他们金钱到手，便穷奢极欲，大肆挥霍，把一个民风原极淳朴的故都，旦夕之间变成罪恶的渊薮。中央对于接收职权的划分也无明确规定，各机关择肥而噬。有时一个部门有几个机关同时派员接收，以致分赃不均，大家拔刀相见。无法解决时，便来行营申诉。我这身为最高长官的行营主任竟成了排难解纷的和事佬。最令当时平津居民不能忍受的，便是这批接收官员为便于敲诈人民，故意制造恐怖气氛，随意将人以汉奸罪名加以逮捕。一时汉奸帽子纷飞，自小商人以至大学教授随时有被戴上汉奸帽子坐牢的可能。因而凡是抗战期间没有退入后方的人，都人人自危。"

更令人感慨的是，就连国民党政权本身似乎也在借机敛财。就在胜利后不久，亲身参与了接收工作的邵毓麟，曾怀着沉痛的心情对蒋介石直言不讳地说："像这样下去，我们虽已收复了国土，但我们将丧失了民心。"他所指的，正是当时国民党搞的所谓金融政策。事实证明，国民党接收过程中最为恶劣、最引起收复区百姓不满与反感的便是法币与伪币兑换率的规定。鉴于此前沦陷区与大后方实行的流通货币是两套货币，为了稳定所谓的金融市场，1945 年 9 月 27 日，国民政府财政部公布了法币与汪伪中储券的兑换办法，两者比例为 1 : 200。可想而知，这对收复区人民无异于一场灾难，自然引起了民众的普遍不满。因为以当时的物价指数计算，上海物价为重庆的约 50 倍，为整个法币使用区的约 35 倍，何况当时黑市法币与汪伪中储券的兑换价不过是 1 : 80。在既得利益集团的顽固坚持下，这个兑换办法一旦被推行，立刻使大批接收官员凭本已不值钱的法币在收复区大发横财。当时人形象地描述道："陪都来沪接收人员，均有腰缠十万贯，骑鹤上扬州之感。"试想，就连国民党政权都试图通过政策敛财了，老百姓的日子还能好过吗？诚如李宗仁后来所言："一纸命令之下，收复区许多人民顿成赤贫了，而携来大批法币的接收人员则立成暴富。政府在收复地区的失尽人心，莫此为甚。"

面对如蝗虫般涌来的国民党"接收大员"们，面对他们的种种贪污腐败行为，原沦陷区的老百姓讥称其是"劫收大员"，而这些人所追求的无非是"五子登科"：金子、房子、车子、票子、女子；是"三迷成风"：财迷、色迷、官迷；是"三洋开泰"：捧西洋、爱东洋、要现洋。民间更有段子说"想中央，盼中央，中央来了更遭殃"。凡此种种腐败情形，都使国民党在原沦陷区的威信一落千丈。

眼看政府如此不珍惜胜利的到来，对于接收中的混乱不堪和贪赃枉法，当时舆论界多有报道和批评，他们或者质问"政府究竟替老百姓做了些什么？"或者痛切地警告政府"收复失土不要失去人心""莫失尽人心"，痛斥当局"二十几天时间，几乎把京沪一带的人心丢光了"。

1946年6月，迫于舆论公开批评指责的压力和接收工作存在的种种严重腐败问题，国民政府下令对前阶段敌伪财产接收处理工作进行一次"全面清查"，并专门成立"接收处理敌伪物资清查团"，于当年8月分赴各地展开清理工作。为了对公众有所交代，当时确也查处了几起典型案件，其中涉案数额最大、在全国最有影响的便是发生在天津的"刘乃沂贪污案"。

据当时媒体报道，时年43岁的刘乃沂原本在国民政府海军部任职，抗战胜利后成为华北区海军专员办公处平津分处主任，主要负责在天津接收海军敌伪产业，这可是一个肥差。与当时许多"接收大员"一样，在天津期间，刘乃沂绝对做到了"五子登科"。正所谓"英雄难过美人关"，气焰嚣张的他很快拜倒在天津著名交际花陆红英的石榴裙下。为了讨得美人的欢心，春风得意的刘乃沂居然豪迈地表示："你如果跟了我，天津的、塘沽的任何东西，你只要想要，那它就是你的了，我封你为接收夫人！"于是，陆小姐马上抛弃了旧情人，转而投入了刘乃沂的怀抱。随后，刘乃沂花20万元纳陆小姐为妾，并大张旗鼓地在利顺德大饭店举行了隆重婚礼。不料，陆小姐的旧情人并未善罢甘休。为报一箭之仇，他暗中派人搜集了大量刘乃沂贪污、鲸吞敌伪产业的证据，并亲手写了三封举报信直接寄给了蒋介石派到平津的清查团长李嗣聪，甚至亲自出马上门举报。这样一来，刘乃沂可算是撞到枪口上了。经过一番调查，清查团确定刘乃沂有贪污巨额敌产的嫌疑，随即下令将其缉拿归案。经审查，刘乃沂共贪污搜刮公馆三处、汽车两辆、黄金两千余两、美元一万元、珍珠一万余粒、皮筒一百五十余件、赤金镯十二只、金表三只，另有洋灰、白糖、钢铁等紧俏物资。1947 年 1 月 12 日，刘乃沂一案被上报到蒋介石那里。对于这桩清查团查办出的最大案件，决心杀鸡儆猴的蒋介石当即做出"刘乃沂处死刑"的批示。1 月 16 日，刘乃沂以"侵占接收平津敌伪海军物资属实"的罪名被判处死刑，当天即被枪决，成为抗战胜利后国民党处死的最高级别的贪官。

尽管刘乃沂案曾轰动全国，但在当时的大环境下，一个贪官的死根本不足以遏制国民党的接收腐败。因为在国民党内，还有无数比刘乃沂更有来头的达官显贵卷入了这波狂潮，而对于这些人，又有谁能动得了呢？例如陈布雷当时针对国民党内的"劫收"现象，就曾对下属说："我们都是淡泊，不像人家可以接收房屋，接收机器。"他平时对陈果夫、陈立夫两人比较尊重，但是，当他看到"二陈"也参与了"劫收"时，他说："我过去还相信陈氏兄弟在金钱上总比较清白，不会贪污。今天一看，他们和孔、宋一样，在抢肉骨头。他们也接收，他们也争，他们也办起什么银行和经济事业来了。他们过去骂孔、宋，今天唯恐学不到孔、宋。他们合作办金库，叫我当监事，我不接受。他们要我去开会，我怎么能去！"

1945 年抗战刚刚胜利之时，国民党政权还被看作是领导全国抗战胜利的功臣，蒋介石本人也一度享有很高的威望。这时的国民党政权，无论是在威望上、实力上，还是在国际地位各方面，都达到了前所未有的高度。但是就像一位历史学家所总结的："在抗战期间，中国国民政府的威望达到了顶点，国共两党在抗日战争中形成的合作局面也很好，但是万万没有想到，就是这样一个国民党，在胜利到来的时候，迅速在政治上、经济上暴露出它的独裁、官僚体制所形成的腐败。它支撑不住这个胜利的巨大喜悦，瞬间垮掉了。而且这个垮掉是非常迅速的，蒋介石自己都说我们不是败在军事上打不过共产党军队，我们是败在自己身上，败在'接收'上。到 1946 年的时候，仅仅过了一年，大街上欢呼抗战胜利的纸屑还没有冲刷干净的时候，国民政府就被民众抛弃了，民众不相信它，不相信它能给中国带来幸福，不相信它能把中国引领到富强。"事实的确如此，在国民党官员把"接收"变成"劫收"的同时，也"劫"掉了民心。如果说 1945 年至 1946 年前后的"接收"只是国民党威信下降的开始，那么到 1948 年前后，国民党的威信已经是急剧

抗战胜利后国民党政权的表现，让广大民众很快陷入失望

下降、不可收拾了。关于这一点，就连蒋介石本人在彻底失败后都曾深有感触地
对身边人说："许多中上级军官利用抗战胜利后到各大城市接收的机会，大发横
财，做生意，买房产，贪女色，骄奢淫逸，腐败堕落，弄得上下离心，军无斗志。
这是我们军事上失败的根本所在。"

耐人寻味的是，正是由于目睹国民党在"接收"期间出现的整体腐败，原本
与蒋介石政权关系密切的美国人也开始动摇了。1948 年 11 月，美国军事顾问团
团长戴维·伯将军在给华盛顿的报告中提到："自从我来到这里后，从来就没有
一个战役的失利说是因为武器弹药的缺乏。依我看来，国民党军队的败北是因为
糟糕透顶的指挥和其道德败坏的因素，把军队弄得毫无战斗意志。……在整个军界，
到处是平平庸庸的高级军官，到处是贪污和欺诈。"而到 1949 年 8 月，美国国务
卿艾奇逊在致杜鲁门总统的信中，同样指出了国民党的失败是因为其腐败无能。
他说："我们在中国的军事观察家曾报告说，国军在具有决定性的 1948 年内，没
有一次战役的失败是由于缺乏武器或弹药。事实上，我们的观察家于战争初期在
重庆所看到的腐败现象，已觉察出国民党的抵抗力量受到致命的削弱。国民党的
领袖们对于他们所遭遇的危机，是无能为力的。国民党的部队已丧失了斗志，国
民党的政府已经失去了人民的支持。"

三、"打虎"英雄也无奈

1948 年 11 月 6 日晚上，被坊间称为"太子"的蒋经国在日记中写下了这样一段话："昨日正式发表消息，辞督导员职。自今日起已不再到中央银行办公。当我离开办公处的时候，心中实有无限的感慨，几欲流泪。傍晚步行到金融管理局向林崇镛、李立侠辞行。望黄浦江上的晚景，觉得格外的凄惨。今日早晨，约行深、沧白、灵峰、仲平乘汽车做杭州之游。中途经过闵行、乍浦、海宁，一路的风景虽美，但秋风红叶，使人发生伤感……"

众所周知，自 1937 年由苏联回国以来，身为蒋介石长子的蒋经国就被许多人看作一颗政坛希望之星，认为他极有可能在将来继承父亲的衣钵。那么，这个拥有显赫家庭背景、被各方寄予厚望的"太子"缘何会如此伤感呢？之所以会出现这种情形，还得从七十多天前说起。

1948 年 10 月，国民党发行金圆券后上海民众掀起抢购风潮

为稳定金融局势，蒋
经国抵达上海"打虎"

　　话说在 1948 年年初，国民党政权宣布实行"宪政"，随后蒋介石顺利当选为中华民国总统。而与此同时，由于在内战中日益不利，国民党的军费支出急剧增加，导致国民经济迅速走向崩溃。尤其是在金融领域，法币贬值导致的通货膨胀简直前所未有。为了扭转局面，国民政府决定实行币制改革。经过一番研究，南京方面于 8 月 18 日出台了改革措施，宣布以金圆券代替法币，1 元金圆券兑换法币 300 万元。同时颁布"财政经济紧急处分令"等法令，限期收兑已发行的法币及东北流通券；限期收兑私人持有的黄金、白银、银币与外汇；限期登记本国人民存放外国的外汇资产，违者制裁。为稳定物价，平衡国家总预算和国际开支，政府规定总发行量为 20 亿圆，按月发行，当金银外汇等准备不足时不得续增发行。黄金按纯金量每市两兑给金圆券 2000 圆，白银按其纯含量每市两兑给金圆券 3 圆，银币每元兑给金圆券 2 圆，美钞每元兑给金圆券 4 圆，其他各国货币按照中央银行外汇率兑给金圆券。作为当时中国的头号经济中心，上海自然受到格外关照。而为了确保此次经济整顿收到成效，蒋介石特地钦定蒋经国为"上海经济区协助督导员"。对于父亲的任命，雄心勃勃的蒋经国欣然接受，表示只要"认真实行，即能扑灭奸商污吏，肃清腐恶势力，贯彻新经济政策"。他在 8 月 20 日的日记中写道："今日政府正式公布改革币制的方案，此乃挽救目前经济危局的必要办法，但问题是在于能否认真执行既定的方案，否则无论方案如何完整，还是失败的。督导上海方面的经济管制工作，因为自己从来没有做过经济方面的工作，一点亦没有经验，所以恐难有所成就。但既做之，则必须确实负责，认真去完成应负的责任。"随即他便带领一班亲信赶赴上海，一场声势浩大的"打虎运动"就此拉开了序幕。

　　蒋经国深知，作为中国最大的都市和全国的经济中心，上海市经济管制的成败，关系全国经济管制的成败，也关系整个币制改革的成败。而他到上海的任务，便是贯彻执行财政经济管制条例，使物价保持在 8 月 19 日"紧急处分令"颁布时的水平。毫无疑问，这项任务是很有挑战性的，对此蒋经国也有清醒的认识。8 月 22 日，他在日记中写道："自新经济方案公布之后，一般人民对于币制的改革以及经济的管制，多抱乐观的心理，而政府人员则多抱怀疑的态度。两天来，日用品的价格涨得很厉害。捣乱金融市场的并不是小商人，而是大资本家和大商人。所以要严惩，就应从'坏头'开始。今天我正式被任命为经济管制委员会委员并派在上海协助俞鸿钧先生督导经济管制有关诸事，这件工作是非常困难，但是亦十分重要，无论如何必须尽心尽力干下去。"按理说，既然连"太子"都出动了，还有什么人敢阻碍新政策的实行呢？但蒋经国很快就发现，上海的浑水实在是太深了！

怀着大显身手的迫切愿望，蒋经国一到上海便将自己的办公室设在了九江路中央银行大楼三层。为了排除地方干扰，整合力量，他还在人事方面费了一番脑筋：把当年在赣南任职期间的嫡系干将以及在青干校、青年军中培植的亲信悉数调来上海。为了保证此次"打黑"成功，他甚至调来了"戡乱建国总队"下属的第六大队，并扩编为"大上海青年服务总队"，专门负责在上海期间的执法行动。总队在上海设了11个"人民服务站"，主要任务是负责收集各界人士和平民百姓的举报线索。蒋经国要求"戡建"队员"一无所有，一无所求，保持乡下佬本色，与恶势力奋斗"。

随后，蒋经国颁布了一系列旨在推行经济改革的法令条例，要求：在10月22日前将旧币兑换成金圆券；在9月30日后个人不得再持有黄金、白银、银圆、外币，一律兑换成金圆券；登记管理所有个人存在外国银行的外汇资产；所有商品价格不得高于8月19日以前水平。

从某种程度上说，蒋介石之所以敢不避裙带之嫌，派自己的儿子来上海主持工作，实在是有相当底气的。因为要说蒋经国也确实有两下子，单凭他早年在苏联的留学经历，就足以给国民党的整个统治体系带来新的气息。例如他十分重视舆论宣传的作用，深知发动群众的力量。为此，他亲自在各大报刊上撰写文章，一方面向各界阐明道理："投机家不打倒，冒险家不赶走，暴发户不消灭，上海人民是永远不得安宁的。"同时又宣称"本人此次执行政府法令，决心不折不扣，决不以私人关系而有所动摇变更！"令上海广大民众"感动"的是，蒋经国还像许多政治领导者一样，擅长引经据典，他借用北宋政治家范仲淹的名言"宁使一家哭，不使一路哭"来表示决心。在记者招待会上，他慷慨激昂地表示："不管你有多少财富，有多大的势力，一旦犯了国法，就毫不留情地送你进监狱，上刑场。"

在那段时期，蒋经国简直成了上海滩一道风景、一颗闪亮的政治明星。在这一时期，他的一些经典语录广泛流传于上海百姓间。例如他说："我深深地感觉到，在过去真正守法的，多是些穷善的老百姓，而一般有钱有势的人，则往往逍遥法外，为所欲为。"他还公开宣称，自己这次来上海是"专打'老虎'，不打'苍蝇'，是打'祸国的败类'"。更难得的是，尽管身份显赫，但蒋经国却毫无架子。他给自己定下规矩，每星期二、星期四下午在中央银行办公室公开接见市民，回答市民的提问，这种罕见的亲民风格使他赢得广泛的赞誉，受到了新闻界和广大上海市民的普遍好评。

稍后的事实表明，蒋经国可不是空喊口号的政客。毫无疑问，他来上海的初衷就是要铁面无私地大干一番，以帮助父亲力挽狂澜。他是这么想的，也是这么做的。

随后，按照自己的精心安排，蒋经国便在上海滩展开了轰轰烈烈的"打虎"运动。首先为了"敲山震虎"，他将上海滩的商界大腕儿们全都请来，要他们带头执行政府决策，交出黄金、外汇。紧接着，"打虎"的实际行动开始了。雷厉风行的蒋经国统一指挥市警察局、警备司令部稽查处、宪兵，以及江湾、京沪铁路、京杭铁路三个警察局的数千名军警和管理局的管理、执勤人员分散到全市各处，突击检查市场、商店、工厂、公司、仓库、车站、码头等处。明令规定："凡违背法令及触犯财经紧急措施条文者，商店吊销执照，负责人送刑庭法办，货物没收"；任何人不得套购黄金、白银、外币，不得操纵股票市场；工厂、商店不得在因坚守"8·19防线"而造成的物价偏低情况下，不供货、不售货；切实保证金圆券的币值；保证预定的总额20亿元的金圆券发行量不被突破。

面对蒋经国的"打虎"口号，还真有不少人不当回事。在突击检查中，他的手下先后抓住一系列"大老虎"的尾巴，其中有"棉纱大王"、中新纺织公司总经理荣鸿元，"纸老虎"纸业公司理事长詹沛霖，"棉布巨头"吴记棉布号老板吴锡龄，"烟霸"永泰和香烟公司总经理黄川聪及杜月笙之子、"证券太保"237号经纪人杜维屏。前四人不愿在限价后出售纱、布、香烟和纸张等市场必需品，囤积居奇，制造紧张气氛，杜维屏则涉嫌泄露币制改革机密，并在"币改"前夕大量抛售股票，"币改"以后又违反证券市场的禁令，暗中从事证券黑市交易。针对这些重量级的角色，蒋经国先在新闻媒体上对其进行曝光，然后再一律绳之以法。风闻这一消息后，上海滩顿时炸开了锅，人们纷纷奔走相告，到处传扬"蒋青天"的威名。之后，针对一些暗中从事非法活动的国民党党政干部，蒋经国也毫不手软。财政部的秘书

在"打虎"行动初期，蒋经国因其雷厉风行而广受好评

307

陶启明，利用职权泄露国家经济机密，串通商人抛售永纱股票，进行投机活动，牟取暴利；上海警备部科长张亚尼、警备部第六稽查大队长戚再玉两人，大肆敲诈勒索。案发后，蒋经国毫不犹豫地下令将他们枪决。啃下以上这些"硬骨头"后，他的"打虎"行动就顺风顺水了。短短几天，他便在上海逮捕了不法奸商 64 人。正是由于蒋经国雷厉风行的"铁腕"政策，上海的物价在短期内保持了稳定，财政金融危机也看似缓解。而与此同时，蒋经国的声望骤然提高，不但老百姓称他为"青天"，舆论界更是一致将其视为国民党的救命王牌，一些海外媒体甚至海称他是"中国的经济沙皇"。

关于蒋经国这一段时期的威望，通过下面这篇当时上海媒体的报道便可窥见一斑。1948 年 9 月 13 日，《新民报》晚刊刊登了一篇名为《蒋经国走出了办公厅》的报道：

蒋经国在上海五百万市民心目中已成传奇人物，有人喊他为"蒋青天"，有人说"包公再世"，这一点，不能说是市民的愚昧，仅说明了上海的市民在奸商、恶势力纵横交叉的压榨下喘息了几十年，对于所谓"青天""包公"似的官吏，很少遇见，如今半道中杀出一个蒋经国，大刀阔斧的干了一番，人们就把他像神一样的赞颂起来。其实，蒋经国奉命来上海督导实施经济改革方案，他是五百万市民的公仆，做了一点公仆应当做的事情，在任何一个国家，这种事一点都不稀奇，可是在我们这个国家里的确不算平凡了。

蒋经国在官吏中不算平凡，但在一般人中，他是一个平常的人。昨日下午三时渔管处招待记者游江，他也曾与其会，蓬松着头发，穿一件白麻纱布香港衫，下面是黄色卡其长裤，在颈上的挂着一个"拉卡"照相机，拍着他秘书的肩膀头跳进船来……他也是个平常的人。我们想凭着他那一身衣着，那种随便的态度，挤到四轮电影院去看场电影，没有人会注意到他，也没有人相信他是蒋经国。

蒋经国年纪不大，四十左右，他过着一般青年人的生活，爱骑马，驾吉普，玩玩网球之类，照相，玩几套魔术，看看电影，京戏，样样都来。自来上海后，因为工作忙碌，这些娱乐消遣的时间，都被剥夺了，他却并未为此而叫苦。他自白地说工作并未影响他的日常生活，早晨七时左右起来，晚间十一时左右安息。唯据他的秘书说：最近因公事太多，当迟至夜二时才睡。

他没有特殊的嗜好，在渔轮中四个小时，未见他吸一支烟，大概不会吸烟，在家中吃的是家乡宁波小菜。他自己说：对西菜毫无兴趣，无事也爱读一点旧俄作家托尔斯泰，屠格涅夫的小说，一切都平凡的像一般青年一样，至少在船上四小时，他没有表现一点公子哥儿的旧习，和大官的臭架子。从他的皮鞋后跟钉着橘瓣型的铁钉，和前头开缝裂口，但并未连起来的情形看来，此公生活相当节约，朴实，而又不拘小节。

他说话行动都很随便，想说就说，想做就做，仅求无伤大雅而已。渔管处赵处长说："我的照相技术不佳，十张中有一张可能是好的。"他却打趣地说："检查以后，那一张也是旁人照的。一般官员如此公开打趣的并不多见，譬如，他在太阳下晒得出了汗，干脆就把香港衫脱下，穿着背心赤膊，也不在意。这种情形官员们在交际场中也是鲜见。这种情形对于任何市民并不稀奇，仅说明了蒋经国他和市民一样自然的生活而已。"

船在高桥靠岸，大家上岸，记者们像情报员，以冤枉官司似的和他诉起苦来，谈到奸商的阴谋，谈到高物价下的穷公务员，谈到奸商以后的处理，最后谈到因房子问题而不能结婚。……他说："这问题倒严重！"谈到房租需要条子的事，他很隔膜，他说："在战前无此事。"从这点看来，他心目中的上海，比实际的上海还好一点。这有待于他更一度的深入。

在渔轮上，他常一个人伏在船头上看水沉思。那时，没有一个人注意他，因为他在船上待了半小时后，有谈有笑，和我们一样，绝无奇特之处。

不过大家还是谈到他，说他长得粗壮，手上生着手茧，像一个工程师，不像大总统的公子之类。他对于长春很向往，谈到长春的树木，码头，建筑，那里人民朴实的生活，好像长春的一草一木都使他眷恋。

船到吴淞返沪，五时半大家开始就餐，他吃饭比任何人快，吃完就摸起照相机给大家拍"一扫光"的吃相，并声明叫记者们不要害怕："绝不登在报上。"饭毕，大家要他发表谈话，他说"没有话可说"；"没有话说"，对他却很恰当，认真做事的人都是很少说话，而说话的却往往不做事。最后他的高秘书简单代他说了几句，意思不外阐述蒋先生的工作，要求新闻界协助。

正七时船到北京路外滩码头，码头上堆了很多市民，都是来看蒋经国的。他蓬松的头发，带着照相机，吹着口哨，步履安闲的爬上码头，市民竟一时分别不出谁是蒋经国来。但后来终于被发现了，被一群人围拥着往外白渡桥的方向走去。

不过蒋经国也算是颇经过风浪的人，面对暂时的胜利，他并没有忘乎所以，反而从内心深处升起了几丝隐忧。由于这次金融整顿确实触及了许多人的利益，因此就连一些国民党元老也表示极度不满。例如在抗战中立下赫赫战功的薛岳，当有人问他："如果小蒋硬要你把金子去兑金圆券，你怎么样呢？"薛岳开口就骂："丢那妈！我们辛辛苦苦搞了几十年，出生入死，才挣得这些金子，如果兑成了转眼一钱不值的金圆券，以后我们吃什么？他敢来，我就开机关枪打死他！"

在日记中，蒋经国曾这样反省说："直至目前为止，大多数的上海人都是称赞我的。一不小心，年轻人很可能乐而忘形，不知前进，不加自反，那一切都完了。我深深地感觉到：这种空气对我是不利的，希望太大，失望亦快，并且前程险恶万分，很大的困难就会到来，到那个时候，一定会有许多人要恨我、骂我。此时此地，自己要有主张，有立场，至于社会上的流言，实在是不足听。"果然就在此时，一块非常难啃的"骨头"摆了在这位"打虎"英雄面前。

原来在自己的儿子被蒋经国抓起来之后，上海青帮老大杜月笙当时并未翻脸，老谋深算的他故意吩咐手下向蒋经国的调查组透露消息，声称扬子公司囤积居奇，非法藏金蓄银，请他们立即采取行动。对于杜月笙将的这一"军"，蒋经国还真感到不好应付。原因很简单，这扬子公司的老板不是别人，正是他蒋经国的表弟孔令侃（1916—1992）。而说起这孔令侃，实在大有来头。与仅靠"拼爹"的杜维屏不同，他不但"拼爹"，还"拼姨"。此人乃是孔祥熙和宋霭龄的长子，1936年自上海圣约翰大学毕业后便凭借其家庭背景任财政部特务秘书。1939年又前往美国哈佛大学留学，1943年宋美龄到美国访问时，他还客串了一把当时"第一夫人"的秘书。抗战结束后，孔令侃回到上海创办扬子公司。由于其特殊的身份与背景，公司自然无所不能。更令人感慨的是，不知是否自己没有孩子的缘故，宋美龄对自己的这位亲外甥极其偏爱。因此尽管蒋经国与孔令侃实际上并无亲缘关系，但宋美龄好歹算是他的继母，如果他动了孔令侃，继母自然不高兴，而继母一旦不高兴，父亲也很可能不高兴。因此，面对杜月笙的"回礼"，蒋经国不禁倒吸一口冷气。不过在短暂的犹豫后，为了大局，他还是一咬牙一跺脚，命手下火速行动，查抄了扬子公司大量非法囤积的物品，并将其公司予以查封。消息一经传出，就连老江湖杜月笙都有些佩服他的气魄了。

说起来蒋经国也够恼火的，孔令侃明知他正在上海"打虎"，多少也该收敛一些，给自己人留点面子，但是孔令侃一向狂放怪诞，任是什么人都不放在眼里。原本蒋经国的经济管制法令规定午夜12点以后宵禁，不许通行，可孔令侃偏偏于宵禁时，开车闯关而过；明令不准囤积居奇，可孔令侃偏偏顶风大量囤积物资，弄得上海市内路人皆知。当蒋经国查封了他的扬子公司后，后者立即炸开了锅，他当即赶到南京向姨妈宋美龄求助。出乎蒋经国意料的是，宋美龄为了外甥的利益，竟专程赴沪，以中秋佳节聚会相约，把蒋经国、孔令侃召集到一起进行劝解。不过由于两个小年轻都不是省油的灯，没说上几句便不欢而散。无奈之下，宋美龄居然直接给远在北平前线布置军事的蒋介石发急电，说上海出了大事，要他火速返回处理。当时北平的战事正紧，蒋介石是专门去主持对策和督战的。可是在接电报后，蒋介石竟仓促将一切托付给傅作义，随后便匆匆飞赴上海，以至于傅作义失望地埋怨："蒋先生要美人不要江山，我们还给他干什么！"

到达上海后，宋美龄立即向"达令"陈述了蒋经国的所作所为。据说由于他们夫妇在经济上有把柄攥在孔令侃手中，蒋介石次日召见蒋经国，劈头就训斥道："你在上海怎么搞的？都搞到自己家里来了！"接着又召见了上海政军官员，亲自为扬子公司案开脱："人人都有亲戚，总不能叫亲戚丢脸，谁也不可能真正铁面无私。我看这个案子化了了吧！"既然蒋介石都亲自发话了，事情也只能到此为止了。之后，上海市警察局发言人硬着头皮对外宣称：扬子公司所查封物资，均已向社会局登记，不属违法囤积。

既然管不了孔令侃和扬子公司，蒋经国还有什么底气管别人呢？眼看自己多日的苦心经营毁于一旦，曾经风光无限的"打虎"英雄瞬间便成了斗败的公鸡，而"只打老虎，不拍苍蝇"的豪言从此也被百姓戏称为"只拍苍蝇，不打老虎"。更可怕的是，由于国民对政府的所谓经济管制彻底失望，脆弱的市场终于再度崩溃了。1948年10月初，南京政府决定对卷烟、洋牌酒、国产酒类、烟叶等7种货品增加税额71倍，准许厂主和商人将此加入售价之中，压力转嫁到老百姓头上。受此危害，上海顿时民怨沸腾，市面上"坑爹"之声不绝于耳。紧接着，各地掀起了抢购狂潮，物价再次扶摇直上，经济管制也名存实亡。

孔祥熙，扬子公司老板孔令侃乃其儿子

上海滩青帮老大杜月笙，因其儿子被抓而给蒋经国出了个难题

　　目睹此情此景，壮志未酬的蒋经国不禁悲从中来。著名报人曹聚仁当时曾对他表示了同情："经国放下经济特派员职位的前一星期，几乎天天喝酒，喝得大醉，以致狂哭狂笑。……这显然是一场骗局，他曾经呼吁老百姓和他合作，老百姓已经远远地离开了他，新赣南所造成的政治声誉，这一下完全输光了，有的人提起经国就说他是政治骗子；有人原谅他，说这都是杨贵妃不好，害了他，蒋先生的政治生命也就日落西山了。"就在十月底日记中的反省录中，蒋经国本人曾这样写道："烟税的增加，金圆券发行数目之大，造成了十月初的所谓抢购运动。由此而发生市场波动，一天不如一天地坏下去了，自己感觉到用下去的力量，已不十分有效了。在经济方面讲，是因为金圆券发行的数字太大，到处都是钞票，而这许多钞票，都是无路可走，所以造成了市场的混乱。吴蕴如来信说：'官吏白做了两个月的工作，民众白吃了两个月的苦，并且穷的愈穷，而富的还是一样的富。'这几句话说得太心痛，同时亦够刺激了……每次想起人家将金钞兑了之后，今天是如何地在怨恨我，真是惭愧万分！为了表明自己的责任心，我将向政府自请处分，并对上海市民表示歉意，以明责任。总之七十天的工夫，花了不少的心血，亦并不是白花的，读了一部经济学，得了许多痛苦的教训，前途困难重重，瞻前顾后，心中有深感矣。"

在蒋经国的"打虎"行动草草收场后，全国各地很快陷入金融混乱局面

　　心灰意冷之际，蒋经国不得不辞去上海督导员的职务。在与被他调到上海的干部分别时，蒋经国心情沉重地说："现在我们失败了，今后我们究竟到哪里去工作，做什么工作，现在都不知道，以后再说。你们要守纪律，多保重。"话虽简单，却可以想象当时他的心中是何等地痛苦不堪。离沪前，蒋经国在上海广播电台，以抑郁哀婉之词向上海市民告别。在 11 月 2 日的日记中，他依旧愤愤不平地写道："限价已经开放，七十天来的努力，已一笔勾销。回想起来，真是惶恐万分，今日发表告上海市民书，承认自己未能尽责完成任务，并且在若干地方，在工作过程中，增加了人民的痛苦。所以应向政府自请处分，而同时向市民表示最大的歉意，但是决不放弃自己既定的政治主张。这个文告，结束了'上海工作'。"

　　值得一提的是，在这场风波过后，精明的孔令侃赶紧将资金转移到海外，本人也移民美国。而多年后宋美龄到美国生活时，就住在孔令侃在曼哈顿上东城为她购买的公寓内。

在这次壮志未酬后，心灰意冷的蒋经国回到父亲身旁，他的抱负也只能若干年后再施展了

四、《时代》周刊的"中国梦"

被公认为代表着美国乃至整个西方主流社会声音的美国《时代》周刊，几十年来，一直以其独特的报道风格和对中国的特殊关注，而受到中国人的瞩目。自20世纪20年代初创刊以来，《时代》对中国的报道就没有间断过，而其创办者亨利·卢斯（Henry Luce，1898—1967）更是有着极为特殊的中国情结。

亨利·卢斯1898年出生在中国山东省的登州（今蓬莱），其父是美国基督教会长老会派到中国的传教士。在中国，卢斯度过了14个春秋。后来，他违背父母的意愿返回美国。25岁时，从耶鲁大学毕业的卢斯创办了《时代》周刊，并迅速将其打造成美国三大时事性周刊之一。1930年和1936年，他又相继创办了影响世界的《财富》周刊和《生活》杂志。正因如此，就连英国首相丘吉尔都曾将卢斯称为"美国近代最有名望的7个人之一"。

由于其早年特殊的成长经历，卢斯对中国始终保持着一种特殊的情结，他甚至认为，中国是自己除美国之外最热爱的国家。早在1924年9月8日，《时代》周刊就曾将军阀吴佩孚列为封面人物，而这只是它关注中国的开始。童年的卢斯目睹了20世纪初中国的贫穷和战乱，对中国既爱又恨。长大后，他坚信只有依靠美国方式才能帮助中国实现"富强"和"民主"。为此，他在美国利用手中的杂志，不遗余力地为中国摇旗呐喊。抗日战争初期，美国社会还深受"孤立主义"思潮的影响，卢斯却对中国报以同情，他向中国前线派遣了十多名战地记者，率先在《时代》周刊上大量报道中国抗战。不过这些报道都带有明显的倾向性和目的性——在大量报道、抨击日军暴行的同时，他还在竭力树立蒋介石作为中国战时领袖的形象，以此获取美国公众的同情和政府的援助。为此，蒋介石、宋美龄接二连三成为《时代》周刊的封面人物，两人甚至在1938年被评为年度风云人物中的"风云夫妻"。可以说，在整个抗日战争期间，卢斯是少数真正关心中国的美国人之一。《时代》周刊对中国大批量、轰炸式的报道，也确实对美国社会产生了巨大影响，很多美国人通过《时代》周刊了解到了抗战的中国，在舆论的压力下，美国政府和民间对中国的援助也迅速增加。

如果说卢斯对中国的热爱在客观上极大地支持了中国抗战，那么他对蒋介石

由于特殊的人生经历，亨利·卢斯有浓厚的中国情结

由于亨利·卢斯的特殊偏好，蒋介石、宋美龄夫妇曾多次成为《时代》周刊的封面人物

的偏爱就背离了他作为职业新闻人的初衷。蒋介石的政治立场、基督教徒身份以及宋氏家族的背景，都使得卢斯将他视为美国视角下中国未来的希望，并在几十年间全力给予其舆论支持。1927 年 4 月，蒋介石第一次出现在《时代》周刊的封面上。1932 年，卢斯时隔 20 年回到中国，受到了蒋介石政府国宾般的接待，在此期间，他还迅速与宋氏家族结下了深厚的私交，并成为宋美龄的忠实"粉丝"。当 1943 年宋美龄访美寻求援助时，卢斯则专门成立了"纽约公民欢迎蒋夫人筹备委员会"。据统计，在卢斯执掌《时代》周刊的几十年间，蒋介石夫妇前后十几

1941 年 1 月，身为罗斯福内阁高级幕僚的劳奇林·居里前往中国，作为抗战时期首位访华的美国总统特使，他受到了国民政府的热情款待

蒋介石夫人宋美龄（左）与欧文·拉铁摩尔交谈，1941 年

（从左至右）克莱尔·L·陈纳德、欧文·拉铁摩尔教授、蒋介石在家中聊天

次登上封面，成了美国家喻户晓的"中国第一伉俪"。为了极力美化国民党的统治，卢斯对记者从中国发回的国民党腐败不堪、溃不成军，以及共产党深得民心的大量客观报道视而不见，反而弄虚作假极力掩盖历史的真相。这种丧失了原则的偏爱，最终使卢斯在中美关系史上扮演了不光彩的角色，并且在很大程度上误导了美国的对华政策。1945年日本投降时，卢斯准备再次让蒋介石成为《时代》周刊的封面人物。当时，他的密友、《时代》周刊驻华资深记者白修德（此人后来曾获普利策新闻奖）对此坚决反对。他致电卢斯说："如果《时代》明确地、无条件地支持蒋介石的话，我们就没有对千百万美国读者尽到责任。"由于在这一问题上的严重分歧，二人最终分道扬镳。

毫不夸张地说，蒋介石及宋美龄之所以能长期得到美国方面的政治支持，《时代》周刊在其中发挥了不可忽视的作用。正因如此，抗战期间的宋美龄竟能将女性外交演绎到极致。1941年5月，当卢斯访问重庆时，曾经建议宋美龄赴美访问，一则调养身体，二则替中国宣传，使美国人民认识中国，并说其效力可抵30个师的兵力。不过面对卢斯的鼓动，蒋介石当时并未答应。他委婉地对卢斯说，有夫人在旁相助，其威力可抵60个师的兵力。

1942年9月底，美国总统罗斯福的特使威尔基来华访问。基于同卢斯一样的主张，在一次晚宴上，威尔基也建议宋美龄访问美国，向美国上下宣扬中国军民抗日的决心。他说，让美国人民了解亚洲问题和亚洲人民的观点是极其重要的，未来世界的和平乃系于战后东方问题是否能够获得公正解决。威尔基还以恭维的口吻对宋美龄说，以她的才气、智慧、说服能力和魅力，必能使美国人民更加了解中国。他甚至说这项任务只有宋美龄可以完成，她将是一个"完美的大使"，美国人民"就需要这样的访客"。面对威尔基热情的建议，再联想到此前老朋友卢斯的鼓动，宋美龄终于动心了。虽然民国自建立以来还从未有过这样的外交先例，但在经过一番斟酌后，蒋介石最终决定派宋美龄到美国进行高层外交。随后在美国方面的安排下，一架由美国陆军部向环球航空公司租来的最新式波音307四引擎飞机抵达重庆。11月27日，宋美龄带着宣传部副部长董显光、两名美国护士和她的外甥女孔令伟抵达纽约，在美国总统助理霍普金斯的迎接下立即住进了哥伦比亚长老教会医疗中心哈克尼斯医院。1943年2月初，宋美龄经过美国医生的悉心治疗，病情有了明显好转后出院。实际上，宋美龄此行的主要目的是治病，其次才是外交活动，因此这完全是一次私人访问。对于美国，宋美龄有着特殊的感情。因为在 25 年前，她就是在美国的威斯利学院毕业的，后来更是常称美国是自己的"第二故乡"。

按照美方的安排，宋美龄将应邀前往国会发表演讲，这也将使她成为第一位以"平民身份"在美国国会发表演讲的妇女。为了演讲成功，宋美龄进行了精心的准备。2 月 18 日，中美外交史上最轰动的一幕上演了。当天，宋美龄身穿黑色金丝绒旗袍，胸前佩着镶有宝石的中国空军徽章的大扣花，显得清高淡雅。在副总统华莱士的带领下，她从容不迫地走上众议院的讲坛。首先，她对在海外服务的美国人作了一番真诚的赞扬，转而又赞扬在场的这些美国议员，紧接着把话锋转向中国。她尖锐地指出，中国人民曾经在抵抗日本侵略的头四年中，孤立无援，独自抵抗着日本军国主义的淫虐狂暴。最后，宋美龄坚定地表示，"我中国人民根据五年又半之经验，确信光明正大之甘冒失败，较诸卑鄙可耻之接受失败，更为明智"。宋美龄的演讲赢得了众议员们热烈而长久的掌声。随后在参议院演讲时，宋美龄说，中美两国有 160 年传统友谊的历史，她感到两个民族有许多相似之处，并特意提到了自己的经历："余在幼时曾来贵国，认识贵国人民，并曾与之相处。余在贵国度过余身心长育之时期。余操诸君之语言，不但操诸君内心之语言，且操诸君口头之语言。故今兹来此，亦有如见家人之感。"这番极具感染力的开场白立刻获得了全场热烈的掌声。接着她谈起了中美两国的共同目标和共同理想问题，这次简短的演讲同样获得了听众的热烈反响。众院议事厅爆发出历久不息的掌声，美国众议院外交委员会主席勃罗姆说："蒋夫人演讲时态度之优雅，揭示世界局势之透彻，运用英语之流利灵巧，不但使每一听众能了解其意义，且能与其抱取同一见解，莅美外宾之影响美国民众者，从无若蒋夫人之甚！"议员凡登堡被宋美龄的演说感动得流下眼泪，并说："蒋夫人在参议院之即席演讲，为本人列席国会 17 年以

1943 年 2 月 18 日，宋美龄在美国国会演讲时情形

来最佳之演讲词，预料国会必能实际援华，不徒以空言塞责。"这场演说通过美国的四大广播网现场直播，估计有 25 万人收听了这次演讲。美国各大报纸则全文刊出，在美国公众中间引起了强烈的反响。《纽约时报》的评论则称："宋美龄是地球上最有影响力的女性之一。"

第二天，罗斯福总统亲自为宋美龄主持了有 172 名记者参加的记者招待会。当有人问到中国何时能收到美国援助的所需物资时，罗斯福当场回答道："把飞机和供应品运往中国存在巨大的困难，但是美国正在努力把东西运进去。如果我是中国政府一个成员的话，肯定会问：什么时候再增加一点，为什么不增加一点？作为美国的一个成员，我就必须回答：上帝愿意让我们多快就多快。"对于宋美龄的表现，当时的《时代》周刊上有一篇文章评价道："有朝一日他们可能让海伦·海斯上演这个角色，但她却不会比现实生活中的蒋夫人演得更好。"很快，宋美龄在美国国会的演说经四大广播公司向全美实况转播，演说词被各大报纸全文刊载。《纽约时报》《纽约前锋论坛报》均发表社论，对宋美龄在国会发表的精彩绝伦的演说给予极高的评价。

为了进一步扩大"战果"，宋美龄随后又在美国各地进行了一系列演讲，掀起了轰动一时的"宋美龄旋风"：

3 月 1 日，在纽约市政厅发表演讲，参加者有纽约市长与纽约市民代表。

3 月 2 日，在麦迪逊广场上演讲，听众约一万八千人之众，其中包括纽约各界名流和美国九个州的州长。

3 月 7 日，在母校威斯利学院发表演说，谈了妇女在人类发展历史上的重要地位与作用。

3 月 22 日，在芝加哥运动场发表演讲，谈到美国立国、发展的历史，强调了国际联合努力与合作的必要性。

3 月 27 日，在旧金山市政厅发表演讲，从旧金山的山水之美联想到中国杭州、奉化一带的天然景观，再谈及中美两国共同奋斗之重要性。

4 月 2 日晚，参加晚宴时对大批客人发表简短讲话。

4 月 4 日，在洛杉矶好莱坞露天大会场向 3 万听众发表演讲，集中介绍了中国抗日战争的历史经过与惨烈情景，呼吁美国民众支持中国抗战。尤其值得一提的是，宋美龄在好莱坞的这次演讲正是卢斯精心安排的。为了促成此次盛会，卢斯夫妇游说著名制片人大卫·O·塞兹尼克出面筹备。当天会场上可谓星光灿烂，有两百多位支持中国抗战的演艺界人士出席了欢迎会，其中包括中国民众熟知的大牌影星如罗伯特·泰勒、亨弗莱·鲍嘉、鲍勃·霍伯、加里·库珀、英格丽·褒曼、拉娜·透纳、凯瑟琳·赫本、泰隆·鲍华、亨利·方达、丽泰·海华丝、秀兰·邓波儿等。在宋美龄的感染下，参加欢迎会的影星开始关切中国抗战，并纷纷均踊跃捐款给中国。盛会在乐队演奏的《蒋夫人进行曲》中落幕，而宋美龄在美国的官方活动也至此结束。

4 月 11 日，乘坐罗斯福总统的专用车厢横贯美国返回纽约。

直到 6 月 29 日，宋美龄才从美国南部乘坐专机回国，结束了历时长达 7 个月之久的美国之行。令蒋介石喜出望外的是，这次原本在国内很低调的"夫人外交"居然大获成功。为了表示庆祝，7 月 11 日，重庆各界特地在夫子池新生活运动广场举行了欢迎宋美龄访美凯旋归国大会。甚至连《新华日报》都评论称："她为国家为民族赢得了无限的光荣盛誉，使中国六年抗战，为世界和平和民主而奋斗的光辉战绩，在国际之间更加显著，国际地位因此高扬，外援因此广泛地开展，直接有助于中国的抗战，有助于中国与盟邦的相互了解。这些功绩，对抗战的帮助是不可估量的。"就像后人所总结的，宋美龄在她的一系列演讲中，热情歌颂了中美两国之间的友谊，宣传了中国抗日战争的实际情形，控诉了日本在侵略中国时所犯下的残暴罪行，强调了国际共同抗击日本法西斯野蛮侵略的重要意义，高度评价了中美两国人民共同抗战的业绩，阐明了中国的历史文化和中国人民在战争中所表现的崇高的牺牲精神和传统美德，传达了正义战争必然获得胜利的坚定信仰。正是通过她的演说，美国政要了解到中国人民五年多来在抗击日本法西斯上所做的努力以及中国抗日对保护美国国土安全的重要性；美国民众则为中国人民和这个勇敢的女性所折服、感动，从而掀起一片支援中国抗日的浪潮。在美国期间，宋美龄每天都会收到从美国各地寄来的几千封电

美国总统罗斯福

函和邮件以及捐款，即便她返回中国后，仍有源源不断的捐款汇至国民政府。正因如此，美国著名的《新闻》周刊、《时代》周刊将她作为封面人物，而《纽约时报》等媒体甚至誉之为"世界著名的女政治家"。

令亨利·卢斯尴尬的是，尽管以《时代》周刊为代表的部分舆论始终在努力抬高蒋介石政权的威望，但后来的事实表明，美国人对国民党的好感并没有持续多久。早在抗战后期，由于在史迪威问题上的冲突，就使得蒋介石在美国丢了许多印象分。

作为一名真正的职业军人，约瑟夫·史迪威（Joseph Stilwell，1883—1946）堪称"二战"期间颇具传奇色彩的美国将军，而他在中国的经历也常常成为后人热议的话题。他毕业于赫赫有名的西点军校，参加过第一次世界大战，担任过美国驻华大使馆武官，还能讲一口流利的中文。太平洋战争爆发之后，史迪威于1942年晋升中将并被派到中国，先后担任中国战区参谋长、中缅印战区美军总司令、东南亚盟军司令部副司令、中国驻印军司令、分配美国援华物资负责人等职务，后晋升为四星上将。史迪威在华期间，恰值中美两国关系的蜜月期，从这一点上说，

约瑟夫·史迪威

他是幸运的，但又是不幸的。原因很简单，作为职业军人的史迪威与蒋介石长发生了冲突，结果成为外交的牺牲品。

毫无疑问，史迪威是一名合格的军事家，并且对华友好。他对英勇顽强、吃苦耐劳的中国人民充满信心，深信只要经过一定的训练，加上很好的领导，中国军队就能与世界上任何军队匹敌。基于这种自信，他在担任蒋介石的参谋长期间建议培养中国军队向现代化发展，而他亲自训练的驻印军也是国民党军队后来最有战斗力的五大主力部队之一。另一方面，史迪威充分地认识到，无论从政治、经济还是军事方面来看，都很难依靠国民党去战胜日本侵略者。所以他一方面向蒋介石递交了关于中国军事制度改革的建议，同时又对中国共产党给予同情，

对共产党军队也提供军事援助。在他的推动下，第一批美军观察组于 1944 年 7 月
抵达延安。遗憾的是，史迪威虽然一片好心，但却恰恰犯了蒋蒋介石的大忌。因
为在蒋介石看来，史迪威虽然是美国派来的参谋长，但他并无权享有决策权。而
对于蒋介石，史迪威从一开始就很不感冒，他经常不顾场合地、不留情面地数落
国民政府的缺点，这让蒋介石很没面子。由于这一点，在蒋介石那里始终"受宠"
的陈纳德就曾对史迪威进行了猛烈的批评。试想，在这样一种背景下，史迪威如
何能自如地开展工作？

令白宫方面非常尴尬的是，他们精心挑选的军事家居然因"水土不服"而很
快遭到了蒋介石的冷遇。就在史迪威 1942 年到中国后不久，蒋介石就借美国总统
私人代表劳克林·柯里来华之机第一次要求撤换史迪威，结果自然遭到美国方面
的否决。1943 年 10 月，蒋介石第二次提出撤换史迪威再遭拒。至此，史迪威与
蒋介石的关系日趋恶化。史迪威不但在日记中骂蒋介石是"一头蠢驴"，而且给
后者起了一个"花生"的绰号，因为"花生"一词在美国口语中指"无聊的人"。
起先，白宫方面极力支持史迪威，因为如果这位将军真要被"退货"的话就太让
美国人丢面子了。不过在大洋彼岸，蒋介石的自尊心似乎更加强烈。1944 年 7 月，

史迪威与宋庆龄在一起。这位美国参谋长似乎更喜欢与国民党内的左派人士打交道

罗斯福建议蒋介石授予史迪威指挥中国战区所有军队的全权，重压下的蒋介石被迫复电表示"原则同意"。但仅过了两个月，蒋介石就第三次态度激烈地要求美国总统召回史迪威。为了不失去这位"盟友"，权衡利弊之后的罗斯福被迫将史迪威召回美国。

史迪威被"退货"事件立即在美国引起了轩然大波，美国人特有的自尊心显然被严重伤害了。特别是了解到史迪威将军所揭露的种种真相后，许多原本对国民党抱有同情心的舆论立刻大呼上当。他们一方面愤怒地讨伐蒋介石，另一方面又猛烈批评美国政府的妥协。10月31日，《纽约时报》就发表文章，认为美国政府此举无疑是"消极地支持了一个在中国日益不得人心和不为人民所信任的政权"。尽管在1945年1月中印公路通车时，蒋介石装模作样地声称为纪念约瑟夫·史迪威将军的卓越贡献，将这条公路被命名为"史迪威公路"，但他在美国舆论界的形象早已大打折扣。

更严重的是，抗日战争胜利后，随着国民党政权日益背离美国人的期望，即便是像《时代》周刊这样偏向蒋介石政权的媒体再努力也很难有所作为了。特别是在美国政府决策者看来，宋美龄演讲时代的国民党已彻底无可救药了。

让我们暂时将历史的镜头快进一段：

1949年8月18日，毛泽东发表了一篇《别了，司徒雷登》的经典文章。文章以辛辣的口吻写道："人民解放军横渡长江，南京的美国殖民政府如鸟兽散。司徒雷登大使老爷却坐着不动，睁起眼睛看着，希望开设新店，捞一把。司徒雷登看见了什么呢？除了看见人民解放军一队一队地走过，工人、农民、学生一群一群地起来之外，他还看见了一种现象，就是中国的自由主义者或民主个人主义者也大群地和工农兵学生等人一道喊口号，讲革命。总之是没有人去理他，使得他'茕茕孑立，形影相吊'，没有什么事做了，只好夹起皮包走路。"其实对于司徒雷登本人而言，他的内心深处一定感到了委屈。因为早在几个月之前，当中国人民解放军占领南京后，包括苏联大使在内的几乎所有驻华使节都跟随国民党政府南下去了广州。只有美国驻华大使司徒雷登留了下来，并曾通过各种渠道谋求与中共方面取得外交联系。

说起司徒雷登（John Leighton Stuart，1876—1962）这个名字，在中国近现代史上那可是大有名气。他原本是美国基督教长老会传教士，1876年6月出生于杭州，其父母也均为美国在华传教士。受家庭的影响，他1904年开始在中国传教，后又投身教育事业，1919 年起任燕京大学校长、校务长。正是通过他几十年不懈的努力，燕京大学成为当时蜚声中外的一所大学，校园美丽、师资一流、人才辈出，后来这所大学又成为著名的北京大学的重要组成部分。抗战结束后，为了更好地开展对华外交，白宫方面将目光投向了这位绝无仅有的"中国通"。1946 年 7 月，司徒雷登依依惜别了他为之奋斗了大半生的燕京大学，接受杜鲁门总统的任命，成为新的驻华大使。但是过了不久，司徒大使便发现，相比于燕京大学校长而言，这绝对是一桩苦差事。因为在与蒋介石政权打交道的过程中，他发现，所有美好的愿望都是建立在谎言基础之上的。随着对国民党政府腐败程度的日益了解，他由希望而失望，由失望而绝望。

　　随着国民党挑起内战，之后又日益走向独裁，司徒雷登的政治立场动摇了。1946 年 11 月 15 日至 12 月 25 日，在中国共产党和中国民主同盟拒绝参加的情况下，"制宪"国民大会在南京召开。司徒雷登讥讽与会的青年党、民社党及出席的"社会贤达"为"民主花瓶"。1948 年 2 月 18 日，他通过驻南京的美国新闻处发表了致中国人民书，并且声明"得到了美国国务院的赞成"。司徒雷登说："不论美国物资援助之数量如何，均不足以供应中国政治安定和经济复兴之需求。最主要之力量，仍为中国人民，且尚需有牺牲小我为公共福利努力之赤诚决心。"公开呼吁国民党为了人们的幸福与共产党谈判。出于对国民党政权的失望，司徒雷登在 1948 年 10 月 14 日的报告中直言不讳地认为，蒋介石从政坛上消失是"指日可待"，而美国"必须谨慎地注意事态的发展"。随着国共内战形势的变化，司徒雷登甚至打算与中共高层接触。1949 年 3 月 10 日，他向白宫方面请求授权他与中共高层会谈。报告说："我希望我不仅作为美国官方代表与共产党接触，而且也作为一个久居中国，致力于中国的独立和民主进步，致力于造福于中国人民而联络两国关系的中国人民的朋友与共产党接触。无论他们怎样将我等同于好战的帝国主义分子而对我不加信任，我希望我以前的活动以及我与中共许多人的个人交往是不会被他们忽视的。"

　　1949 年 4 月 24 日人民解放军占领南京后，司徒雷登积极赞成美国大使馆留在南京。在随后的一段时间里，他通过自己曾经的学生黄华向中共方面表示自己的立场，并曾希望亲赴北平。遗憾的是，由于种种复杂的原因，司徒雷登的愿望并没有实现，中美两国终于擦肩而过。对于司徒雷登的言行，蒋介石当时极为恼火，他甚至将国民党军队在内战中失败的原因之一归咎于"司徒雷登对其支持不力且

出任美国驻华大使的司徒雷登

背后拆台"。其实蒋介石完全用不着埋怨司徒雷登，因为当时美国舆论的主流对他已彻底丧失好感了，七年前由宋美龄辛辛苦苦攒下的人气早已化为乌有。美国人无论如何也理解不了，在内战刚开始时，国民党原本占有绝对的优势，但是为何最终却被打败了呢？想当初，出于与苏联冷战的需要，美国人硬着头皮大力扶持蒋介石政权，支持国民党打内战，但局势的发展却令美国很郁闷。痛定思痛，美国的新闻界、知识界和政界开始展开调查讨论。到头来他们终于发现：是美国人自己"用金钱催生出了一群寄生虫"——以蒋介石为首的国民党政权。而要挽救国民党政权，就必须将以蒋介石为首的"贪污腐化的一伙"赶下台。于是在时任美国总统杜鲁门的坚持下，蒋介石被放弃了。

　　1948年年底，眼看国民党军队在战场上节节败退，蒋介石给杜鲁门写信表示：如果美国不能提供经济军事援助的话，就请美国政府发表一个坚决支援国民政府的书面宣言，增加军队的士气和人民的信心。但是本来就与蒋介石有过节的杜鲁门连精神上的支援也不肯答应，拒绝发表支援蒋介石政府的声明。而当蒋介石希望派宋美龄访问美国再次上演当年的"演讲秀"时，国务卿马歇尔却要求宋美龄以私人身份访问。1949 年 1 月 21 日，失去美国支持的蒋介石被迫宣布"引退"。8 月 5 日，美国发表了《中美关系白皮书》，指责蒋介石政府腐败无能，表示今后不再援助蒋介石政府。面对美国此举，蒋介石极为悲愤，他在日记中写道："马歇尔、艾奇逊因欲掩饰其对华政策之错误与失败，不惜毁灭中美两国传统友谊，以遂其心，而亦不知其国家之信义与外交上应守之规范。其领导世界之美国总统杜鲁门竟准其发表此失信于世之《中美关系白皮书》，为美国历史上，留下莫大的污点。此不仅为美国悲，而更为世界前途悲矣！"

此时，蒋介石是否非常怀念七年前宋美龄在美国的那段美好时光呢？是否还在寄希望于他的老朋友亨利·卢斯呢？只是他要再次登上《时代》周刊的封面，那怕是难了。

五、是谁抛弃了谁？

1948 年的冬天，中华民国总统蒋介石感到了前所未有的孤独。

曾几何时，他作为中华民国的统帅，身居最高位，巨大的政治威望使得各方力量甘愿紧密团结在自己的周围，希冀着民族的复兴与国家的富强；曾几何时，他跻身于世界"四巨头"之列，源源不断的国际援助将国民党政府和军队装扮得光彩夺目。然而这一切似乎已彻底成为过去，环顾四周，他突然发现自己一无所有。曾经的铁杆盟友不再慷慨，而那些举足轻重的中间势力则开始重新选择，将目光投向了他的对立面。

如前所述，抗战胜利后，蒋介石的威望可谓如日中天。那时，他是当仁不让的英雄和领袖。然而正当人们满怀期望地准备开始新生活时，又一轮历史循环开始了。面对这个结果，国际观察家茫然了，国内民众失望了。而对于广大民族精英来说，在历史的十字路口何去何从？这是个问题。有些人还在痛苦地徘徊，而有些人则毅然转身。

1945 年 7 月，为了促成国共和谈，著名教育家黄炎培（1878—1965）与另外五名参政员一起飞赴延安，结果在那片土地上，他们似乎看到了中国未来的希望，那里的一切都显得格外不同。在延安期间，黄炎培一行不但受到了中共友人的热诚接待，更目睹了解放区崭新的气象和军民的精神风貌。欣喜之余，黄炎培与毛泽东在窑洞里进行了长达十几个小时的促膝谈话。返回重庆后，他将这一段经历整理成《延安归来》一书，其中特别记述下了那段后来被称作"历史周期率"的对话。在窑洞中，黄炎培感慨万千地对毛泽东讲道："我生六十多年，耳闻的不说，所亲眼看到的，真所谓'其兴也勃焉''其亡也忽焉'，一人，一家，一团体，一地方，乃至一国，不少单位都没有能跳出这周期律的支配力。大凡初时聚精会神，没有一事不用心，没有一人不卖力，也许那时艰难困苦，只有从万死中觅取一生，既而环境渐渐好转了，精神也就渐渐放下了。有的因为历时长久，自然地惰性发作，由少数演为多数，到风气养成；虽有大力，无法扭转，并且无法补救，也有为了区域一步步扩大了，它的扩大，有的出于自然发展，有的为功业欲所驱使，强求发展，到干部人才渐见竭蹶，难于应付的时候，环境倒越加复杂起来了，控制力不免趋于薄弱了。一部历史，'政怠宦成'的也有，'人亡政息'的也有，'求荣取辱'的也有，总之没有能跳出这周期率。中共诸君从过去到现在，我略略了解的了。就是希望找出一条新路，来跳出这周期率的支配。"而听了黄炎培的这番见解后，毛泽东对他说："我们已经找到新路，我们能跳出这周期率。这条新路，就是民主，只有让人民来监督政府，政府才不敢松懈。只有人人起来负责，才不会人亡政息。"黄炎培认为："这话是对的。"正是经过这次访问后，以黄炎培为代表的一部分中间政治派别开始发生重大转变。

与黄炎培等重量级的中间派别相比，另外一些激进的知识分子已在用生命诠释自己的选择。1946 年年初，中国的政治局势原本出现了可喜的局面。在美国特使马歇尔的斡旋下，国民党破天荒地第一次与中国共产党、中国民主同盟、中国青年党及无党派代表坐在一起召开了政治协商会议，并通过了有利于国内团结与民主进步的五项协议。然而没过多久，蒋介石政权便挑起争端，内战一触即发，当民主人士进行抗议时，他们又制造了重庆较场口惨案、南京下关事件等一系列流血事件。随即，全国各地爆发了大规模的反内战运动。6 月底，中国民主同盟和各界人士在昆明发起万人签名运动，要求和平。虽然中国民主同盟一再声称自己并非暴力团体，只以和平方式争取民主，反对暗杀和暴动。但南京国民政府却密令昆明警备司令部、宪兵十三团等机关："……际此紧急时期，对于该等奸党分子，于必要时得宜处置。"昆明警备总司令霍揆彰奉令后，拟定了逮捕、暗杀民盟负

责人的名单。其中李公朴先生被列为第一名，闻一多先生为第二名。7 月 11 日晚，李公朴和夫人于外出归途中，遭国民党特务暗杀。时隔四天。15 日下午，闻一多也遭杀害。令人发指的"李闻惨案"发生后，社会舆论一致强烈谴责国民党的行径。就连政治立场一向温和的清华大学校长梅贻琦，也在闻一多被刺当天给国民政府教育部发电报表达了自己的失望与恐惧。

黄炎培

黄炎培（左四）等民主人士在延安考察，1945 年

从表面上看，恐怖暗杀手段虽然替国民党政权减少了异己分子，但实际上它却为此付出了沉重的代价。因为这起事件不但在国内让知识分子阶层对政府更加不满，在国际上也造成了极为恶劣的影响。当时，美国许多重要学府如哈佛大学、哥伦比亚大学等校著名教授联名抗议，并主张本国政府对此予以干涉，断绝对中国的任何援助。就连正在中国调处国共纠纷的马歇尔将军，也曾毫不客气地向蒋介石提出严重抗议。而美国驻华大使司徒雷登干脆认为，国民党政府已在知识分子和大众中逐渐失去号召力，因为最近的暗杀造成的极大恐慌已使"人们普遍认为这是对政治思想和行为进行压制的开始"。为了对中国的知识分子进行保护，美国人甚至亲自出面。就在 7 月 15 日闻一多被刺当夜，昆明领事馆用吉普车将潘光旦夫妇、费孝通夫妇、张奚若等人接到领事馆加以保护。直到多年以后，还有学者认为："在国共两党的政治斗争史上，闻一多之死是一个里程碑。由于闻一多过去的背景，他的死对国民党产生了不利的影响。其重要不下于金圆券的发行与失败。"

的确，对于内战爆发后的国民党政权而言，战场上的变数固然重要，但知识

抗战胜利后，随着内战爆发，越来越多的知识分子看清了国民党政权的腐败无能，于是奋起抗争。图为北平的高校师生在游行示威（一）

抗战胜利后，随着内战爆发，越来越多的知识分子看透国民党政权的腐败无能，奋起抗争，图为北平的高校师生在游行示威（二）

分子的背弃与金圆券引发的民怨同样导致其走向失败。

说起来，自从抗战胜利后，既然国民政府网罗了一大批专业人才，国际上又有美国的鼎力援助，国民党政权完全应该先把经济搞上去。但令人失望的是，即便在内战爆发前，国民党在民生问题上的表现就令人失望，拙劣而无能。

原本在抗战胜利之初，国民政府接收了价值达 100 亿美元的日伪资产和美军剩余物资，时任财政部部长宋子文趁机出售物资回笼了大量货币，遏制了抗战后期严重的通货膨胀，打了一个相当漂亮的经济翻身仗。这时的宋子文，手里有九百余万两黄金储备，外汇十亿多美元，并且有望与美国达成 20 亿美元的贷款协定。然而好景不长，随着政治局势的变化，国民党军费支出急剧增加，于是好不容易被抑制下去的通货膨胀等问题再次浮出水面。

1946 年 3 月初，抗战胜利仅仅半年，国统区便出现了物价飞涨的局面，原本很吃香的法币顿时陷入危机。为了挽救危局，行政院院长宋子文建议政府开放外汇市场，实施黄金买卖政策。却不料在这一过程中，官僚特权势力狼狈为奸，趁机大肆贪污营私，从而引发了一场极为混乱的社会动荡，这就是著名的"黄金风潮案"。

从 1946 年 3 月 8 日开始，中央银行开始在上海抛售黄金，配售价格随市价变动。在开始抛售黄金的半年时间内，一切都风平浪静，但随着 1946 年 6 月全面内战的爆发，平静被打破了。混乱的局势加上国民政府滥发纸币引起通货膨胀，人们纷纷抢购黄金以自保，销售量迅速上升，黄金价格也随之暴涨。8 月 17 日到 18 日，中央银行两天就卖出黄金 1 万两。在汇价、金价的互动下，国内物价开始全面上涨。到 1947 年 1 月，黄金价格已经逼近 400 万元一条的高价，仅在 1 月 30 日一天之中就售出 19000 条。最初抛售黄金的一个目的是为了回笼法币，抑制通胀，但由于国民政府滥发货币，法币信用严重不足。币值下挫一方面促升金价，另一方面让所有的持币人，无论是金融家到工厂主、大商人，无不倾其所有抢购黄金。到最后，全国都陷入了轰轰烈烈的黄金抢购潮中：政府部门挪用行政经费，事业单位拿出人头工资去抢购黄金；因为当时只有上海一地销售黄金，各部队长官纷纷将军饷运往上海，抢购黄金，甚至央行由南京开往徐州等处的运送钞票的专列，开到半路也调转车头，回到上海。到 12 月初，金价从几天一涨变为一天一涨，又从一天一涨变为一天几涨，最多的一天金价涨了 9 次。2 月 16 日，行政院通过经济紧急措施，禁止黄金、美钞自由买卖。在这次"黄金风潮"的影响下，国统区

1947 年，国统区"黄金风潮"
带来的金融混乱

1948 年 12 月，上海市民抢购黄金。剧烈的通货膨胀使百姓手中的纸币几乎成为废纸，为此人们疯狂地挤在银行门口，企图兑换一点较可靠的黄金，上海人称之为"轧金子"。布列松摄

金融市场也一片混乱，物价一再狂涨，社会动荡不安。1947 年 2 月中旬，上海多家米店、银楼被愤怒的市民捣毁，随后广州、武汉、长沙等地也相继爆发相同的事件。宋子文虽然号称"国民党金融之父"，也被迫于 3 月 1 日黯然下野，辞去行政院院长职务。

不过，单单一个宋子文下野，并不能挽救南京政府经济危机的局面。

多事之秋，真可谓一波未平，一波又起。到 1948 年，由于陷入内战的泥潭中无法自拔，国统区通货膨胀已十分严重，法币急剧贬值，法币的发行量由抗战胜利时的 5 万亿元快速增至 1948 年 8 月的 604 万亿元，造成了民间的恶性通货膨胀。1947 年 7 月，美联社上海分社的一则电讯曾形象地描写道："法币 100 元可购买的物品，1940 年为一头猪，1943 年为一只鸡，1945 年为一条鱼，1946 年为一个鸡蛋，1947 年为 1/3 盒火柴。"统计数字表明，当时的物价较抗战前已上涨 60000 倍。最后，有的造纸厂干脆以低面额的法币作为造纸的原料，因为这比用其他纸成本还低。为挽救财政经济危机，维持日益扩大的内战军费开支，国民党决定废弃法币，改发金圆券。8 月 19 日，国民政府以总统命令发布《财政经济紧急处分令》，规定自即日起以金圆券为本位币，发行总限额为 20 亿元，限 11

当年国统区民
众的抗议活动

336

月 20 日前以法币 300 万元折合金圆券 1 元、东北流通券 30 万元折合金圆券 1 元的比率，收兑已发行之法币及东北流通券；限期收兑人民所有黄金、白银、银币及外国币券；限期登记管理本国人民存放国外之外汇资产。由于发行金圆券的宗旨在于限制物价上涨，因此又规定"全国各地各种物品及劳务价，应按照 1948 年 8 月 19 日各地各种物品货价依兑换率折合金圆券出售"。结果这一政策反而造成了商品流通瘫痪的局面，整个社会陷入混乱。

在金圆券发行之初，由于普通老百姓害怕"违者没收"或被投入监牢，只好将黄金、白银、外币拿到银行兑换金圆券。但是对于特权阶层而言，政策的执行就存在很大问题了。正是在此情形下，才有了我们前面提到的蒋经国"打虎"。可惜一度被誉为"打虎"英雄的蒋经国最终也回天乏力，反而因孔令侃扬子公司事件无法向民众交差而被迫辞职离沪。10 月 1 日，国民政府被迫宣布放弃限价政策，准许人民持有黄金、白银、外币，并提高与金圆券的兑换率。但是限价政策一取消，物价又再度猛涨，金圆券随之急剧贬值。10 月 11 日，焦头烂额的国民政府又被迫公布《修改金圆券发行办法》，取消发行总额的限制。至 1949 年 6 月，金圆券发行总额竟达一百三十余万亿元，超过原定发行总限额的 65000 倍。钞票面额也越来越大，从初期发行的最高面额 100 元，到最后竟出现 50 万元、100 万元一张的巨额大票。尽管如此，仍不足以应付交易之需，各式买卖经常要以大捆钞票进行。1949 年 5 月，一石大米竟要四亿多金圆券，算下来买 1 粒就要一百三十多元。当时流行着这样的笑谈："在中国唯一仍然在全力开动的工业是印刷钞票。"可以说，金圆券流通不到一年，形同废纸，国民政府财政金融陷入全面崩溃。直到 7 月 3 日，已经败退至广州的国民政府才正式停发金圆券，这场为期 10 个月的闹剧就此收场。

值得一提的是，对于当时国统区的困境，许多西方人士曾近距离进行了考察。其中，法国著名摄影师布列松所留下的一系列经典照片更是令人感到震撼。亨利·卡蒂埃·布列松（Henry Cartier Bresson，1908—2004），世界著名的人文摄影家，决定性瞬间理论的创立者与实践者，被誉为"现代新闻摄影之父"。作为 20 世纪最伟大的摄影家之一以及现代新闻摄影的创立人，他个性鲜明的摄影作品曾登上过全世界最著名的杂志和报纸。他毕生用他小巧的、35 毫米的莱卡照相机走遍全世界，见证了 20 世纪几乎所有的重大事件：从西班牙内战到德国占领法国、印度的分裂、1968 年法国学生的起义……布列松一生到过中国两次，时间分别是 1948—1949 年，以及 1958—1959 年，每次逗留一年左右。在 1949 年内战即将

1948 年，一名在华美军士兵用金圆券点烟

结束之际，他目睹了国民党的全面溃退和中国共产党政权的建立，而他在这一时期所拍摄的照片尤其震撼人心。时至今日，我们依然能从这些照片中感受到那个年代百姓的无奈以及政局的动荡。

事后看来，当时可谓黔驴技穷的国民党政权实施的这一套"经济组合拳"简直太失败了，因为这些手段不但没有稳定局势，反而增加了民愤，导致了更大的经济混乱。

与此同时，眼看国民党政权已无可救药，注定要一败涂地，中国的知识阶层也开始了全新的抉择。当人民解放军离北平越来越近时，清华大学著名教授冯友兰，尽管他曾两度加入国民党，但却毅然肩负起"护校"的重任，把一个完整的清华交给了新政权。在北大，当文学院院长汤用彤接到胡适送来的两张机票时，选择了出任北大校务委员会主席，领导北大迎接全新中国。至于辅仁大学校长陈垣，更是在致胡适的公开信中说："在北平解放的前夕，南京政府三番两次地用飞机来接，我想虽然你和陈寅恪先生已经走了，但青年的学生们却用行动告诉了我，他们在等待光明，他们在迎接新的社会，我知道新力量已经成长……"据后来统计，"中央研究院"81 位院士有六十余位选择留在大陆，只有傅斯年领导的历史语言研究所比较完整地跟随国民党去往台湾。

目睹此情此景，其实蒋介石完全用不着顾影自怜，因为事情发展到今天这一步，最大的责任人就是他自己。就拿那些对他死心塌地的人来说，虽然不可能投向另外一个阵营，但眼看处于风雨飘摇的国民党政权，他们也失去了与之共存亡的勇气和决心。而当中一些绝望者，甚至不惜以自杀的方式来诉说自己的无奈与痛苦。

1948 年 11 月 12 日晚上，蒋介石的"大秘书"陈布雷告诉手下人，他要赶一篇特别重要的文章，需要安静，因此不见任何来客，不接任何电话。出人意料的是，第二天上午，当陈布雷的侍从进入其卧室查看时，发现他已经死亡，而床头则是一份遗书和安眠药瓶。当天，蒋介石正在主持一个重要会议，当他得知陈布雷去世的消息后，立即宣布休会赶往陈公馆。在随后进行的葬礼上，非常伤心的蒋介

在经济全面崩溃后，国统区民众陷入水深火
热之中

陈布雷

戴季陶

石写下了"当今完人"的条幅。

　　说起来，陈布雷（1890—1948）绝对算得上国民党高层中为数不多的老实人和明白人了。生于浙江慈溪的他是蒋介石的老乡，早年就投身革命，1927年加入国民党。历任浙江省政府秘书长、省政府委员兼教育厅厅长、国民党中央党部秘书长、《时事新报》主编、国民政府教育部副部长、国民党中央宣传部副部长等职。1935年后任蒋介石侍从室第二处主任、国民党中央政治会议副秘书长、代理秘书长，国民政府军事委员会副秘书长、最高国防委员会副秘书长等职。作为蒋介石的"文胆"，他追随蒋二十多年，为其写了数不清的文稿，算是蒋身边极为倚重的人了。由于这层原因，文人气很浓的陈布雷也知恩图报，他把自己比作"已经出嫁的女人，只能从一而终"，对蒋介石近乎愚忠。然而与此同时，眼看国民党日益走向堕落，他一方面对现实社会不满，另一方面又无法与蒋介石决裂。

　　1948年冬，随着国民党在战场上的形势迅速恶化，陈布雷从内心希望停止内战。因此在国民党内主和的邵力子、张治中等人的影响下，他曾在不同场合旁敲侧击地劝说蒋介石停止内战，以和平途径解决问题，不但遭到了蒋介石的拒绝，蒋还因此迁怒于他。绝望、恐惧之余，陈布雷陷入难以排解的痛苦之中。正是在此种心境之下，他决心结束自己的生命。在11月11日再次遭到蒋介石的斥责后，陈布雷在当天晚上的日记中写道："而今我是为了脑力实在使用得太疲劳了，思虑一些

中国人民解放军攻占南京

也不能用，考虑一个问题时，终觉得头绪纷繁，无从入手。而且拖延疲怠，日复
一日，把急要的问题，应该早些提出方案之文件（如战时体制）一天天拖延下去，
着急尽管着急，而一些不能主动。不但怕见统帅，甚至怕开会，自己拿不出一些
主意，可以说我的脑筋已油枯灯尽了，为了这一些苦恼，又想到国家已进入非常
时期，像我这样，虚生人间何用。由此一念而萌自弃之心，虽曰不谓为临难苟免，
何可得乎。"第二天晚上，在服用了超量安眠药后，陈布雷平静地离开了人世。
显然，他是以自杀的方式表明了自己对国民党政治前途的失望，以及对蒋介石内
战政策的不满。

　　此时的蒋介石原本已经焦头烂额，却不料仅过了三个月，又一位国民党要员
戴季陶竟也步陈布雷之后尘，同样用过量的安眠药结束了自己的生命。而相比陈
布雷之死，戴季陶的离去更令蒋介石痛心。

　　如前所述，戴季陶在年轻时与蒋介石是拜把兄弟，二人私交非同寻常，而这

位为兄弟几乎将自己的一生都献给了国民党。不过到抗战胜利后，戴季陶却在内战问题上与蒋介石逐渐产生了裂痕。据说当亲朋好友来祝贺抗战胜利时，戴季陶竟然一反常态地说："有什么值得祝贺的？哭还在后面……"1948年7月，在坚决辞去考试院院长的职务后，戴季陶改任国史馆馆长，自此远离政治旋涡。当陈布雷自杀身亡后，深感与其处境相似的戴季陶曾拖着病体赶到陈布雷的床前号啕大哭："布雷，布雷，我跟你去，我跟你去，人生总有一死，我的心已经死了。"

1948年12月28日，戴季陶随败退的国民政府一道离开南京，飞往广州。此时，因为逐渐失宠于蒋介石，他的身体状况也每况愈下，患上了神经衰弱症。在广州期间，眼看时局毫无转机，戴季陶更加绝望。1949年1月，蒋介石被迫下野，辞去总统职务。不久后，戴季陶又拒绝了蒋介石要他去台湾的提议，希望能落叶归根回到四川，然而同时他又害怕成为俘虏。试想在这样的情形下，他还能有什么选择。

1949年2月11日，与陈布雷一样，戴季陶也在吞服了过量安眠药后睡下，第二天因医治无效死亡。蒋介石得知戴季陶自杀的消息后，他的震惊、心痛远远超过面对陈布雷之死。毕竟戴季陶是国民党的元老，是蒋介石最有力、最忠实的支持者、谋划者和理论支持者。长期以来，两人一文一武，配合默契。现在国民党政权处于风雨飘摇之时，戴季陶却撒手而去，这给了蒋介石极大的打击。据蒋经国日记载："父亲闻耗悲痛，故人零落，终夜欷歔。"

其实，蒋介石根本用不着怨天尤人，因为此时的国民党已是众叛亲离，能有陈布雷、戴季陶等人的"以死殉国"，他完全应该欣慰了。如果认真反思一下，他是否会明白，南京政权的倾覆，并非个人喜好，而是历史的抉择。

1949年4月23日，中国人民解放军攻占南京，国民党在大陆的统治宣告终结。一个旧的时代结束了，一个新的时代开始了……